快慢之间有中读

了不起的敦煌

巫　鸿／荣新江／顾春芳／郑炳林／杭　侃
张先堂／何　鄂／陈菊霞／张元林／马振颖　著

总　序

李鸿谷

杂志的极限何在?

这不是有标准答案的问题，而是杂志需要不断拓展的边界。

中国媒体快速发展20余年之后，网络尤其智能手机的出现与普及，使媒体有了新旧之别，也有了转型与融合。这个时候，传统媒体《三联生活周刊》需要检视自己的核心竞争力，同时还要研究它如何持续。

这本杂志的极限，其实也是“他”的日常，是记者完成了90%以上的内容生产。这有多不易，我们的同行，现在与未来，都可各自掂量。

这些创造力日益成熟，下一个有待突破的边界在哪里?

新的方向，在两个方面展开:

其一，作为杂志，能够对自己所处的时代提出什么样的真问题。

有文化属性与思想含量的杂志，重要的价值，是“他”的时代感与问题意识。在此导向之下，记者以他们各自寻找的答案，创造出一篇一篇文章，刊发于杂志。

其二，设立什么样的标准，来选择记者创造的内容。

杂志刊发，是一个结果，这个过程的指向，《三联生活周刊》期待那些被生产出来的内容，能够称为知识。以此而论，在杂志上发表不是终点，这些文章，能否发展成一本一本的书籍，才是检验。新的极限在此！挑战在此！

书籍才是杂志记者内容生产的归属，这源自《三联生活周刊》的一次自我发现。2005年，周刊的抗战胜利系列封面报道获得广泛关注，我们发现，《三联生活周刊》所擅不是速度，而是深度。这本杂志的基因是学术与出版，而非传媒。速度与深度，是两条不同的赛道，深度追求，最终必将导向知识的生产。当然，这不是一个自发的结果，而是意识与使命的自我建构，以及持之以恒的努力。

生产知识，对于一本有着学术基因，同时内容主要由自己的记者创造的杂志来说，似乎自然。我们需要的，是建立一套有效率的杂志内容选择、编辑的出版转换系统。但是，新媒体来临，杂志正在发生的蜕变与升级，能够持续，并匹配这个新时代吗？

我们的“中读”APP，选择在内容升级的轨道上，研发出第一款音频产品——“我们为什么爱宋朝”。这是一条由杂志封面故事、图书、音频节目，再结集成书、视频的系列产品链，也是一条艰难的创新道路，所幸，我们走通了。此后，我们的音频课，基本遵循音频-图书联合产品的生产之道。很显然，所谓新媒体，不会也不应当拒绝升级的内容。由此，杂志自身的发展与演化，自然而协调地延伸至新媒体产品生产。这一过程结出的果实，便是我们的“三联生活周刊”与“中读”文丛。

杂志还有“中读”的内容，变成了一本一本图书，它们是否就等同创造了知识？

这需要时间，以及更多的人来验证，答案在未来……

有这样一个地方——

融汇了中国、印度、希腊、伊斯兰

四大古老文明的精华

其文化之瑰丽繁盛无与伦比

被誉为“丝绸之路上的明珠”

有这样一个地方——

现存有世界上规模最大、

保存最完整的佛教艺术

700 多个洞窟，

3000 余身彩塑、50000 余平方米壁画

浓缩了从北凉至宋元，

近 2000 年的历史记忆

有这样一个地方——

其出土文物，囊括宗教典籍、

儒家经典、天文医学、官私文书……

堪称包罗万象的图书馆、

中国中古时代的大型资料库

它就是敦煌，了不起的敦煌！

黄宇 / 摄

敦煌市
河
党
鸣沙山
月牙泉

敦煌

河西走廊西端

甘肃、青海、新疆三省（区）的交汇处

北纬 41°40′，东经 94°40′

倚鸣沙山，傍月牙泉

遥望三危而“据两关、列四郡”

流沙瀚海中的佛教圣地

敦煌石窟群的组成

敦煌石窟群即是以莫高窟为主体的古敦煌郡境内的所有石窟。

主要包括今甘肃省敦煌市境内的莫高窟、西千佛洞，

瓜州县境内的榆林窟、东千佛洞等。

在古代，上述石窟都位于敦煌境内，其内容及艺术风格亦属同一系统。

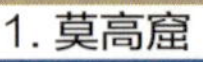

1. 莫高窟

莫高窟，即莫高窟南区，俗称千佛洞。是敦煌石窟群的主体，也是最具代表性的窟群。在1700米长的断崖上，保存了492个石窟。

2. 莫高窟北区

莫高窟北区，长700米，大约有243个洞窟，对其发掘工作始于1988年。北区的洞窟多数没有壁画彩塑，主要是供僧众生活的地方，因此出土的生活类文物很丰富。南北两区合在一起才构成完整的莫高窟石窟寺。

5. 西千佛洞

西千佛洞，位于莫高窟之西，距离敦煌市区约35公里，开凿于党河河岸的悬崖峭壁上，现存洞窟16个。

除了几个规模比较大的石窟群外，
水峡口下洞子石窟、五个庙石窟、
一个庙石窟、昌马石窟等，均位于甘肃省境内，
也属于敦煌石窟群，
它们一并构成了现在所谓的“敦煌艺术”。

3. 榆林窟

榆林窟，亦称“万佛峡”，位于甘肃省瓜州县西南70公里的南山山谷，与莫高窟相距约170公里。可能开创于北魏时期，现存42个洞窟，艺术风格与莫高窟相似度极高。

4. 东千佛洞

东千佛洞，位于甘肃省瓜州县轿子乡南35公里的峡谷两岸，现存洞窟23个，但留有壁画和泥塑造像者仅8窟，其风格特点偏西夏和元代艺术，尤其受到藏密的影响。

目　录

1　引　论　重新走近莫高窟——以“空间”为视角　巫　鸿

跟随朝拜者开启一场“想象”之旅

走入敦煌最早的洞窟

开启佛性：参禅与拜佛的空间

王朝兴盛，纪念碑性质的凸显

“重构”历史经验，探知不断变化的莫高窟

31　第一讲　重返——丝绸之路上的敦煌　荣新江

地理探索：古代探险家张骞的“凿空”之旅

丝绸之路：敦煌如何连接东西？

莫高窟开凿背后的文化土壤

开放与包容：外来文明与敦煌的多元化

从辉煌走向没落：归义军的统治和藏经洞的发现

65　第二讲　回望——敦煌历史的兴衰演变　郑炳林

敦煌历史和名称背后的故事

公元前 120 年的移民之城

作为“国门”的阳关和玉门关

西域三十六国：外交与朝贡

敦煌的经商“达人”——粟特人

95　第三讲　探索——千年石窟的开凿历程　杭　侃

中国的石窟寺体系

敦煌石窟的开凿历程

莫高窟的洞窟建筑形制

历史兴替下的莫高窟

古人如何开凿石窟？

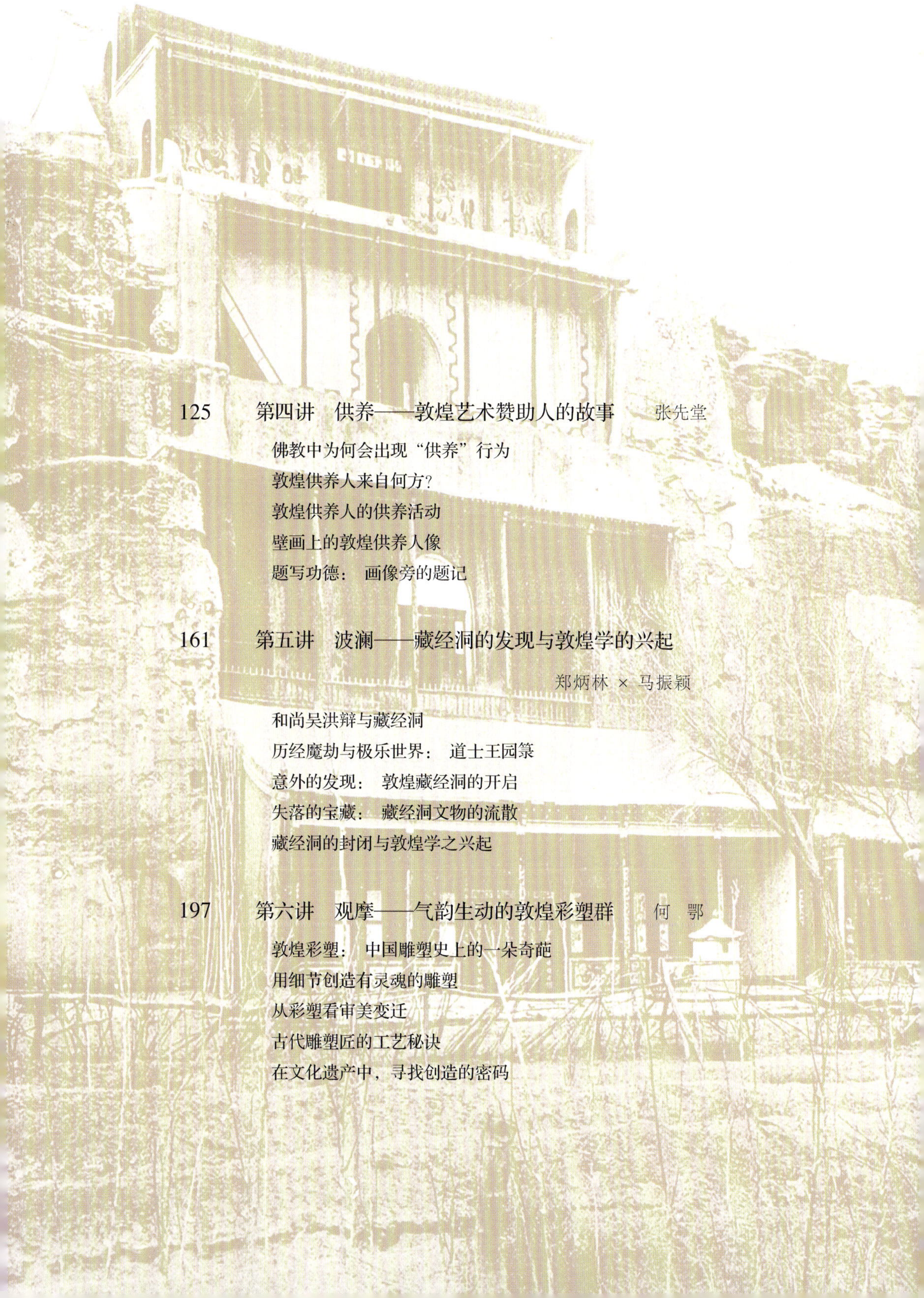

1908 年敦煌九层楼

125　第四讲　供养——敦煌艺术赞助人的故事　张先堂
佛教中为何会出现“供养”行为
敦煌供养人来自何方?
敦煌供养人的供养活动
壁画上的敦煌供养人像
题写功德：画像旁的题记

161　第五讲　波澜——藏经洞的发现与敦煌学的兴起
郑炳林 × 马振颖
和尚吴洪辩与藏经洞
历经魔劫与极乐世界：道士王园箓
意外的发现：敦煌藏经洞的开启
失落的宝藏：藏经洞文物的流散
藏经洞的封闭与敦煌学之兴起

197　第六讲　观摩——气韵生动的敦煌彩塑群　何　鄂
敦煌彩塑：中国雕塑史上的一朵奇葩
用细节创造有灵魂的雕塑
从彩塑看审美变迁
古代雕塑匠的工艺秘诀
在文化遗产中，寻找创造的密码

231　第七讲　想象——莫高窟里的漫天神佛　陈菊霞
敦煌何以成为“众神的乐园”？
佛教在敦煌如何传播与发展？
佛教故事画：斑斓的艺术表现
营建与重塑：充满戏剧性的第 220 窟
北大像：敦煌民众的精神寄托

271　第八讲　聆听——溢出洞窟的妙音　顾春芳
迦陵频伽的妙音：敦煌美学的另一重维度
信仰世界和世俗愿景的交融
飞天：浪漫的精神意象
“飘带精神”——中国艺术的精髓
时空交融的总体艺术观念

305　第九讲　穿越——壁画里的丝路生活　张元林
如何在敦煌“日常生活”——衣食住行
记录丝绸之路上的经济贸易
古代敦煌的学堂教些什么？
胡汉融合式的婚丧嫁娶
乐舞与竞技：敦煌人的娱乐项目

342　尾　声　莫高精神与时代之光——敦煌守护人的故事
顾春芳

358　后　记

引论

重新走近莫高窟

——以“空间”为视角

巫鸿

芝加哥大学艺术史系教授

如果百年之前的情况是敦煌文献和敦煌艺术的新材料引出了新的研究问题，今天的情况则更多是以研究中产生的新问题带动对材料的再发掘。没有研究就不会有问题，但如果问题不存，即使是最新的材料也只能附着于往旧的视野。

1 跟随朝拜者 开启一场“想象”之旅

讲出敦煌不同的故事

敦煌的故事，为什么要从“空间”开始讲述?

一个原因是，我们现在讲敦煌和莫高窟的故事，基本上是以时间为线索，以中国历朝历代为纲，构造出莫高窟的线性历史——从最早的十六国到晚唐以及更晚的时期，这是时间性、线性的叙述方式，它当然是非常有效且不可或缺的，研究历史一定需要这样做。

但是我们想一想，是不是还可以有讲述莫高窟的其他方式呢?因为莫高窟和敦煌是如此丰富，我们可以讲出不同的故事，特别是从美术史的角度，因为美术史往往考虑的是视觉和空间的问题，所以能不能以“空间”作为切入点，结合时间历程来讲述莫高窟的故事呢?

这种方式，比较接近于访问石窟之人的具体经验。

历史上，人们访问莫高窟，总是从实际的空间经验出发，先从很远的地方，遥看莫高窟，再走近一些，看莫高窟的崖面，然后再走进去，看莫高窟一个又一个的洞窟。实际上，我们今天访问敦煌时，还是在重复这一经验。空间感知的工具是什么?首先是身体，身体的移动，带动着眼睛，从空间角度开发莫高窟的美术资料。因此，我们必须启动身体和眼睛的作用。

莫高窟前的牌楼

从很远阔到很近侧

如何用“空间”作为观察和叙事角度、从“空间”去讲莫高窟的故事？我们可以进行这样一个“想象”的旅行。在这场旅行中，我们可以回到历史上的莫高窟，它属于一个更大的文化和自然空间，也只有在这个空间里，它真正的意义才能被呈现出来。

首先，我们想象自己跟随着往日朝拜者的脚步，从敦煌城走到城外鸣沙山上的莫高窟，路经各式各样的庙宇和祠堂，穿过沙漠中的坟地，最后来到这个绿荫遮蔽的佛教圣地。

我们到达莫高窟后，首先会看见的，是硕大的崖面。但我们需要想一想：我们是跟随着往日的朝拜者去看莫高窟的，那么从他们的眼里，看到的是几个零星的窟室，还是整个连成一片的、非常雄伟的崖面呢？莫高窟中的两个大像（北大像和南大像）是否已完成？这些问题都激发着我们去想象，历史上的莫高窟是什么样子。我们要把今天的莫高窟整体转化为历史层面上的具体感知，用朝拜者的眼光来“体味”莫高窟崖面的演变。

接下来，我们走进洞窟，在洞窟内部体验由雕塑、绘画和建筑组成的综合体，空间的流动性带着我们在洞窟里行走，或是围绕着中心柱转圈，或者是停在主尊佛像前凝视，在洞窟里观看自成系统的壁画、雕塑，揣摩它们怎么和建筑发生关系，这都是空间的问题。也就是在这一刻，我们的身体运动转化为视觉和视线的运动。

在这样的视觉和视线的运动中，我们可以把身体凑得很近，凑近画面，因为画面里也有空间，即“图画空间”，其中有透视，有各式各样的空间。当我们把身体凑得很近的时候，我们的目光就穿越进入其中的绘画空间，从而忘记了石壁和洞室的存在。

这是一个大概的旅程，从很广阔、远景的视角，一直走到很接近、很微观的视角。

2 走入敦煌最早的洞窟

莫高窟的起始之处

学习美术史很重要的一点，就是我们必须去回想古人的经验，不能只想我们自己的经验。

拿莫高窟来说，古人看到的肯定不是现在这个样子，比如莫高窟前面的牌坊是 1959 年才移到这里的，后面混凝土的崖面也是 20 世纪五六十年代修整出来的。这就让我们反思：历史上的莫高窟是什么样子？答案是历史上没有一个单独的、处于静态的敦煌，也没有一个单独的、处于静态的莫高窟，只有无数不断变化的莫高窟。

人们走向莫高窟的足迹总是重叠的，在这样的积累中，才渐渐

踏出通往鸣沙山的道路，崖面上的窟数也随之不断增加，从一个变成两个，再变成三个，直至数百个。所以，我们要先找到莫高窟的起始之处。

学者一般把莫高窟的起始之年确定于公元366年（前秦建元二年）。那一年，莫高窟地属当地的前凉政权。相传那时有一个叫作乐僔的和尚，他希望找个非常安静的地方修行，当他来到宕泉河（又名大泉河）河畔的鸣沙山，偶然看到山上“忽见金光，状有千佛”，这是一个祥瑞而神奇的瞬间，于是他就在山上“架空凿崄”，修建了敦煌莫高窟的第一个石窟。这是文献记载的莫高窟的起源。

乐僔之后，又有一个叫法良的禅师从东边云游至此，在乐僔窟的旁边建造了自己的禅室。但现在，乐僔和法良的禅窟都已经找不到了。莫高窟现存开凿时间最早的窟有三个，分别是第268窟、第272窟、第275窟，通常被称为“北凉三窟”。学界对这三个窟的开凿时代也有些争议，比如已故的石窟考古权威宿白教授就认为它们可能属于北魏。我把它们称作“原窟群”，意味着这是敦煌现存最早的窟群。

1 | 2

1 敦煌附近的三危山在阳光的映照之下，呈现出“忽见金光，状有千佛”的情景

2 “原窟群”对面的宕泉河（伯希和摄于1908年）

为禅观而建的早期洞窟

莫高窟早期有什么特点？首先需要注意，“原窟群”这三个窟是作为一个建筑群来设计、建造和使用的，它是为了实行禅观而建的，是供僧人坐禅和观相用的。这个功能解释了这组洞窟为什么会选择在离地面 13 米高的崖壁中部开凿。

这也呼应了刚才我们看到的文献“架空凿崄”的说法，它是架空在岩壁上开凿的。这个地点肯定给施工和观看带来了很大的不便，因为在崖壁上开凿和绘塑佛像，肯定比平地操作要困难得多，而且每次都必须攀登高梯、鱼贯而入。这种特殊选址肯定有其原因——无疑是出于对石窟宗教功能的考虑。

刚才提到，这些窟是用来禅观的。禅观需要殚思竭虑，一心向佛。我们可以试想一下在窟里坐禅的僧人的所见与心态。他会看到什么？崖下的宕泉河，隔离了对岸的红尘世界；高崖之巅的静室，被转化成佛陀的天宫。从这三个窟还能看到三危山的峰巅，也就是乐僔看到的“忽见金光，状有千佛”之处。

三窟的内部空间也是为禅观而服务的。我们可以假设，现在自己走进了石窟，先进南端的第 268 窟，这个窟是三窟中最小的。

进窟后，有一个纵向的长方形的窟室，沿着门道向内伸延，终止于西壁上一个小龛里的佛像。此窟给朝拜者的第一感觉是非常狭小，它的高度只有 1.85 米，宽度 1.2 米，长度 3.1 米，所谓的主室更像一个甬道，两边各开了两个禅室，更加强了甬道的印象。建窟之人肯定是以单人的身形为参照系数设计的这个空间，因此只能容纳一个成年人在其中回转。两壁所设禅室把这个参照系数压缩到极致，每个内部空间都只有一米见方，仅能容纳一个人长期蜗居其中。

右上图所示意的，就是 1.7 米左右的成年男子与洞窟大小的相对比例，大家由此可以想象此窟的大小。如果没有这么一个人，你会把这个窟室想象得很大。实际上，你把自己想象成这个人，就知道这个

268 窟
北凉
敦煌

第 268 窟示意图（周真如绘）
与实景图

272 窟
北凉
敦煌

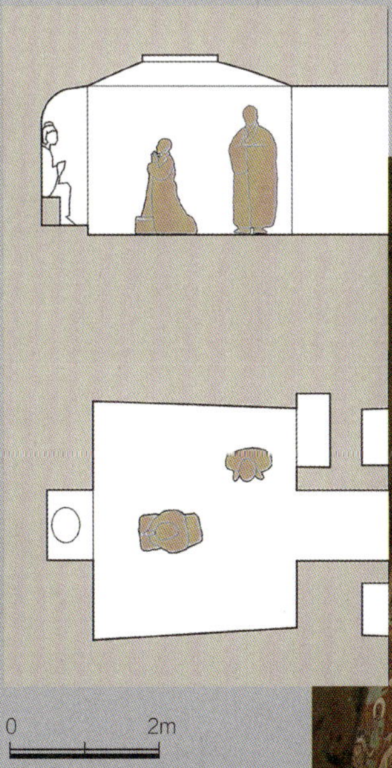

0
2m

第 272 窟示意图（周真如绘）
与实景图

窟很小，佛像也非常小，基本上抬手就可以碰到天花板。

由此我们应该能够意识到，整窟空间的设定，是通过最大限度地限制使用者的身体运动和彼此之间的交流，来促进内向的精神扩张——就是“禅”与“禅修”。你不需要动，你只需要开发你的精神。

下一个窟是第272窟。它的空间也相当局促，地面面积只有5平方米左右，但是如果我们从刚才那个第268窟直接过来，会有一种预想不到的豁然开朗的感觉。主要是因为窟型变成了接近正方形的样式，还有一个往上升的覆斗顶，可以给人一种更开阔的感觉。

这个窟的图像和雕塑填充满了墙面和窟顶，西壁即正壁上有一佛龛，里面是一个庄严的佛陀，应该是弥勒佛，两边的壁画中有四十位菩萨在欣喜地舞动，因为他们都在听佛讲述佛经，所以非常欢悦，这可以通过他们的动作反映出来。侧壁上则呈现了肃静的千佛，顶上是天宫伎乐。所以整个窟内不同的壁面、不同的图像组成了一个井然有序、比例协调的图像程序。

主尊弥勒佛似乎身处于一个虚幻的空间，它在一个凹陷下去的龛里，有四重身光和头光，仔细看其头光里有千佛，还有天人、光焰。在中古时期修禅僧人的印象里，这些身光、头光中的千佛，都是从佛身上不断化现出来的。所以，位于石窟焦点上的佛龛，就被想象成了一个宗教奇迹集中发生之处。

我们在看这些窟的时候，要想象当时在此打坐的僧人的意念，想象他可能产生的奇幻视觉或观想经验。

有的学者根据窟的形状，把第272窟归为“殿堂窟”，推测它可能是一个讲堂。因为从印度开始，佛教的佛窟就有讲堂和坐禅的功能之分。但若考虑到第272窟的尺度，以及主尊佛像相当靠近地面的位置，或许它提供的仍然是以单个身体为参数的个人性空间，是给禅观提供的环境。比如在这里，僧人只有在跪下的时候，才能看见佛的脸，要是站起来，就是从上往下俯视着看佛，这是不合适、不尊敬的。这个小小的个人性空间，从四面八方涵容着参拜者的身躯，激发出他与佛

北凉三窟

敦煌莫高窟第 268（包括 267、269、270、271 四个禅窟）、272（包括 273 和另一个未编号的小龛）、275 三窟左右毗连，是大家公认莫高窟现存最早的一组洞窟。

遗憾的是，这组洞窟本身没有纪年铭记，和它们接近的莫高窟其他早期洞窟也没有纪年铭记。因此，探讨这组洞窟的年代问题，一直为研究我国石窟遗迹的学者们所关注。

——宿白《中国石窟寺研究》

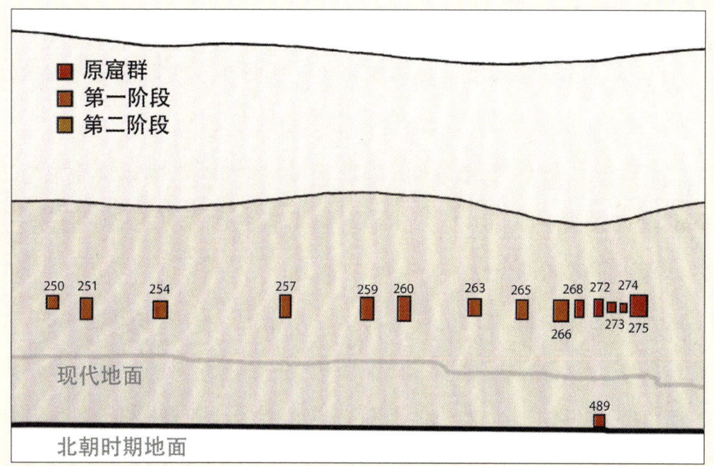

莫高窟最早一组洞窟及第一、二阶段的崖面示意图（据马德朵、周真如重绘）

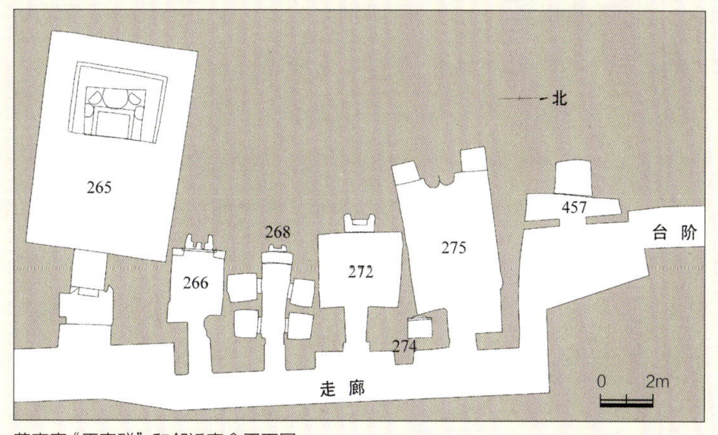

莫高窟“原窟群”和邻近窟龛平面图

的交流、互动。而且这个窟非常美妙漂亮，充满了音乐感和超验的意义；四壁和天顶上的绘画和雕塑,复现了参禅时“悠游净土,常与佛会”的想象，使参禅者更容易进入佛的领域。

这种“悠游净土，常与佛会”的想象，在接下来的第三个窟——第 275 窟里能得到最充分的体现。这个窟是三窟里最大的一个，从第 268 窟到第 272 窟，再到第 275 窟，窟内的空间尺度几乎是以成倍的比率增大——从第 268 窟 1.85 米的天顶，到第 272 窟 2.5 米的天顶，然后到第 275 窟 3.6 米的高度。但是增加速率更快、更迅速的是佛像的尺寸。

第 275 窟的佛像本身就高达 3.34 米，几乎是第 272 窟中佛像的三倍。所以我们可以认为，这是两个同时发生的变化：一个是增大的空间，允许造窟人展示越来越大的佛像；另一个是强烈的把佛像增大的愿望，这也促使了空间的扩张。随之而来的更深层的变化，就是主尊佛像和参拜者之间的关系——空间关系。

在第 268 窟我们看到交脚弥勒坐在西壁上，构成远离地面的一个壁龛；到了第 272 窟,佛像位置大为下降,但是离地面还是有一段距离，还是坐在壁龛里的；第 275 窟就不一样了，弥勒佛直接坐在建立在地面的基座上，有一个莲花托着脚，佛龛消失了。作为未来佛的弥勒佛，好像从墙壁中走出来了一样，和参拜人共处一室，不管是坐着还是站着，都处于一个空间里。

从另一个角度看，参拜人也可以想象自己终于进入了弥勒佛的场域。这个窟的主题就是弥勒佛的兜率天宫。造窟的人还在两边的墙壁上煞费心血地不断制作弥勒天宫的样子，壁上都是交脚的弥勒佛，而壁龛宫殿、阙廷的样式也都是对弥勒天宫的复现，所以整个窟就是在表现弥勒菩萨的天上宫阙，参拜者最后进入的也就是天上的宫阙。

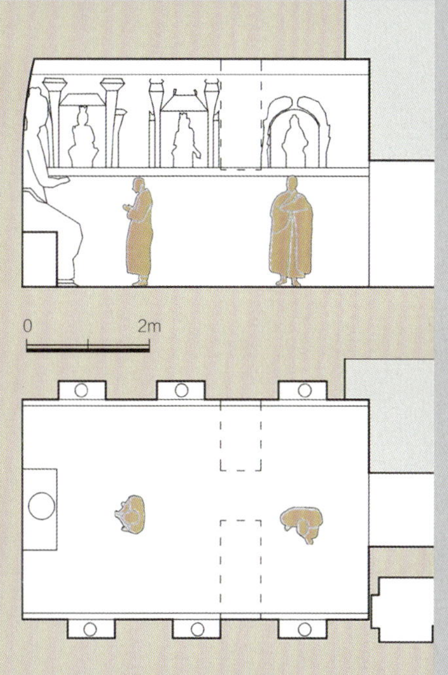

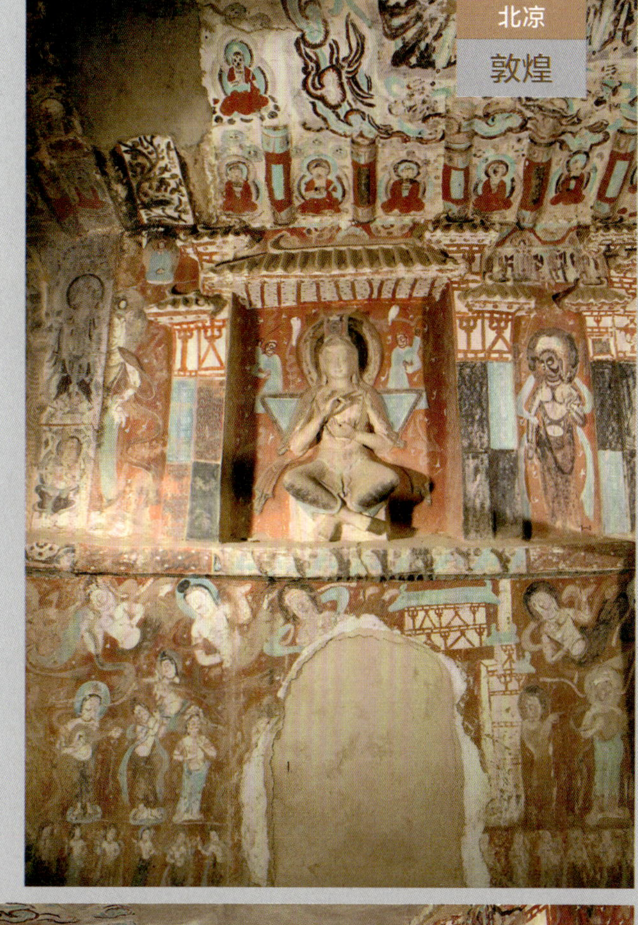

1 第 275 窟示意图（周真如绘）与实景图

2 第 275 窟北壁上的交脚弥勒，此窟的佛像高 3.34 米，几乎是第 272 窟中佛像的三倍

3 开启佛性：参禅与拜佛的空间

向南北延伸

现在我们就往下推移，到莫高窟发展的下一个阶段去。

这一阶段是以“原窟群”为起点，在崖面中部向南北两方不断伸展，建构了许多横向排列的洞窟。

主要包括南边的一排和北边的一排，中间空缺的这段，很可能是历史上崖面崩塌了，原来应该是有窟的。这些新的窟，显示出一种全新式的空间模式，说明造窟者面对既有传统，不是完全因袭，而是会改辙更新。

这种新的模式是什么？考古学家和美术史学家给它起了一个名称，叫作“中心塔柱窟”或者“中心柱窟”，但我感觉“塔庙窟”这个说法可能更适合揭示它的内涵。因为这种窟的原型，不仅是个塔，而且还是个庙：庙包含了塔，周围的空间则象征着佛堂。

中古时期，中原的庙，比如中岳庙、永明寺等，都是以塔为中心，周围有院子，构成一种塔庙的形制，这些僧侣就可以在塔的周围绕圈，而“中心柱窟”或“塔庙窟”模仿的就是这种塔庙形的建筑。

我们先从外面来看。这些新窟和早期的“原窟群”处于同一平面上，现在崖面上还留有的孔洞，就是原来栈道的木构洞。崖面外原来有一个栈道，人可以在上面行走，如果当时参拜者是从老窟往新窟这边走，那他们的第一个印象应该就是洞窟的内部空间突然增大了不少，这些窟的内部面积比原来的窟要大得多，甚至比最大的第 275 窟还要大一倍以上。

这些窟的前部模仿了木构建筑，上面有人字披，人字披的木构建

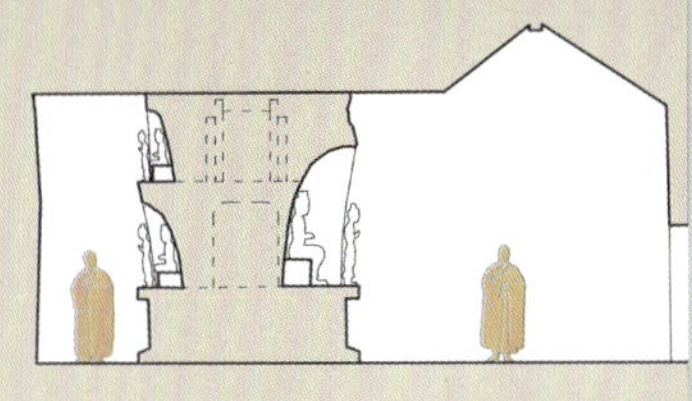

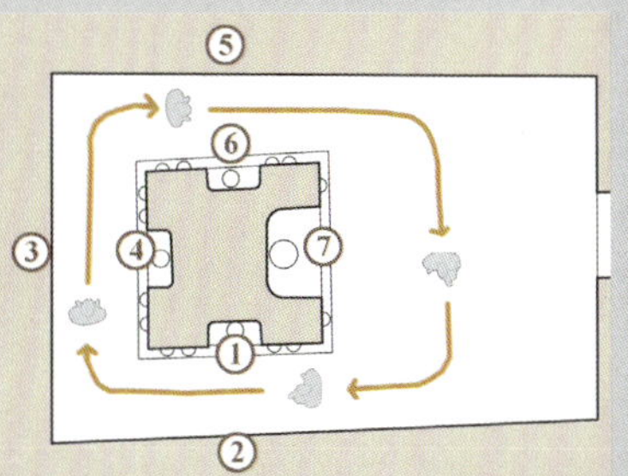

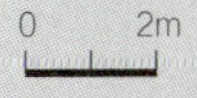

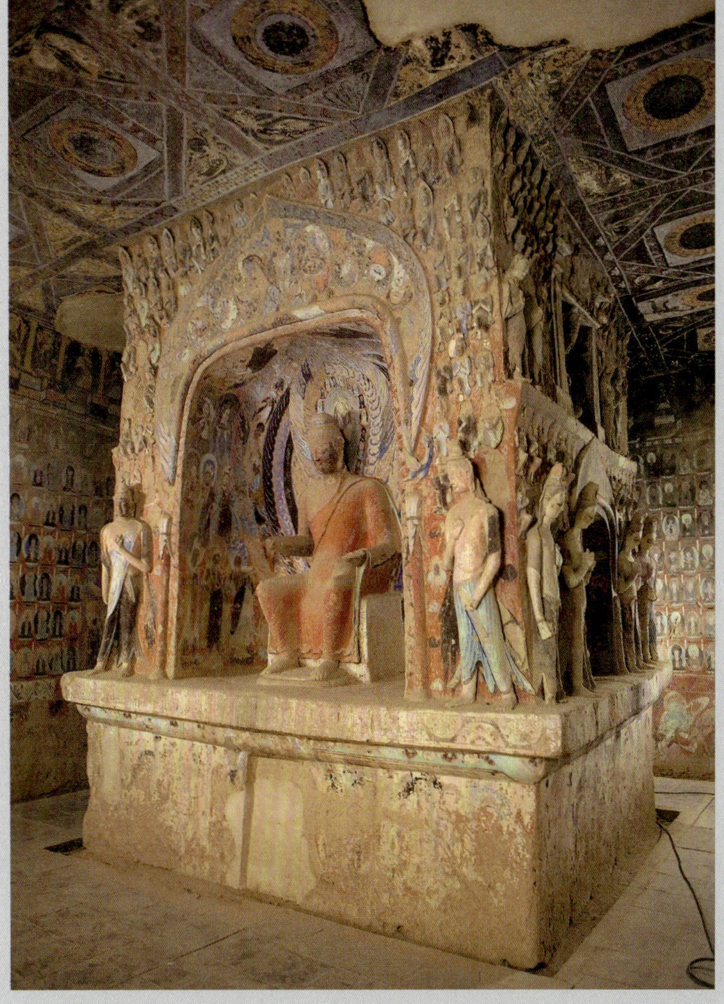

1
2 3

1 第260窟是6世纪后期建造的典型的塔庙窟，图为塔庙窟前部的人字披

2 第260窟剖面图、右旋礼仪示意图（周真如绘）

3 第260窟内景

筑像“椽子”似的，最高可以达到5米，比之前的第275窟高了1.5米左右。“塔庙窟”入口的正面，即入门的上方，还开着比较大的明窗，可以把自然光线引到窟里，也为室内空间增加了开敞、通透的感觉。因此这种建筑肯定隐含着新的宗教功能，明亮、宽敞，肯定不是为了坐禅，因为坐禅仅需要很小的空间，需要通过身体的局促扩大人的精神维度。这么大的空间，是为了容纳身体的移动，背后是一种新的礼仪宗教功能。所以这些新窟的设计不是为了禅观，而是为了提供拜佛和绕塔的场域，故而把整个寺院浓缩进了这种连贯的石窟空间之中。

塔庙窟刚开始的空间是披顶和塔组成的前部空间，这个空间可供人参拜，像一个有房顶的佛堂。这部分空间连着塔周围的回廊，回廊则引导着信众进行绕塔的礼仪。佛教典籍反复强调：绕行佛塔可以积累很多的功德，可以使佛徒接近佛陀，而且还可以开启崇拜者心中的佛性。

一般认为，在塔庙窟里，信徒的行动会从左侧开始，顺时针围绕塔柱旋转一周。在这个过程中，信徒就可以看到塔柱上的雕塑，还可以看到四周墙上的绘画。画像和雕塑不是静止的，它们在人的活动中被观看着，并且按照特定的次序或组合映入我们的眼帘，从而传递出特定的佛教教义。前页的第260窟便是一个典型的例子。

塔庙窟在敦煌的流行，基本是从北魏晚期开始的，即5世纪末至6世纪初。到更晚一些的初唐时期，这种窟也还存在着，只不过随着“绕塔”礼仪风气在此时的式微，塔庙窟的建造数量也开始迅速减少。

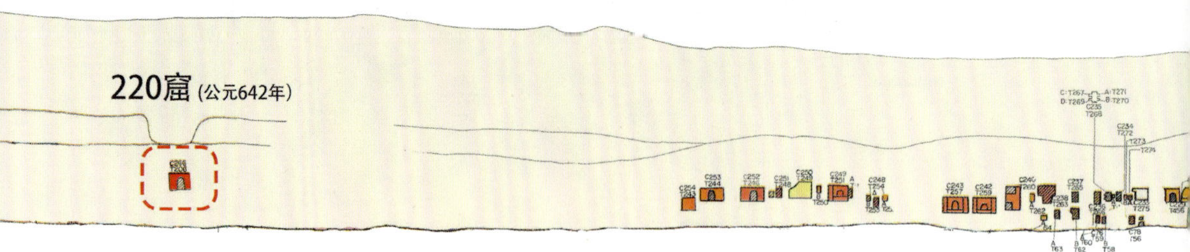

初唐时期的莫高窟崖面，以及第220窟的崖面位置（据孙儒僩人、周真如标注）

持续的内在机制

至 7 世纪末，在初唐和盛唐之间，敦煌兴建的洞窟已经非常多了，大概有两百多个，大部分洞窟还是沿水平方向建的，但有时候也有特例，比如某个家庭会把自己的窟盖得很远，像是第 220 窟和别的窟的分离，那肯定有特殊的动机。

从北朝到初唐，经历了多个朝代的兴衰更替，但是莫高窟的扩建基本上遵循着一套持续的内在机制：一是窟群的扩展，基本上以水平延伸为主；二是窟群扩展基本上集中在崖壁中部，既不触及地面，也不靠近崖岭，各层的洞窟处于不同的层次，水平上以栈道相连，上下又通过阶梯和地面来与别的窟关联。

如此一来，莫高窟从整体来看会是什么样的呢？我们现在当然看不到了，但可以从敦煌的文献里看到当时的人是怎么描述整体建筑群的。在敦煌遗书的名品《翟家碑》中，就有这样的话："嶝道遐联，云楼架回。峥嵘翠阁，张鹰翅而腾飞；栏槛雕楹，接重轩而灿烂。绀窗晓露，分星月之明阶；阙藏春朝，度幢彩云之［□］色。"嶝道连接在一起，云楼高高地架起来，"张鹰翅而腾飞"；"翠阁"和"重轩"等词，则描述了连起来的高俊而健美的大片木构建筑。

莫高窟的前三百余年，基本遵循着这样的建造程序。

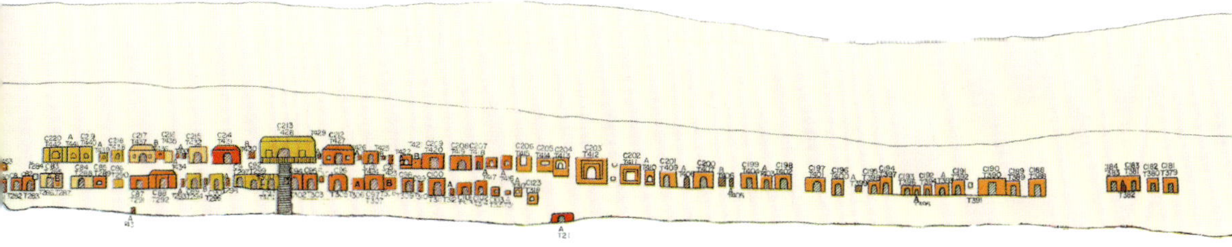

4 王朝兴盛，纪念碑性质的凸显

然而这种建造程序还是被打破了。首先打破“嶝道”“重轩”形象和营建机制的，是修筑于7世纪末的、被唐代敦煌人称作“北大像”的第96窟。其建造见载于第156窟前室北壁墨书的《莫高窟记》：“(武周)延载二年(695)，禅师灵隐共居士阴祖等造北大像，高一百四十尺。”

学者认为，这个窟的开凿与武则天的政治企图有直接关系。大家都知道，一个女性做皇帝不是那么简单的事，武则天为当皇帝，做了很多的宣传工作：她曾令薛怀义等人于载初元年(689)伪造《大云经疏》，在此书里说武则天是天女下世，应该入主天下等；她进而下令，在全国各地兴建“大云寺”。“北大像”第96窟就是在7世纪末造的，正好和武则天的这段历史对应，说明它是官方计划在敦煌的直接反映。所以这个窟有不同寻常的政治意义，它不是一个家庙或者家窟，而是当时一个很重要的政治性建筑。

大像窟：纪念碑性质的引入

“北大像”为莫高窟引进了原来从没有用过的一种新形式——大像窟。它从地面到崖岭，首先造了35.5米高的弥勒佛坐像，围绕这座佛像，依着山崖又造起了40余米高的四层木构建筑。从外观上来看，“北大像”如一座雄伟的楼阁、一座纪念碑，实际上它的政治功能也确实就像纪念碑一样。这座佛像的建造，给莫高窟整体窟群带来了非常重要的变化。

0 4m

1
2

1 第96窟（北大像）的内部结构示意图（周真如绘）

2 从最高处和最底下看第96窟主尊佛像

首先，它构建了一个体量巨大的标志性建筑，以前建造的数百个洞窟也有很大的，但都属于同一个窟群体，没有像第 96 窟这种主宰性的建筑。“北大像”的出现，顿时给莫高窟的崖面提供了一个视觉中心。在此以前，莫高窟的扩充都是通过水平延伸来实现，窟都集中在山崖中部，而作为一个有多层楼阁立面的巨型窟，“北大像”突兀竖直的形象，隔断了山崖上原来平行延伸的洞窟群。

再进去看看它的内部空间。从内部看，建筑的底部是一个宽阔的大像殿堂。这个很大的殿堂，原来里面是四大天王的巨大雕像，中间有个甬道；走进主殿以后就是这个窟，但在殿里的参拜者是看不到大佛像的，只能看到佛的脚部，参拜者可以借助梯子上去，在从梯子上去的过程中，慢慢就开始了一种对佛像的巡礼，这个过程是从下到上

第 130 窟（南大像）中的弥勒像

的。这里隐含的佛教思想是什么?《增一阿含经》里形容佛“如来身者，为是大身，此亦不可思议”，佛是如此之大，他的身体不可捉摸，他的言语和音声常人无法想象，所以佛的境界是凡人所“不可思议”的。

从这个角度看第96窟，可能有一种新的感受：这个窟的目的是让信徒得以接近和目击这一“不可思议”的神圣佛体。一方面把佛像整体盖起来，让人不能一眼就看清楚，但另一方面，又提供了接近佛身的渠道，就是在楼阁各层之间竖梯子，让礼拜者可以逐级而上。在攀登的过程中，礼拜者从佛的脚下升到膝盖、胸部、头部，在不断增高的望台上巡览佛陀的身体，当达到最高一层、直对着佛面的时候，礼拜者获得的不仅是完成了的观看过程，还有伴随而来的宗教意识的升华。通过对硕大佛像的朝圣，能够观瞻、观仰到佛陀“不可思议”的整体。

前页的两张照片就反映了“从最底下可以看到什么”，以及“在最高处可以看到什么”，所以“北大像”的意义非常重大。

除了“北大像”外，另一个把“顶天立地”的视觉中心引入莫高窟的，便是二三十年后营建于唐开元年间的又一个“大像窟”——第130窟“南大像”。

这两个重要的大像窟在唐代出现以后，给莫高窟带来了两个核心建筑，自然地为莫高窟引入了中心和等级观念。在之后的营建岁月中，离这两个大窟越近的地方也就越接近中心，因此也就被最有权势的统治者和僧人所需求。

功德窟：新形象的创造

围绕南北两大像营建窟室的趋势，到了9世纪中期的归义军时期变得更加明显。不少归义军的首领，也就是敦煌当地的实际统治者、政治领袖，把自己纪念碑似的“功德窟”或他们的家窟修在南北大像周围，以靠近中心。不少当地的宗教领袖，也都是如此为之。

到了 9—10 世纪，这些大窟已经不修在中层和上层了，更多修在莫高窟崖面的底层，所以非常接近人的活动区域，而且规模也很大。这些窟都相当开阔，窟前还有华丽的殿堂，连接外界，因为它们在洞窟的底层，很容易进去，典型的有第 85、98、100 等窟。而且在这些殿堂和窟内，会频繁举行大型佛事活动，所以从结构、到位置，再到活动，都给莫高窟创造了一个新的“形象”。

这个时期开拓扩建的大窟，在建的时候为了显得壮丽，甚至不惜破坏前代的洞窟。开窟的人都很有权势，所以可以破坏一些小窟，以营造他们自己的大窟。

另外一个很有意思的变化是，这些大窟的中心，多造有佛坛，佛坛上设有佛、菩萨、弟子、天王的塑像，这说明，宗教礼拜的对象——佛，从墙内被请到了墙外来，从窟室的后部移到了洞窟的中心。所以礼拜者一进石窟，走过这个甬道，马上就能看到宗教偶像，而且还可以围着偶像走，好像自己真是处在佛陀的神域里。

这个新式样在考古文献、美术史文献中被称为“中心佛坛殿堂窟”，因为整个窟还是殿堂窟，但是又有中心佛坛。它在 9—10 世纪成为一些大窟采用的形式。在这个基础上，又出现了一种新的样式，叫作“背屏式殿堂窟”或“背屏式窟”，就是在中央佛坛的后面，又修了一个背屏，把佛的形象弄得更突出，如同帝王一样。帝王宫殿的主位后面都有个屏，所以在佛窟里也建了一个类似的屏，直承直下，直通到房顶，比较典型的就是第 16 窟（吴和尚窟）的形制。

“吴和尚”就是洪辩和尚，他是当时敦煌非常重要的佛教首领，“吴”是他俗家的姓，第 16 窟是他给自己建造的“纪念碑”。其实他建造的是一组窟，俗名叫“三层楼”。先盖的是上面比较小的两个窟，然后又在第一层修了一个非常大的窟，从而把三个窟连了起来。他肯定是有意为之，要不然不会非把大窟修在这里，因为这样的工程很麻烦，得修一个很深的甬道到山里去掏一个大窟。他的窟首先把新的形

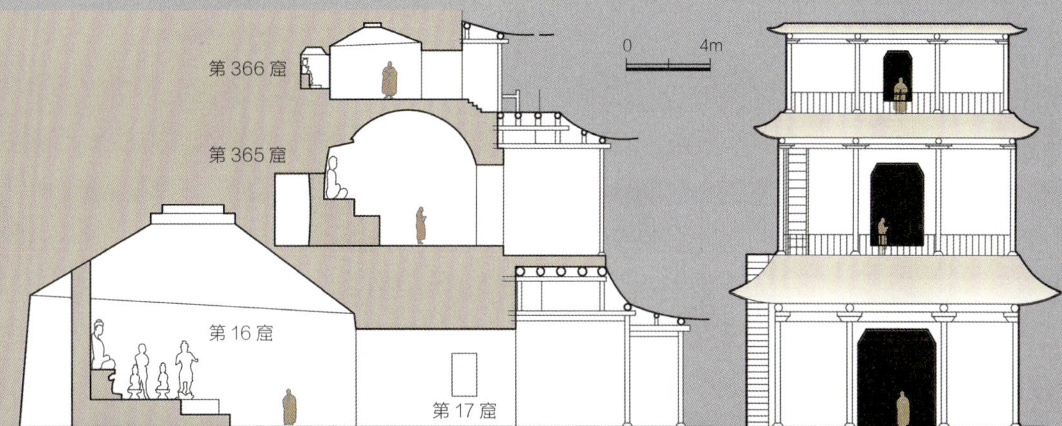

1 第 16 窟外景的“三层楼”

2 第 16 窟、365 窟和 366 窟结构示意图（周真如绘）

3 第 16 窟内景

196 窟
晚唐
敦煌

第 196 窟立面、平面图（周真如改绘）与内部实景

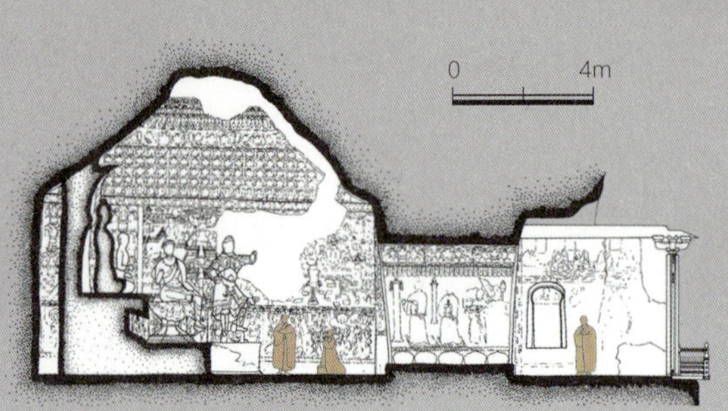

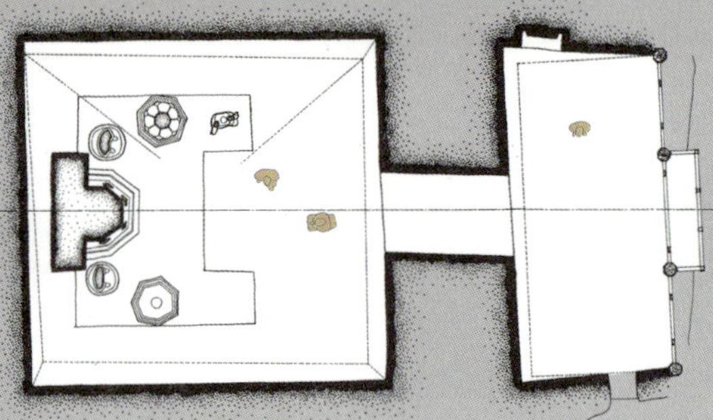

式引进了敦煌，在他之后，其他一些窟都开始仿照这个样式建造，比如第 196 窟（何法师窟），以及属于归义军节度使张淮深的第 94 窟。

第 196 窟属于何法师，何法师是当地的佛教领袖，所以窟也很大。此窟值得一提，因为它是敦煌莫高窟保存最好的一个晚唐洞窟。它建得很高，靠近崖顶，因而保存得非常好，里面的佛像、壁画都是“原装”的。值得注意的是它有背屏、佛坛，另外就是它的高度，佛像建得非常高，参拜的人要在坛底由下往上来仰望佛像。

这一类“背屏式殿堂窟”特别强调对称，会按照对称的原理来修造和装饰。佛坛上都是成对的弟子、菩萨、天王，还有中轴线，两壁都是解释重要佛经的经变画。第 196 窟后面墙上，画的是《劳度叉斗圣变》，有两个人物，一边一个，在相互斗圣、斗法。整个窟都显得非常规整、非常对称，佛像高高地建在中心坛之上，俯视着参拜者。

5 “重构”历史经验，探知不断变化的莫高窟

最后，我要谈莫高窟的窟面。

莫高窟的窟面在曹氏归义军统治时期（10 世纪左右）发生了一次非常大的变化，这个变化我们现在看不见，但它对敦煌或莫高窟的历史有一个本质性的改变。

崖面长条大壁画的发现

1951 年，石窟考古的前辈学者宿白、陈明达等先生组成调查团，对莫高窟做了一次很重要、很仔细的调查，调查报告于 1952 年发表在《文物参考资料》上。

他们发现，在莫高窟崖面上，残存有大幅的露天壁画，不是在洞窟里，而是在崖面的表面上。我们今天还能依稀看到一点壁画的内容，在 20 世纪 50 年代他们看到的更多。先生们的报告里是这样描绘这幅壁画的：“在南区崖面由南至北有残存断续相连的大壁画一条，位置在距现在地平 6—10 公尺范围内。它的内容比例自成一格，有些建筑物的图画几乎和实物一样大。”大壁画由南至北，蔓延半里长，是在同一时期所绘，而且这个大壁画的内容和真的建筑物差不多大，比如有一处画了一个大佛殿，画上的柱子达到 50 厘米宽。

因长期暴露在外，大壁画现在没有那么明显了，但在 10 世纪它刚被画出来的时候，肯定曾带给莫高窟整个崖面一种全新的视觉效果。这说明在当时，莫高窟这一佛教石窟群，第一次作为一个建筑整体被修缮和改建，而不是一个窟一个窟地单独修缮和改建。

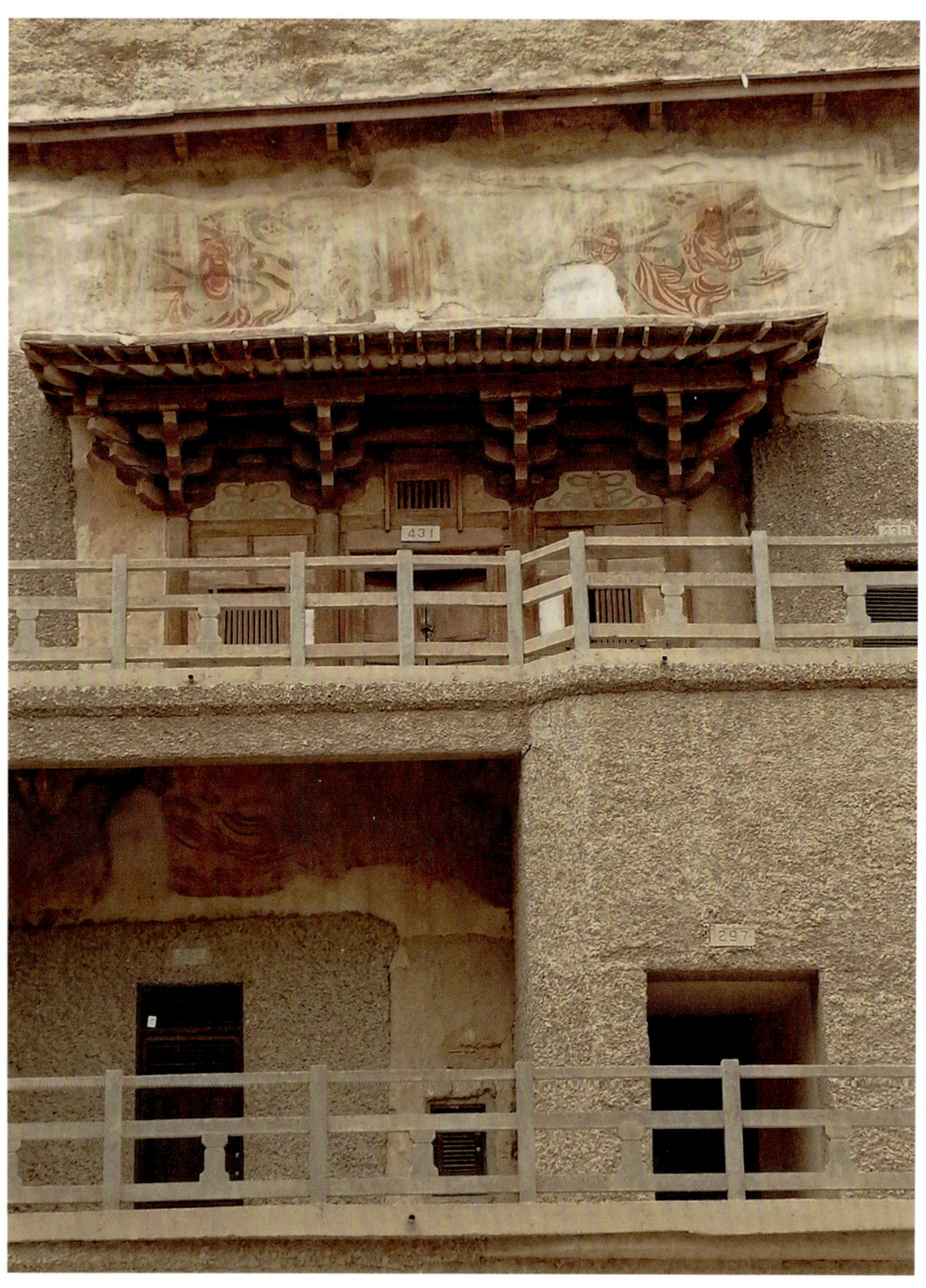

莫高窟崖面上残存的大壁画

而这种整体修缮行为的背景，就是曹氏归义军统治者极大的权力，统治者集政权和教权于一身，还建立了专门的机构，设立了专门的官员，以对石窟的开凿和修缮进行集中管理，所以才能对莫高窟进行全面的修缮，不但画壁画，也修构了统一的栈道，把窟檐弄得很整齐，这些也成了他们作为统治者的功绩。

从 20 世纪 50 年代的调查痕迹看，原来的这些壁画以五光十色的佛殿、祥云和天人形象，将莫高窟壁面上的真实建筑融入了一个巨大的幻象，把整个山崖转化为佛国净土。我们不得不承认，这一时期掌控敦煌地区政治、经济、宗教权力的豪门大族，对莫高窟窟群整体外观的影响越来越大。

从 7 世纪末造两大窟（南北大像）开始，一直到后来带有纪念碑性质的“功德窟”，还有最后给整个窟群添加宏伟外形、外貌的大壁画，建造者都力图把整个石窟转化成对自己政绩和德行的记录。

什么影响和改变了莫高窟的面貌？

然而，这些上层阶级的努力和雄心，只是莫高窟建设的一部分，而不是全部。莫高窟的发展，还包括另外一些自始至终都在发生的过程，它们也同时改变着莫高窟的面貌，虽然是以完全不同的形式。

第一个过程是中小型窟龛的开凿从来没有停断过。一般的家庭或者佛教组织一直在造窟、造龛，而且这些小龛逐渐填满了窟面上所有的可用之处，也就慢慢改变着整个窟群的面貌。第二个过程是对旧窟的改建和翻修。人们不是总盖新窟，还会对旧窟、老窟以及被废弃的窟进行改建及翻修。在翻修的时候，常常会加宽窟室的前室和门脸，使外观焕然一新，也因此在不断改变莫高窟的样子。第三个过程，是各种非计划中的自然损害。莫高窟历史上经历了几次大的塌陷、坍塌，整个崖面都塌了下来，很多窟就此被毁。还有一些坍塌虽然是人为造

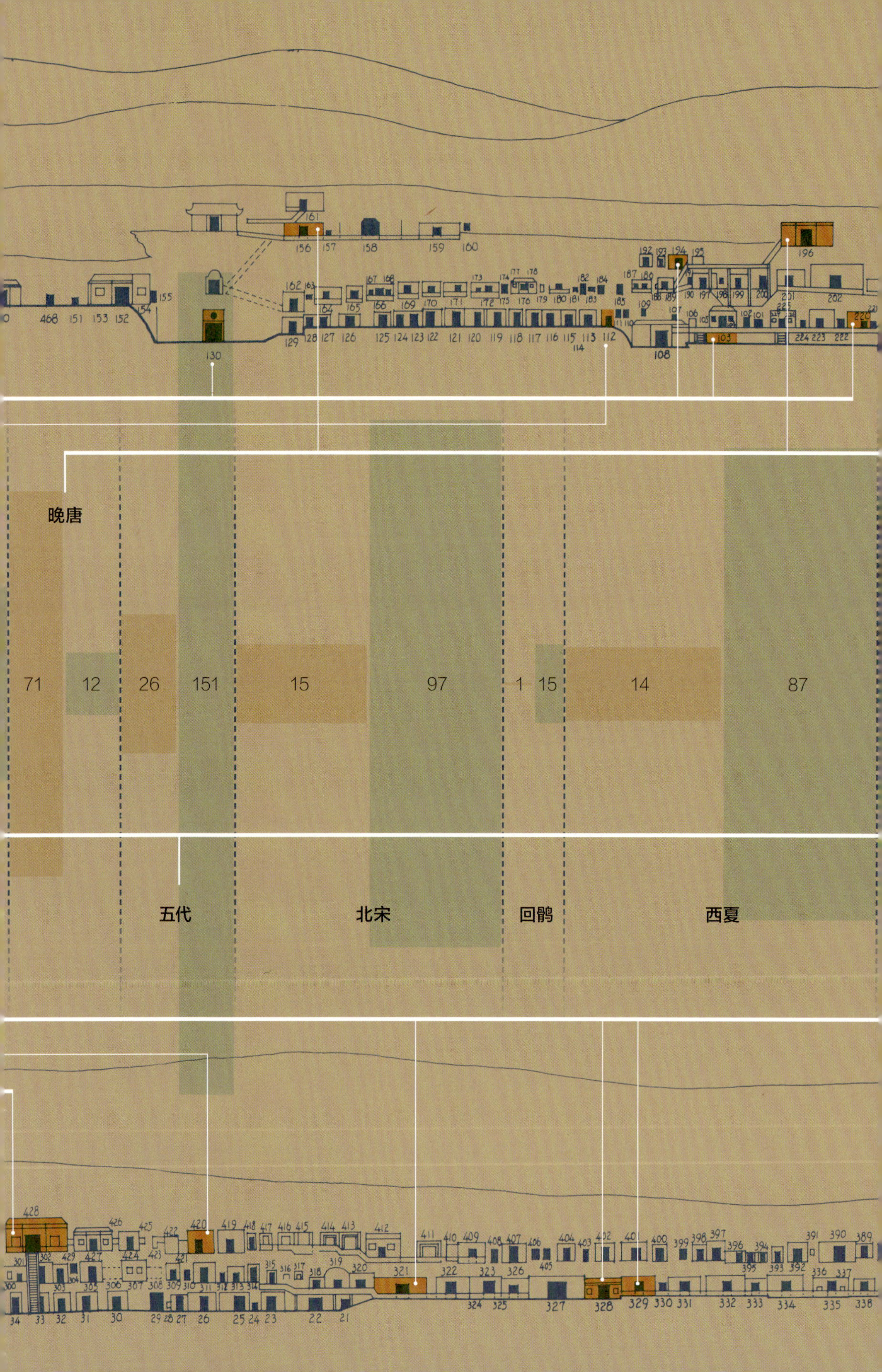

晚唐
71
12
26
151
15
97
1
15
14
87
五代
北宋
回鹘
西夏

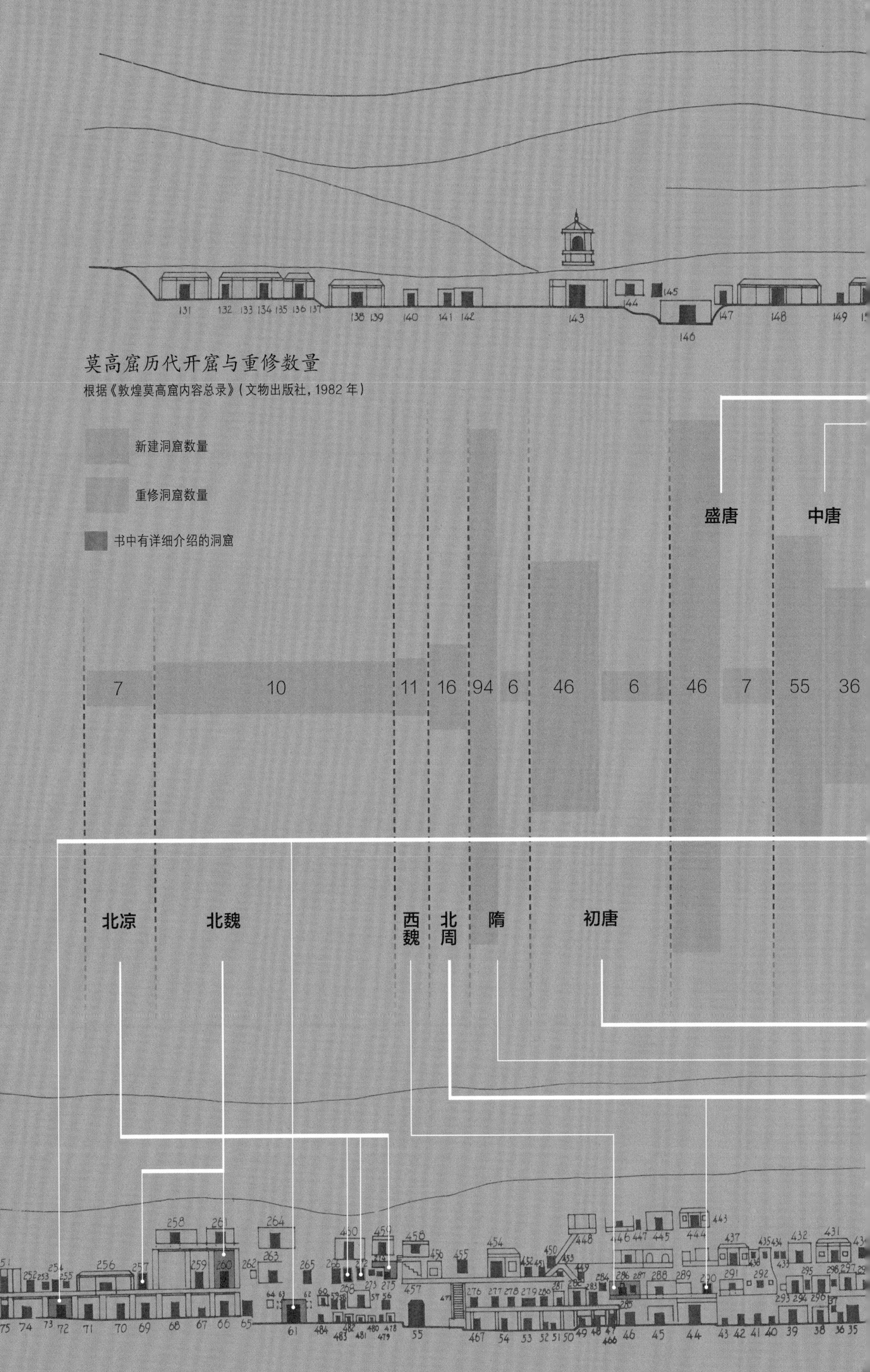
莫高窟历代开窟与重修数量
根据《敦煌莫高窟内容总录》（文物出版社，1982 年）
新建洞窟数量
重修洞窟数量
书中有详细介绍的洞窟
盛唐
中唐
7
10
11
16
94
6
46
6
46
7
55
36
北凉
北魏
西魏
北周
隋
初唐

成的，但非有意为之，比如造新窟的时候引起的塌陷，如果窟之间离得太近，上下的天花板也会塌。甚至这个过程今天仍在持续，石窟的保护工作还有旅游观光，都不可避免会造成石窟整体外观的巨大变化。

我们今天去莫高窟，首先看到的不是它历史上的样子，而是 20 世纪 50 年代到 60 年代修起来的保护措施，这些保护措施很有必要，但同时又不可避免地改变了莫高窟历史上的样子。

作为美术史家、美术史研究者，我们的责任是在这种变化和保护、保存的协商之间，找到自己的位置，既要保护又要探知业已消失的历史原状。从“空间”上去重构历史的经验，想一想原来历史上的人是如何构造、如何营建、如何观察莫高窟的，也是这种努力的一部分。

莫高窟南区总立面图
孙儒僩绘（1958年）

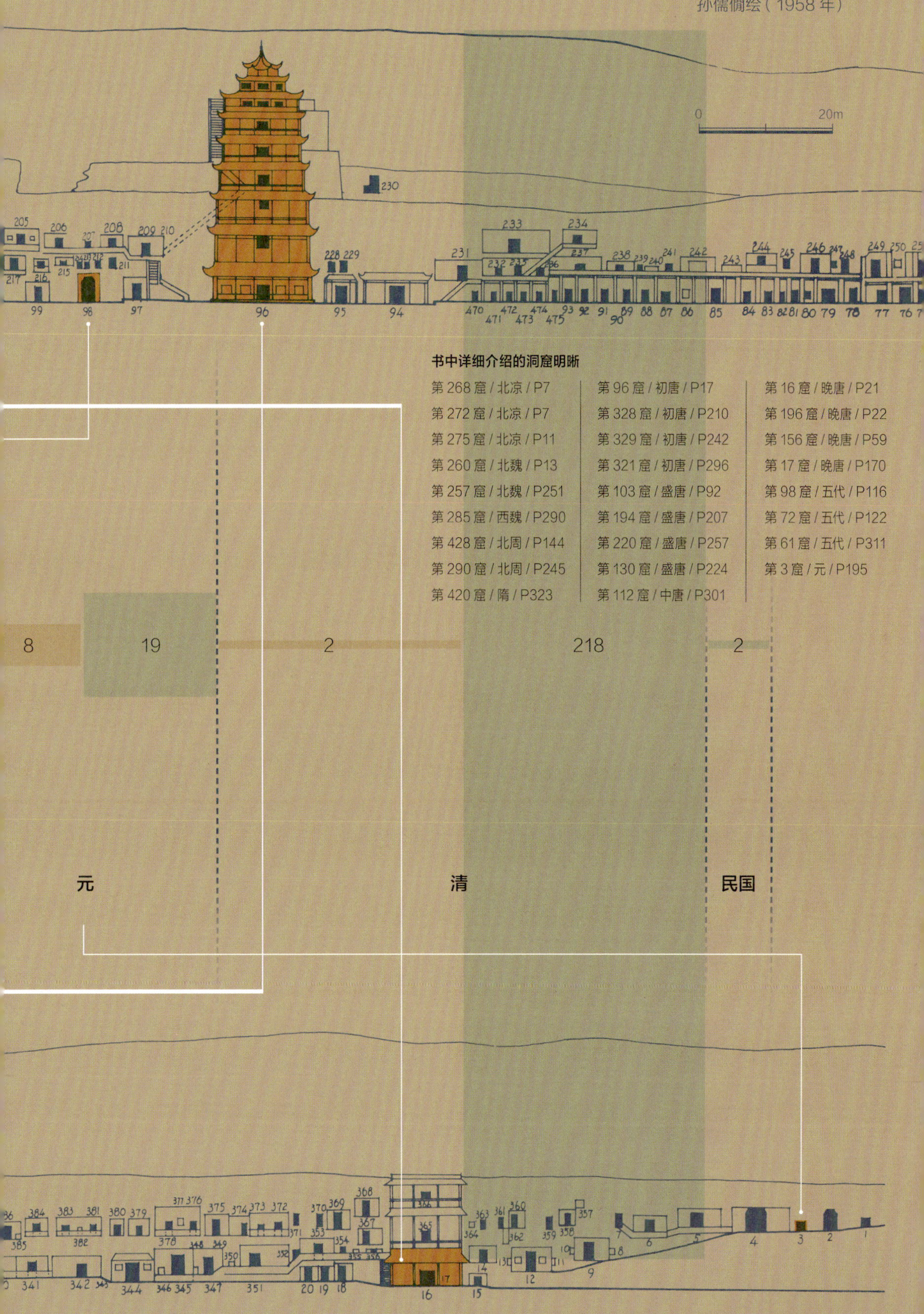

0
20m
书中详细介绍的洞窟明晰
第268窟 / 北凉 / P7
第272窟 / 北凉 / P7
第275窟 / 北凉 / P11
第260窟 / 北魏 / P13
第257窟 / 北魏 / P251
第285窟 / 西魏 / P290
第428窟 / 北周 / P144
第290窟 / 北周 / P245
第420窟 / 隋 / P323
第96窟 / 初唐 / P17
第328窟 / 初唐 / P210
第329窟 / 初唐 / P242
第321窟 / 初唐 / P296
第103窟 / 盛唐 / P92
第194窟 / 盛唐 / P207
第220窟 / 盛唐 / P257
第130窟 / 盛唐 / P224
第112窟 / 中唐 / P301
第16窟 / 晚唐 / P21
第196窟 / 晚唐 / P22
第156窟 / 晚唐 / P59
第17窟 / 晚唐 / P170
第98窟 / 五代 / P116
第72窟 / 五代 / P122
第61窟 / 五代 / P311
第3窟 / 元 / P195
8
19
2
218
2
元
清
民国

第一讲

重返

——丝绸之路上的敦煌

荣新江

北京大学敦煌学研究中心主任
历史学教授

古代丝绸之路，是中国和西方沟通最方便的一条路，在这条主干道上，敦煌是最关键的地方。明代以前，所有出去的路都要从敦煌分开；敦煌作为咽喉之地，所有的外来文明也都要在这里落脚，再经过河西走廊到长安、洛阳这些中古时代的大都会。这样的地理位置，造就了敦煌在丝绸之路甚至在整个中国历史或世界文明史上浓墨重彩的一笔。

1 地理探索：古代探险家张骞的“凿空”之旅

我这些年主要做两个领域的研究，一个是敦煌，一个是中古时代的中西交通，就是中外文化交流史，时限在隋唐一段。当然，做中外关系也好，做敦煌研究也好，它的时限不可能被王朝所框住，所以也会涉及汉代、五代、宋初的年代范围。研究这一段历史和其他中国传统的断代史有很大不同，研究断代史有基本典籍作为最基础的参考资料，而研究这些课题——敦煌或丝绸之路、中西文化交流，有很多需要新的考古资料和周边民族的记载作为支持。

20 世纪初，在敦煌的藏经洞发现了一洞窟的写本和艺术品，构筑了今天认识敦煌以及丝绸之路在中古时代情形的基础。所以我也想用图像和积累的文字材料，把敦煌和丝绸之路，特别是敦煌在丝绸之路上的重要地位，为大家介绍一下。

敦煌是丝路上最关键的地方

按照今天的地名绘制出的古代丝绸之路，是中国和西方沟通最方便的一条路，但这种路线图主要呈现的是一条干道，而丝绸之路本身还有很多岔路，我下面会讲到。在这条中国通向西方的主干道上，敦煌是最关键的一个地方。现在我们看到丝绸之路有一段是从安西（今甘肃酒泉市瓜州县一带）到哈密，但这一段路其实是明代修了嘉峪关后人们才开始走的路，时代相对靠后。在明代以前，所有出去的路都要从敦煌分开，敦煌是一个咽喉之地，无论去北边的吐鲁番、罗布泊，还是从南面若羌往西走去和田，都要从敦煌出“国门”。相反，所有的

丝绸之路主要干道示意图

外来文明也都要先在敦煌落脚，再经过河西走廊到长安、洛阳这些中国中古时代的大都会。

这样的地理位置，造就了敦煌在丝绸之路甚至在整个中国历史或世界文明史上浓墨重彩的一笔。

我在耶鲁大学做过一段时间的研究，那时我在图书馆系统里输入“长安”进行检索，没有几本书，输入“北京”有很多，但是仍没有输入“敦煌”多，输入“敦煌”后，会有几百本书出现，大多数是跟它的艺术、存下来的典籍有关系的著作，其总量上超过“北京”许多。

前敦煌时代的“敦煌人”：月氏人

古代敦煌，与我们现在所知的、以汉族人居住为主的敦煌有所不同。过去敦煌这一带，实际上是一个游牧民族也就是月氏人生存的地方。古书上说，月氏人游牧在敦煌、祁连之间。从先秦商周一直到秦汉，月氏一直占据着河西走廊以及新疆东部非常广阔的地区。

河西走廊就在中西交往的通道上，所以很多在先秦时代进入中国的东西，都是通过月氏人传进来的，他们相当于中间贸易的承担者。

记载在古书《管子》《逸周书》上的“禺氏”，就是月氏，是两个不同的拼写和发音。很多在中原发现的玉，实际上都是和田玉，和田玉又是谁弄来的呢？其实就是月氏人。

蒙古高原的匈奴人在汉代很强盛，但是月氏在强盛的时候，曾经打败过匈奴，匈奴的冒顿单于还曾被月氏扣作人质。后来到了秦汉之际，蒙古高原的匈奴人变得更强大，就把月氏人打跑了，还杀掉了月氏人的国王，用其头骨做酒器。

过去游牧民族的变动性很大，越是古老的游牧民族，越能跑得很远，所以月氏人第一次被打跑后，就跑到伊犁河（今天新疆最西北角），第二次又迁徙了一次，就到了今天的阿富汗和巴基斯坦。从阿富汗和巴基斯坦留下的资料反推，月氏人说的话，应当是印欧语系里的伊朗语，很可能跟现在阿富汗的普什图人有关系，因为阿富汗跟敦煌一样，是文明的十字路口，存在多种族混杂的情况。

匈奴人占领了漠北，进而控制了河西走廊，进而又控制了新疆，也就是古代的西域，对于汉朝构成了很大的威胁。他们曾经把汉高祖

史书中的“大月氏”

《汉书·西域传》：**大月氏国**，治监氏城，去长安万一千六百里。不属都护。户十万，口四十万，胜兵十万人。东至都护治所四千七百四十里，西至安息四十九日行，南与罽宾接。土地风气，物类所有，民俗钱货，与安息同。出一封橐驼。大月氏本行国也，随畜移徙，与匈奴同俗。控弦十余万，故强轻匈奴。本居敦煌、祁连间，至冒顿单于攻破月氏，而老上单于杀月氏，以其头为饮器，月氏乃远去，过大宛，西击大夏而臣之，都妫水北为王庭。其余小众不能去者，保南山羌，号小月氏。大夏本无大君长，城邑往往置小长，民弱畏战，故月氏徙来，皆臣畜之，共禀汉使者。

《管子·轻重》：金出于汝、汉之右衢，珠出于赤野之末光，玉出于**禺氏**之旁山，此皆距周七千八百余里。

《括地志》：凉、甘、肃、延、沙等州地，本**月氏国**。

围在平城（今山西大同）一带，险些让高祖做了俘虏。汉代初年，由于刚刚经历秦朝末年的农民战争，所以非常贫穷，甚至连马都没有多少，因此，汉初的政策是休养生息。经过几十年，到了汉武帝的时候，国库充实，汉人就开始考虑反击匈奴了。

汉武帝当时做了一个非常勇敢的决定，派一个人去找月氏人，让月氏和汉朝共同夹击攻打匈奴，这叫“断匈奴右臂”。汉武帝派的这个人就是张骞。现在我们说他是英雄式的人物，但当时他或许只是一个“亡命之徒”，因为在彼时中国人的观念里，父母在不远行。从秦汉简牍到敦煌文献里的占卜文书，再一直到明清，很多记载和规范都是不让人随意远行的，而且路途艰险，凶多吉少。张骞却打破常规，愿意接受这个命令，可见其胆识和勇气。

结果，他出使西域经过匈奴时就被俘虏了，一待就是十年。此后他虽然在匈奴娶了妻，却一直没有忘记自己的使命，终于趁着匈奴内乱的时候跑了出来，继续往西，最后到达大月氏。此时的大月氏人，已经越过了阿姆河，彻底征服了大夏，占领了阿姆河南北岸的土地。这个地方水草丰美，月氏人生活得很舒服，他们表示自己不愿意再打仗，所以张骞并没有得到想要的。

张骞大概在公元前126年，回到汉朝的本土，他虽然没有搬来援兵，但是了解了很多有关西域的重要情报，这些情报后来呈现在《汉书·西域传》中。《汉书·西域传》往往会记录一个国家“胜兵”多少人，就是说这个国家中能够当兵的有多少人，这是军事情报，比如《汉书·西域传·婼羌》“户四百五十，口千七百五十，胜兵者五百人”。所以，《汉书·西域传》记录的官制、地理、物产，特别是军事，构成了以后中国封建王朝记载外国情报的一个最基本的模式。

张骞出使西域有两个意义：一是得到了消息和情报，他回来之后，汉朝很快就打败了河西走廊的匈奴人，这与张骞从河西走廊以及西边带来的信息有关；另一个更大的意义是，到了张骞这个时候，中国人才真正第一次比较科学地认识西边、认识西方。中国历史上，将张骞

的西行称作“凿空”，这个表述很形象，就是拿个斧子把封闭的地方给凿通开。虽然古代曾经有《山海经》记载过西边稀奇古怪的人和事，还有《穆天子传》记载穆天子游历天下会见西王母的事，但这些内容都依托于神话传说，有虚构的成分，而张骞的这次冒险，使中国第一次切实地认识到了西方的面貌。

认识西方有个递进的过程，刚开始我们可能最远能认识到的，是阿富汗、巴基斯坦及其周边伊朗、印度等国家，之后顺着张骞凿开的这条道路，一代一代中国人开始往西走。如果没有张骞这次勇敢的“凿空”，恐怕中国人会更晚才能了解西方的情况。

1 张骞出使西域路线示意图

2 莫高窟第323窟北壁的张骞出使西域图

“胡”与“汉”：中国与西方最初的联系

古人对外面世界的了解是非常有限的，张骞走的这条路，从今天的地图看，也是沟通中国和西方最便捷的路。在古代，虽然这里有沙漠，有高山，有非常难走的帕米尔高原、塔克拉玛干沙漠，但从距离上来看，仍然是最便捷的，因此，是张骞在地理上打破了中国和西方的封闭状态，中国开始了和西方的联系。

张骞在中国历史上如此重要，所以后代历史或传说常把西来的东西都归功于张骞。洋货、洋火等东西从海洋上进来之前，中国给外来品都冠以“胡”名，比如胡瓜、胡床、胡萝卜，凡是带“胡”字的，《本草纲目》里都说是张骞带来的。实际上，以外来的物种来讲，张骞带来的只有两样：一个是苜蓿，汉武帝拿来喂养他得到的汗血马；另一个就是葡萄，葡萄当时是种在皇家禁苑里的，虽然葡萄可以酿酒，但中国人喝真正的葡萄酒是很晚的事，葡萄一直养在宫苑里，所以老百姓就吃不着。

甚至于后来还有中国佛教徒，说佛教也是张骞带回来的，所以在莫高窟第 323 窟北壁描绘张骞出使西域的佛教史迹图中，还画有两个佛像（金人），而汉武帝正在跪拜这两座金像，这其实是把东汉汉明帝梦见金人后派人求请佛的事情，安在了张骞和汉武帝头上。

丝绸之路总图

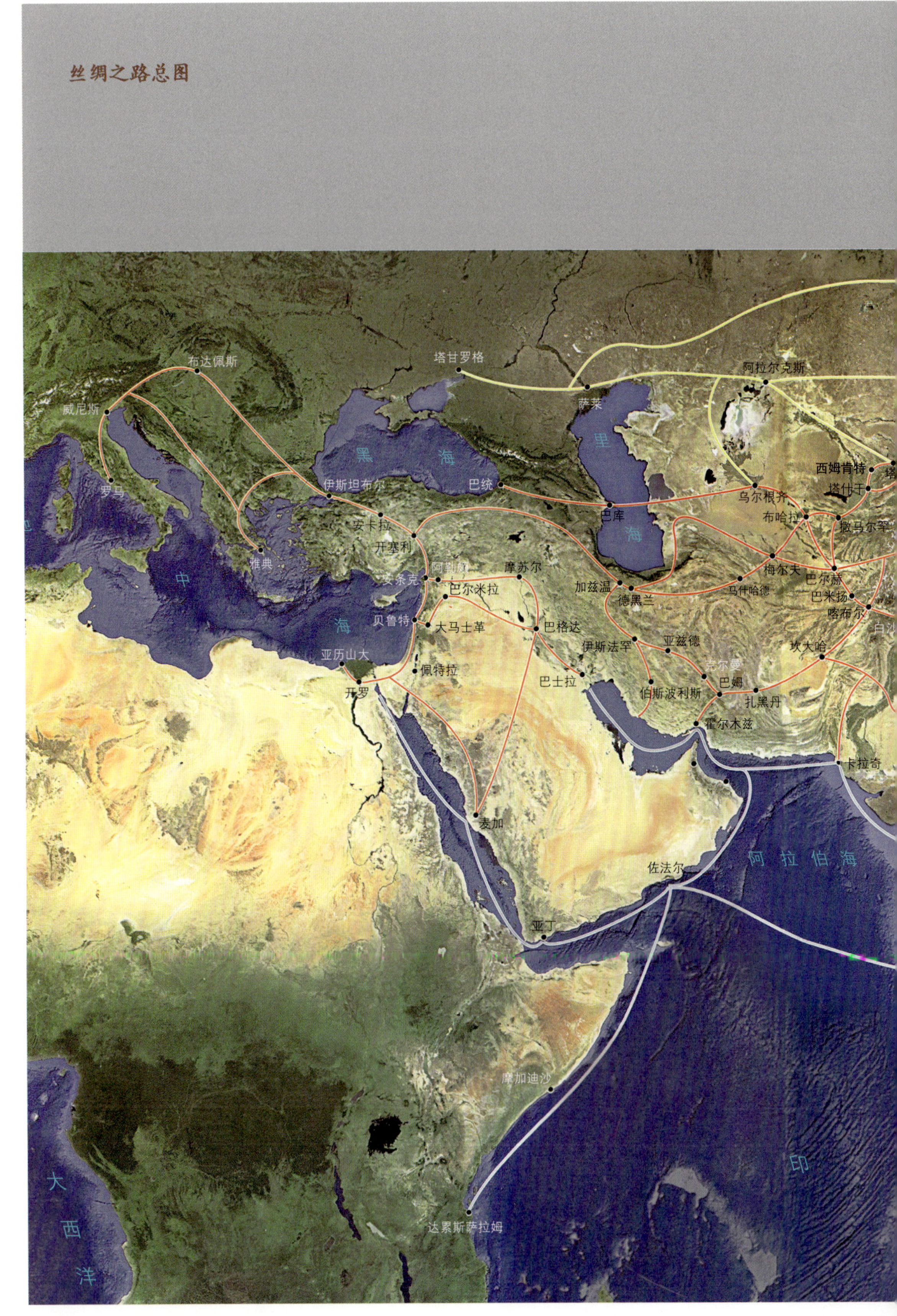
布达佩斯
威尼斯
罗马
雅典
伊斯坦布尔
安卡拉
开塞利
安条克
阿勒颇
巴尔米拉
贝鲁特
大马士革
亚历山大
开罗
佩特拉
麦加
亚丁
佐法尔
摩加迪沙
达累斯萨拉姆
塔甘罗格
萨莱
阿拉尔克斯
黑　海
里　海
巴统
巴库
摩苏尔
巴格达
巴士拉
加兹温
德黑兰
伊斯法罕
亚兹德
克尔曼
巴姆
伯斯波利斯
扎黑丹
霍尔木兹
乌尔根齐
布哈拉
撒马尔罕
梅尔夫
马什哈德
巴尔赫
巴米扬
喀布尔
坎大哈
卡拉奇
西姆肯特
塔什干
中
海
阿 拉 伯 海
印
大
西
洋

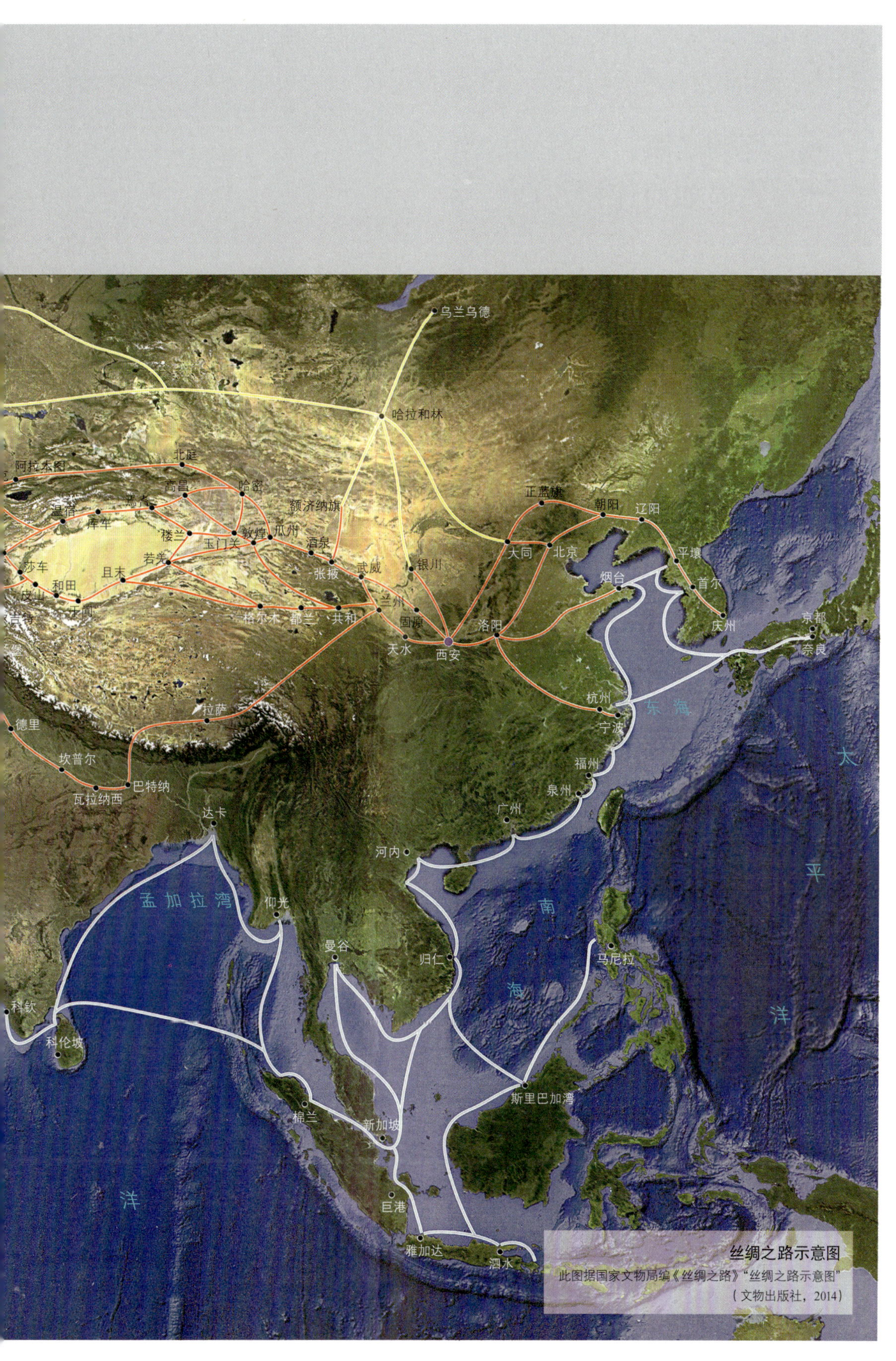

丝绸之路示意图

此图据国家文物局编《丝绸之路》"丝绸之路示意图"

（文物出版社，2014）

2 丝绸之路：敦煌如何连接东西？

丝绸之路怎么走

西汉时，长安（也就是今天的西安）是汉代的都城，丝绸之路的起点就是从这里开始的。在这之后，东汉与北魏时期，是以洛阳为都城，丝绸之路的起点就在洛阳，元明清以北京为都城，丝路的起点也就自然在北京了。所以“丝绸之路”作为一个后人总结归纳出的概念，在历史上其起点并没有那么严格的说法。

丝绸之路从西安出来就进入了河西走廊，最便捷的路线是经过固原向西，但是20世纪50年代也有不少人会用陇西—兰州这条路，这是两条路，但最便捷的还是固原这条路。固原的博物馆非常好，有很多外来品，是一座省级博物馆，跟一般县区一级的地方博物馆不太一样。

接着走，经过河西走廊的武威、张掖、酒泉、敦煌后，丝绸之路便分出了两个岔道，一面是从北面经过吐鲁番、库车、阿克苏到喀什，一面就是经过若羌、且末、和田到喀什，喀什下面的莎车也有路可翻过帕米尔高原——古代的葱岭。翻过葱岭，也是要绕过沙漠地带，因为帕米尔高原有八个“帕”，就是八个山脉，包括天山、喀喇昆仑山、昆仑山、兴都库什山等，所以在这些地方不能随便走，随便走就是死路一条。因而这条路几百年、几千年来都没有什么变化，就算有也不过是把水边的路抬高，在山腰上建了公路而已。到了喀什或莎车后，想再往西，只有两条路线，一是经过撒马尔罕、布哈拉到德黑兰—伊朗这条线，另外一条线就是从南边，自喀布尔、坎大哈再到伊朗。还有另外一条路，是经过白沙瓦或喀布尔到印度去，从印度也可以到卡拉奇河口再乘船向波斯、阿拉伯或是地中海世界前进，再或是经陆路从德黑兰到巴格达、大马士革。

汉代人所记载的最远的路、最远的地点，就是埃及的亚历山大（又名亚历山大里亚，Alexandria）。当时它属于罗马帝国，在文献中被叫作“大秦”。由此可见，这么长的路线，能在两千多年前贯通下来，是非常了不起的。当然这条路的贯通，不仅有张骞的功劳，也依靠着后来者，比如东汉的甘英，以及一代又一代旅行家的不断开拓。

我们今天说的“丝绸之路”这个概念，是德国学者、地理学家李希霍芬（F. von Richthofen）起的名字，但是其真正的定义，是另外一个叫赫尔曼（Albert Herrmann）的德国历史学家下的。最初，赫尔曼给丝绸之路的定义是中国与中亚、西亚之间的贸易交往之路，用中国最有名的出口品丝绸作为路的名字。后来虽然还有玉石之路、佛教之路、宝石之路，以及各种各样的瓷器之路，但都不能取代丝绸之路这个名字。丝绸之路也在后来不断发展，不断被走出一些新岔路来，但基本的干道就是我们今天看到的这一条。

德国学者李希霍芬和他提到丝绸之路的著作

拱卫丝绸之路的汉长城

现在，不论八达岭还是嘉峪关的长城都是明代长城，而汉代的长城在今天北京长城之外上千里，相对于明长城，真正的好汉更应该去敦煌西边看看汉长城。2000 年前用苇子和泥巴夯起来的长城，现在依然屹立不倒，有的地方甚至有两米多高。这条长城现在断断续续基本还能看到。

如果你坐汽车从兰州去敦煌的话，会不断碰到这条长城，因为长城有保护丝路的作用，古代道路都是沿着长城的里线在走的。

汉代为了守护边境，设立了一连串机构，还在长城上建立了烽燧，敦煌就在这个长城最西边。汉长城一直修到离汉代的两个关口——玉门关和阳关外很远的地方，远到什么地方？现在其实还没有定论。

在汉代边境沿线的一个个烽燧下面，有一些房子，是当年士兵住的地方。这些地方有火房，有睡觉的地方，还总有一个屋子放他们的文书档案，若是遇到运气好的考古学家，这些文书就能重见天日。比如到敦煌盗宝的英国人斯坦因（Marc Aurel Stein），他的鼻子仿佛有特异功能，能闻出有汉简的垃圾堆，所以一刨一个准。

敦煌附近的汉长城遗址

悬泉置与悬泉简

悬泉置遗址位于今敦煌市东61公里甜水井附近，离长城较远，其地属戈壁沙丘地貌，但靠近南山，它南面不远的山沟里，有一处泉水，故名“悬泉”。这里作为传递信件的机构，在汉武帝元鼎六年（前111）开始使用，随着西域的开拓，驿站的规模日益扩大，汉昭帝时期改设悬泉置，东汉后期又改为悬泉驿，魏晋时期被废弃，到唐代这里又重新兴盛起来，宋代才被彻底废弃。

悬泉置遗址首次发现于1987年，1990—1992年甘肃省文物考古研究所对其进行发掘。在出土文物中发现了汉简三万五千余枚（有字简二万三千余枚），内容多为邮驿资料和中西交通记录，学界称之为“敦煌悬泉汉简”。悬泉汉简以木质为主，竹质极少；字体有隶书、草书和半隶半草的草隶体，以及习字者所书的小篆和早期楷体字。

从数量、内容和发掘工作的科学化、规范化来讲，悬泉汉简都可推为近百年西北简牍之最。

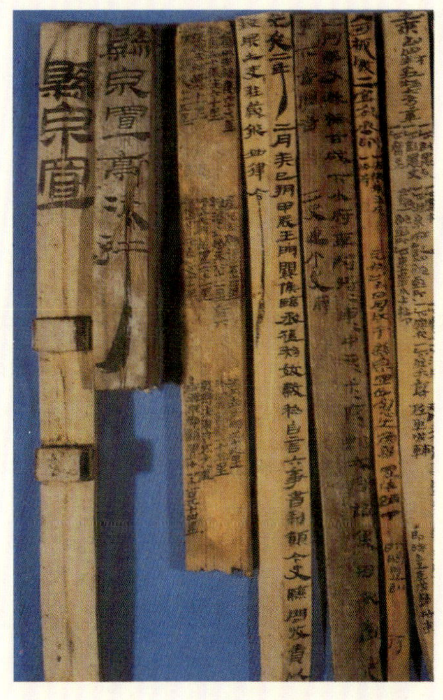

近几年在敦煌发现了悬泉置遗址，这个遗址在公路旁就可以望到，其破壁还残存在那里。原本无人问津的残壁颓垣，后来一挖才发现，原来是悬泉置的驿站。当时，凡是到敦煌的外国使臣都会住在这里，所以留下了大量外国使臣的相关材料，还有他们哪天走到哪里的记录；因为过关要验身份，所以往往会记下这个人的长相，这是很重要的材料，是中国典籍里没有的材料。悬泉置的汉简现在没有完全整理出来，但是其内容涉及大月氏、乌孙等几乎全部《汉书·西域传》和《后汉书·西域传》提到的外国和外国部族。

汉朝把一些内地的士兵、犯人都充实到河西走廊，建立了跟内地一样的郡县，所以敦煌很快成为汉朝经营西域的一个重要的兵站，同时也是东西往来的一个贸易中心。

从郭店的楚简到马王堆的帛书，整个长江流域发现的典籍，基本上记载的都是中国的学术，比如儒家经典、道家的书、兵家的书，都是精英阶层的书。反观在敦煌发现的汉简，则完全是另一类文献，是属于普通民众的、没有什么高深内容的书。汉简里真正算作书的东西基本上有两种：一个是历日，就是每天要看的日历；另外一个就是识字的课本，特别是《急就章》。所以李学勤先生说敦煌的汉简“不涉要典”，这也证明两汉时期敦煌地区人的文化水平相对比较低，毕竟当时那里是汉朝犯人服刑的地方。

但是到了东汉末年，天下大乱，之后又有魏、蜀、吴三国争霸，一直打到南北朝，中原仍处在动荡不安的状态下，北方大族为避祸而举族迁徙，他们主要往三个地方跑：一是往辽东跑，就是今天的辽宁半岛，另外是向南方跑，还有一条路线就是往河西走廊跑。当时，中国有不少大家族都住在关内，也就是今天陕西和山西这一带，这里的人向西跑的比较多。

当时的大家族动辄千人，他们来到敦煌之后，也将中原相对先进的文化与技术带了过来，比如水渠的灌溉系统，但最重要的，还是提高了整体人口的文化水平。十六国时期，敦煌有一个大学者叫宋纤，

敦煌汉简中的《急就章》残片

他的授业弟子有三千人，跟孔子一样，在敦煌这个小地方已经相当了不得了。那时敦煌的文化水平是历史上最高的。还有一批水平很高的和尚，最有名的就是“敦煌菩萨”竺法护，他是土生土长的敦煌人，祖籍是月氏，《法华经》最初就是竺法护翻译过来的，所以人们称他为“敦煌菩萨”。

正是因为有了一定水平的文化，才有了接受更高水准文化的“底盘”。我们看到，佛教这种思辨性很强的宗教，在西汉末年，也就是公元 1 世纪后半叶进入了中国。现存最早佛教相关记载是在公元前 2 年，这可以确切提示我们佛教进入中国的时间。到了东汉，典籍也好，出土的文献也好，已然有了很多佛教内容。可是，在西域，就是今天的新疆、河西走廊，我们却很少见到佛教在两汉时期传播的蛛丝马迹，这是为什么？就是因为当时的敦煌还没有接受佛教文化的“土壤”。

丝路与佛教

荷兰的汉学家许理和（Erik Zürcher）先生，写过一本书叫《佛教征服中国》（*The Buddhist Conquest of China*），他说中国佛教早期的传播方式是一种远程传递，即一些掉了队的和尚，误入到中国方向，一直走，一直走，从阿富汗走到长安、洛阳。当时中原信奉的主要是黄老道教，见神仙就拜，多来一个也没关系，所以将佛陀与黄老同祀。东汉时期楚王刘英的宫殿里，就同时摆着这些东西，楚王刘英在今天江苏这一带，因为靠海而笃信神仙，这些人是最早接受佛教的人；有佛教徒经过或者佛教典籍经过的河西走廊以及西域，从两汉一直到公元 3 世纪以前，反倒是很少有佛教的遗迹。

直到魏晋南北朝至十六国时期（3—5 世纪），河西和西域才有了接受外来文化的知识基础，敦煌才正式有了关于佛教传播的记载。

3 莫高窟开凿背后的文化土壤

崖面上的第一个窟

如果大家去敦煌时住在莫高窟附近，在早晨太阳升起时，会看到阳光照在崖面上，呈现出一片金色。

根据历史记载，在前秦建元二年（366），乐僔和尚在拂晓时走到了离莫高窟比较远的地方，看见崖面上“忽见金光，状有千佛”，好像这些金光里放出来的都是佛，于是乎乐僔当时就发心愿，在崖面上凿了第一个窟，以后的法良禅师，在乐僔窟的旁边又开了一个窟。现在我们已经找不到乐僔、法良最早开的窟了，但基本上，从北凉一直到元代，大概一千年的时间里，这里不断被开凿，到了唐朝时大概已经有了一千多个窟，崖面基本上被凿满了。所以五代时，人们只好糊上一批窟，比如这个窟原来是归某家的，某家不再供养了，或者是人搬走了，另一家来了就干脆拿泥皮给它糊上，在其上画上自己家的供养人像。

敦煌现在有些洞窟的壁画实际上有两层甚至三层，以后技术发达了，如果能把墙壁的外层整体剥离出来，我们或许在里面一层可以看到盛唐最好的画。但出于对这座世界级宝库的保护，目前谁也不敢下令把墙皮扒开。

北魏对敦煌的大力营建

北魏初年（公元 5 世纪初叶）战争频繁，北魏和北边的柔然一直在打仗，这对敦煌也产生了很大影响。敦煌的地理位置决定了它是兵家必争之地，很容易受到战争的威胁，北魏甚至一度想放弃敦煌。但是到了北魏末年，在打败了柔然的几次入侵之后，北魏开始着力经营对敦煌的统治。

之所以有这样的转变，是因为525年，北魏皇族东阳王元荣当了敦煌太守，也就是敦煌的最高统治者。他本人是一个非常虔诚的佛教徒，加上皇家有比较雄厚的财力，能支持他雇大量人员来抄写佛经。敦煌发现的那一窟写本里，有几十件便是东阳王供养的佛经。而根据他供养的《大智度论》等佛经后面写的题跋，我们可知他实际雇人抄写的佛经有数百件。

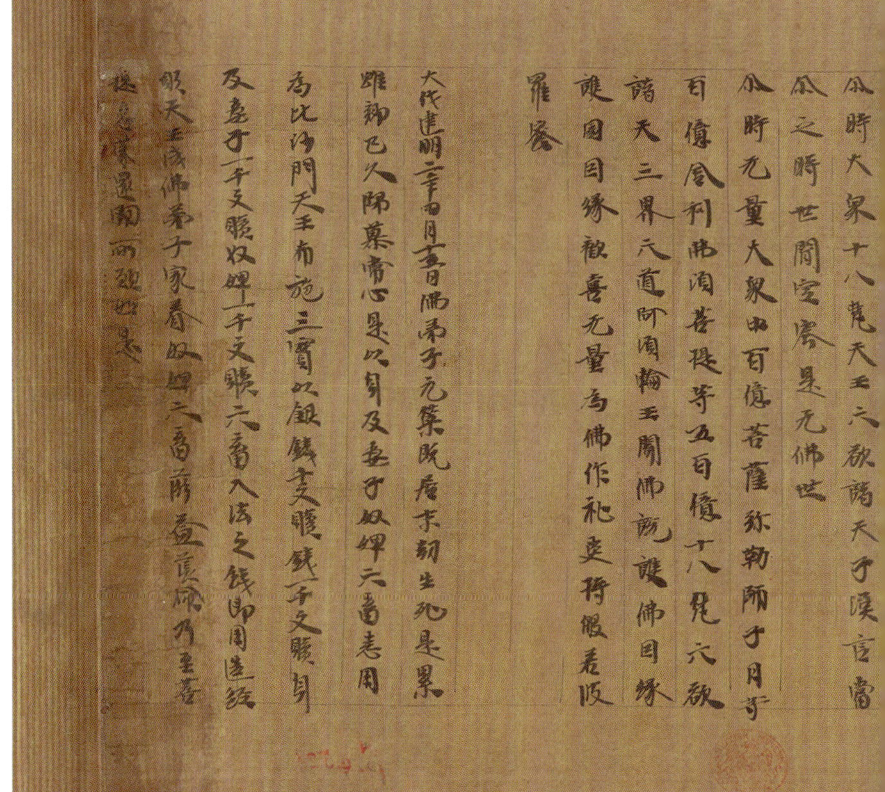

东阳王元荣写经题记之《（仁王）般若波罗蜜经》（S.4528）局部

其末尾题记云：“大代建明二年（531）四月十五日，佛弟子元荣，既居末劫，生死是累，离乡已久，归慕常心，是以身及妻子、奴婢、六畜，悉用为比沙门天王布施三宝，以银钱千文赎，钱一千文，赎身及妻子，一千文睟奴婢，一千文赎六畜。入法之钱，即用造经，愿天王成佛，弟子家眷、奴婢、六畜，所益荫命，乃至菩提，悉蒙还阙，所愿如是。”

文书记载，他抄写《无量寿经》一百卷，四十卷供养给毗沙门天王，其他的再分别供养其他天王；他又抄写《摩诃衍经》一百卷，也是分别供养给不同的天王，所以每一个题记都不同。

古人抄经以一卷为单位，而他找人抄写了几百卷，可以想象体量之大。他会供养很多天王，而不特别供养佛和菩萨，这主要是受当时战事的影响，他要找毗沙门天王等法力强大的神灵来保护敦煌。这也是非常好的历史和民俗材料。

古人写经是一字都不能错的，错一个字就必须全篇废掉，但废掉的写经也不能随便撕毁或者烧掉，一般会选择放在墙后边或者佛的肚子里来供养。等一张一张都写完了，再把它们粘成一卷，用以正式供养。现在，我们有幸可以在莫高窟的第 285 窟看到一个带有题记的洞窟，这个题记正好对应东阳王的统治年代。东阳王时期的佛教图像，与敦煌前期的图像有了很大不同，它明显变成了中原样式的一种西传，比如从装束来看，若是拿北魏装束的供养人，特别是女性供养人的图，

1 2

1 莫高窟第 285 窟北壁说法图及下方的供养人壁画。其上共有四处发愿文，年号均作“大代大魏大统”，这是一种特殊的纪年法，在东阳王元荣的写经里也出现过

2 龙门石窟地花洞的造像，属北魏末期造像

与龙门石窟北魏末期的供养人对比，它们是非常相似的，如果拿它与敦煌早期洞窟的图像对比，则差异很大，这也可以看出时代风貌，是北魏把中原文化带到了敦煌。

佛像也是一样。北魏之所以迁都到洛阳，是孝文帝的一种汉化改革政策，是要向南方，尤其是向文化水平高的南朝学习。所以在这些图像中，依稀还可以看到南朝仙风道骨风格的影响，实际上，它画的仍然是佛。

拜火教的传入：粟特与敦煌

到了北周时期，建平公于义做了瓜州刺史，在敦煌兴佛事。从五胡十六国一直到北朝末期，敦煌作为文明的路口，汇集了外来的佛教、拜火教和中国的道教等各种宗教和文化。拜火教，就是琐罗亚斯德教，中国古代也叫祆教，是在这个时期传到敦煌的。

提到拜火教，就不得不提到粟特民族。粟特是中亚的一个民族，生活在阿姆河和锡尔河，今天以乌兹别克斯坦为中心，包括塔吉克斯坦这一带的民族，在中国古代被称为粟特。

粟特位于中古时代中亚的商道上，自古以来就是商业民族，被称为“陆上的腓尼基人”。粟特人很早就进入中国做买卖，这一点可以从“敦煌大盗”斯坦因在敦煌西北长城烽燧下发现的纸卷里找出答案。这些用麻布包裹着的纸卷其实是几封信，不知道什么原因埋在了土里，被斯坦因在 1907 年幸运地发现了。信的内容是武威敦煌的粟特商人向撒马尔罕家乡的主人报告在中国做生意的情况，里边提到粟特人跑到了洛阳还有古时的邺城一带。古信札是公元 312 年前后写就的，因为它记载了当时洛阳着火等历史事件，可以与西晋的灭亡对应上。

粟特人在古代丝绸之路上做买卖都是成群结队的，走到一个地方就建立一个自己的聚落，然后分出另外一批人再往前走。粟特人的聚

敦煌西北汉代烽燧发现的八封粟特文古信札之2号文书（Or.8212/95）

落，从粟特本土到塔克拉玛干，到河西走廊，经过固原、长安、洛阳一直到东北的朝阳（古代营州），形成了一条线路，或者说，构成了一个贸易网络。这些书信正好介绍了他们怎么做生意，所以也是有关丝绸之路文化交流的重要证明材料。

不过这些文字刚被发现的时候属于死文字，因为撒马尔罕、乌兹别克斯坦在阿拉伯人来了以后，都进入了阿拉伯帝国的范围，伊朗语基本已经没人讲，只有几个小村子讲的还是受了后代很多影响的伊朗语。但是通过语言学家几十年甚至上百年的研究，伦敦大学一个专门做这种古语言的教授尼古拉斯・辛姆斯-威廉姆斯（Nicholas Sims-Williams），把信件给翻译出来了，为我们提供了一条非常重要的新史料。

特别需要了解的是，这些信件也告诉我们，粟特人的经商范围包括了金子、麝香、胡椒、樟脑、麻织品，还有一些粮食，当然还有中国的丝绸，这是非常重要的商业贸易往来资料，与我们在正史里看到的贡品贸易有相当的区别。

中国古代的朝贡贸易，往往指的是外国使臣供给中国皇帝的物品，但这些东西到底是不是古代真正商品贸易的主流，我们并不知道，很可能仅仅是给皇帝的一种消费品。比如清朝时，外国传教士或者使团带给中国皇帝很多高级钟表，这些高级钟表本来对中国的科学应该有所帮助，实际上却没能帮上忙，因为只有皇帝一个人拥有它，欣赏完就搁在宫里头了，现在都放在颐和园或故宫。所以通过这些非官方史料，可以了解古代丝绸之路上商品贸易的实际情形。

另外，在信札里可以看出，当时这些粟特人也把拜火教带到了中原，而且我们可以肯定，那时在敦煌和武威这两处，已经建立了拜火教的寺庙。这些古信札记载了很多商人的名字，他们的名字都是带着祆教色彩的。由于祆教的日历里每天都有一个看护神，所以他们起名字往往就叫"某某神的仆人"。从他们起名的宗教背景，也可以看出这些粟特人在公元4世纪初叶，已经把西方另一个大的宗教——拜火教带到了中国。

粟特古信札的 1 号文书和 3 号文书

这两封文书是一名叫米薇（Miwnay）的女子写给她母亲和丈夫的信。4 世纪初，米薇和丈夫那奈德（Nanai-dhant）带着女儿莎恩（Shayn）从撒马尔罕来敦煌做生意。后来那奈德抛下米薇和女儿莎恩，一个人回了撒马尔罕，米薇一直得不到丈夫的消息，偏巧在敦煌的生意又出了问题，于是她先写信给母亲（1 号文书），请求帮助，然后又写信要求丈夫来敦煌接她们（3 号文书），却一直没有得到回信。

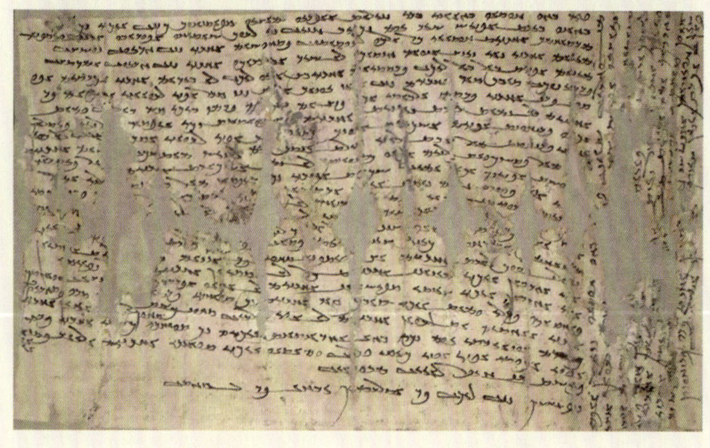

4 开放与包容：外来文明与敦煌的多元化

敦煌壁画的创作者是谁？

隋唐时期，由于这两个王朝的胸怀更广大、开放程度更高，所以外来文明在敦煌的反映也便更加丰富多彩。但到今天为止，敦煌的壁画到底是画工画的还是画家画的，在艺术史上仍有很大的争论。比如藏经洞里洪辩和尚的塑像边有两条题记，一条是张大千写的，他认为洪辩和尚坐像后的仕女画代表了中国最高水平画家的画，紧跟着有另一条题记，是潘絜兹写的，他认为张大千是在胡说，这些仕女画根本达不到画家的水平，就是普通画工的水平。

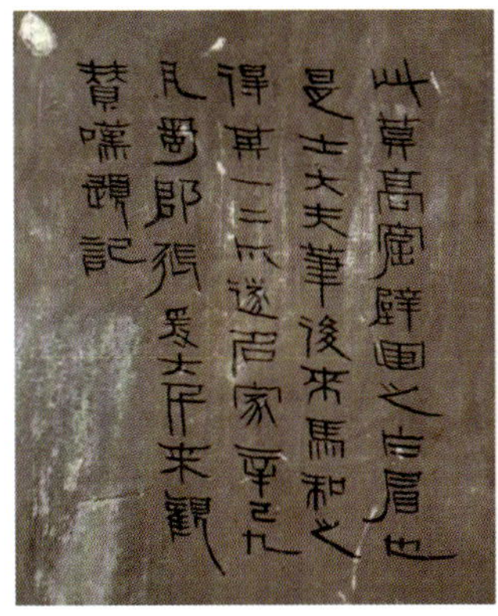

藏经洞中张大千题记以及洪辩和尚坐像后边的仕女画

张大千题记："此莫高窟壁画之白眉也，是士大夫笔。后来马和之得其一二爪，遂名家。辛巳九月，蜀郡张爰大千来观，赞叹题记。"

潘絜兹题记云："此画甚佳，然未必即莫高窟之白眉。张氏以其稍具士气，遽即以此抹杀一切，殊欠精当。至若马和之得其一二，亦遂名家，尤属荒谬。按和之为南宋钱塘人，有声于高、孝朝。其所作山水、人物，务生华藻，衣褶俱作兰叶描。实远祖道玄、近法伯时者，与此固风马牛不相及也。和之画，故宫博物院尚有收存，如《闲忙图》等，可以考见。似此浅戏写，足以读人物哉！题壁本为恶德，强作解人，尤属可恶。故为正谬如上。三十四年（1945）秋，絜兹。"

敦煌出土的粉本（藏大英博物馆，编号：1919,0101,0.72）

这两条题记非常有意思，表明现代两个大画家，对敦煌画的两种截然相反的看法。不过我认为，敦煌的画确实应该有分别，既有画工画的，也有画家画的，只不过画家在画卷轴画时会留名字，而在画壁画的时候是否留名字，我们不知道。但唐代的画一定有粉本，这种粉本在敦煌藏经洞里也发现过，特别是佛像或帝王像，不是随便画的，一定要有粉本。粉本不是画家的原画，但也是非常逼真的临摹品。

可惜的是，由于时间的原因，敦煌很多画的颜色已经变了，特别是我们看到的一些褐色的东西，原来应是朱红色的。

在唐朝的敦煌，可以看到各种各样的文化积累呈现在敦煌的画作上，有佛教内容，也有中原画风，还有西域画法。敦煌有很多非常好的经卷，完整的经卷都是在中原写好了送到敦煌的，在隋唐大统一的年代里，文化物品的往来也比较便捷。

“异国人”在敦煌

隋唐时期的敦煌，也招徕了各国的商人，他们或在敦煌做买卖，或在这里定居。当时敦煌有十三个乡，其中一个就是由外国人组成的，这个乡的人不种地，主要是做生意，或者做市场管理人员。

敦煌出土有很多唐朝的官府文书，其中一件文书记载了一个粟特人支持武则天上台的事情。敦煌有一个地方军官、石城镇将，叫康拂耽延，他是从康国（古代的撒马尔罕）来的粟特人，他对人说蒲昌海（今天的罗布泊）黑色的水变成了五色的水，而出现五色水的原因是有圣人、圣天子出现，那是天授二年（691），正好是武则天登基后的第二年，所以他是在为武则天当皇帝做舆论宣传，可见敦煌的胡人也很支持武则天。

武则天上台以后，中原的文化也向西边传播。据说龙门石窟的那尊漂亮的卢舍那像，就是仿照武则天的模样造的。乐山大佛也是武则天时期造的，不过很多大佛在武则天倒台以后就被毁了。

敦煌的历史是跟随中原的历史一起发展的，但仍然有自身的独特性。在隋唐统一时代，二者的发展基本一致，而在十六国时期，中原天下大乱的时候，敦煌反倒兴盛了一段时间。

吐蕃与敦煌的往事

敦煌最兴盛的时期是以敦煌为首都的西凉时期，而敦煌在文化上的第二个兴盛期，应该感谢西藏的吐蕃王朝。吐蕃王朝于公元7世纪初叶在青藏高原兴起，这个民族的学习能力很强，进步非常快，在651年松赞干布统治期间，基本统一了今天布达拉宫前面小山谷的一带，从那里走出来后，这个小国很快强大了起来。另外，由于755年发生了安史之乱，所以唐朝调集了西北边境的重兵来安定乱军，河西

走廊出现了短暂的空虚，吐蕃乘虚而入，从青海沿着河西走廊由西向东，一步一步打，大概从 762 年到 786 年，吐蕃把武威、张掖、酒泉、敦煌一个个都占领了。

吐蕃其实很早就打到了敦煌城下，把敦煌围住，但他们并没有强攻入敦煌。一个原因是随着吐蕃向东的进攻，河西走廊的士兵也一步步后退，最后唐朝残余在河西的兵力全部被锁在了敦煌城里，敦煌的守备力量反而比其他城市要强；另一个原因，就是吐蕃的攻击把整个河西走廊的文化人、有钱人，全部打退到了敦煌，敦煌的经济文化力量由此变得很强大。

吐蕃正要在这时大力发展佛教，敦煌又是一个佛教圣城，所以现在藏学家或是研究敦煌的人都认为，吐蕃当时的赞普是因为宗教，才会在完全有能力攻陷敦煌的情况下，围而不攻，一直围了十二年，最后，敦煌的老百姓与吐蕃是“寻盟而降”，吐蕃人才真正“占领”了敦煌，而这盟誓只有四个字“勿徙他境”。吐蕃是一个半游牧民族，它占领一个城市之后，要把这个城市的财富和高层次的文化人迁到一个新的地方，就像秦始皇统一六国后，把六国的贵族都弄到咸阳一样。但

1 | 2

1 莫高窟第 159 窟《维摩诘经变》中的吐蕃赞普礼佛图
2 敦煌文书中的吐蕃寺庙图（P.T.993）

是敦煌人很聪明，让吐蕃同意不迁走他们，才会投降，所以最终谈判的结果是“勿徙他境”。吐蕃 786 年占领敦煌，但实际上敦煌仍然保存了整个河西走廊的文化。由于吐蕃的大力保护，敦煌这一时期在文化上又上了一个更高的台阶。

吐蕃占领敦煌初期，敦煌有个大和尚叫昙旷，他是玄奘的徒孙。昙旷在长安西明寺学习完之后，到武威一带讲学，结果遇到战乱，他就跟着人流一步步退到了敦煌。吐蕃占领敦煌之后，吐蕃的国王赞普做的第一件事，是请昙旷到拉萨去讲经。不过昙旷当时已经七十多岁，走不动了，就跟赞普说，有什么问题提出来，赞普提了二十二个问题，昙旷用笔进行了回答。

在敦煌藏经洞，我们也能看到很多属于吐蕃时期的东西，其中有幅寺庙图，图里有藏文题记。这个图非常有意思，里里外外把整个寺庙都画出来了，而这个寺庙与莫高窟前的一个寺庙非常像，所以我们推测这可能是幅写生图，它对我们研究莫高窟的实况非常有意义。

5 从辉煌走向没落：归义军的统治和藏经洞的发现

莫高窟的造窟高潮

公元 841 年，吐蕃王朝最后一个赞普朗达玛信奉了苯教，开始迫害佛教徒，这个赞普后被佛教徒刺杀，吐蕃随之大乱。敦煌则趁机独立，带领敦煌人起义的正是第 156 窟《张议潮出行图》中的张议潮，这是一个很好的形象史料。

张议潮是当地的土豪，他收复敦煌以后，向唐朝报告了此事，于是唐朝就在敦煌建立了军事据点，称作归义军，等于是一个地方政府。归义军继承了吐蕃崇尚佛教的传统，也继承了丝绸之路的贸易传统，继续推动东西商业和文化往来。所以在归义军时期，敦煌尽管只是一个河西小地方的政权，却仍带有非常强烈的丝路都市和丝路王国的色彩。

由于吐蕃和归义军对于文化的保护，这段时期成了整个敦煌历史上第二个辉煌期。重要的是，这一时期莫高窟迎来了一个造窟的高潮。在归义军时期之前，莫高窟可能还有一些崖面没有被开凿，但到了归义军时期，也就是晚唐到宋初，莫高窟的崖面基本上都被凿满了。

现在，敦煌出于文物保护需求，很多窟不再开放，大家去只能看到一些定时开放的特窟，而这些特窟往往是小窟。我建议可以准备一个好的望远镜，看看莫高窟底层的第 98 窟、第 100 窟等大窟，它们都是归义军时期开凿得非常有水平的大窟。

莫高窟第 156 窟南壁
张议潮出行图局部

来敦煌驻脚的僧人

敦煌与吐蕃对峙的时候，多少影响了东西的交往，但是僧人一般不太会受战争影响，因为和尚没有家，不受“父母在不远行”的规范影响。

敦煌是外来僧侣的驻脚地，吐蕃时期关于僧侣的材料不多，但到了归义军时期，我们就可以看到关于来往僧人的记录，而且也有图像材料。宋代初年，有一个著名的佛经翻译师施护，曾被宋朝廷授以国师。他当年走到敦煌的时候，被归义军节度使扣下，就与当年玄奘走到吐鲁番，高昌王把他扣下不让走一样。但施护一心要到大宋去，最后他丢弃行李，只身逃到了宋朝。

到了 10 世纪，归义军的曹议金家族统治了敦煌。曹氏家族很可能是原来常年住在敦煌的粟特人的后裔，因为粟特人的一支是从中亚的曹国来的，不过他们已经完全被汉化了。值得说明的是他们的通婚习俗，他们通婚的对象往往是外族人。比如于阗国，它位于今天和田地区、塔里木盆地南沿，是新疆最西南的古代王国，于阗的国王李圣天娶了曹议金的女儿，他们大概常常到敦煌来走亲戚，所以在莫高窟

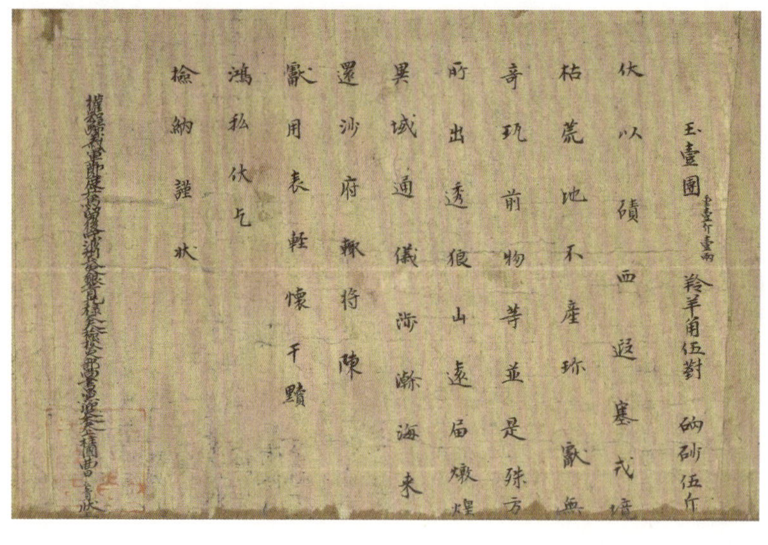
玉壹團（重壹斤壹兩） 羚羊角伍對 硇砂伍斤
伏以 磧西遐塞 戎境
枯荒 地不產珍 獻無
奇玩 前物等並是殊方
所出 透狼山遠 屆燉煌
異域 通儀 涉瀚海來
還沙府 輙將 陳
獻 用表輕懷 干黷
鴻私 伏乞
撿納 謹狀

藏经洞出土的《权知归义车节度兵马留后守沙州长史曹仁贵（曹议金）状》（P.4638）

第 98 窟里出现了一个比等身还高的于阗王像。这是莫高窟里最大的一个人像画，画了一个外族人。

归义军时期，景教（基督教）在敦煌也非常流行，出现了基督教徒，有吐鲁番的基督教徒和敦煌基督教徒的来往信件为证。

神秘的敦煌藏经洞

敦煌莫高窟的崖壁基本上分三层，因为没人维护，最上一层的窟很多都崩塌了，第二层还保护得稍微好一点，第三层基本上埋在了沙子里，因为鸣沙山的沙是活沙，会不断地往下流沙子，顺着崖面流下来，慢慢把底层的洞窟都埋掉了。

第三层最北边的窟，就是发现藏经洞的第 16 窟。

大概在 11 世纪初叶，信伊斯兰教的黑汗王朝要向东扩张，伊斯兰教与佛教对立，当地和尚得到消息后，赶紧把经卷、佛画以及寺庙里头的好东西全都封存在这个洞里，而且在壁面上画了画，结果一存就存了 900 年，一直到 1900 年才被偶然发现。发现者是一个看守洞窟的道士，名叫王园箓。王道士雇了几个伙计来清理第 16 窟中的沙子，他想把沙子清干净后，将第 16 窟变成一个道教的灵宫，结果沙子清干净后，就发现了这个藏经洞（第 17 窟）。

莫高窟关于中古时代的最好的东西，都是在这个洞里发现的。这个洞里的东西，纪年在 406 年到 1002 年，在这个跨度里的最后 200 年，也就是 9—10 世纪的东西是最多的，这就更清晰地反映了归义军时期敦煌文化的繁荣。

其实在我看来，藏经洞封存的这些东西只是敦煌比较小的一个庙的东西，敦煌的大庙应该在城里，藏品可能更丰富，不过那些庙的东西现在不知道埋在哪里了，也许某一天会重见天日。但愿如此。

有些日本的游客特别喜欢敦煌，就是因为敦煌的东西与每年开放一个月的正仓院的东西非常相像。为什么？因为日本也好，敦煌也好，实际是长安，也就是中国隋唐最高文化的两翼，他们都相当于唐朝文化的一个边疆地区。感受到敦煌文化的繁荣多元，就很容易想象当时长安的文化水平，看到敦煌这样一个丰富多彩的国际都市，也就能联想到当年长安的堂皇富饶。其实，从法门寺的文物就可以“窥一斑而知全豹”，长安的金银财宝比敦煌的档次确实高很多。

丝路与敦煌在宋元的衰落

不过可惜的是，1036 年西夏占领敦煌以后，把敦煌人分两次迁到了河西走廊的东边来抗击宋朝。到元朝时，虽然朝廷也派了一个王在河西走廊统治，不过这时的政治中心已经迁到北京，而且向西的路线改到从蒙古走了，马可·波罗虽然经过了敦煌，但大部分当时往来的商人和传教士，都不再走敦煌路线，敦煌就这样被撇在了丝绸之路的“正道”之外。

更重要的是，宋朝时的经济、文化中心迁徙到了东南沿海，由此带来了泉州、广州、福州这些海外贸易据点的兴盛，形成了海上丝绸之路。海上贸易的往来，对于敦煌的打击更大。最要命的是，到了明朝，不仅在东边实施禁海政策，在西边也照样是封闭的，长城只修到了现在的嘉峪关，整个敦煌被扔在了关外。要知道，原来汉代的关口如玉门关、阳关，是在敦煌的西边。明朝当然也有向西走的路，不过这个路基本是沿着今天的嘉峪关到玉门、到安西，然后就直奔哈密了，所以即使是走陆上丝绸之路，也不再经过敦煌了。

敦煌的城市由是不断萎缩，当时吐鲁番维吾尔族的游牧民又占领了这里，敦煌就这样完全变成一个放羊的地方，到处是牛马羊的蹄印，这些洞窟也成为那些放羊娃躲风避雨之所，有不少洞窟还留有很多羊粪堆。

敦煌就这样在元明时期迎来了自己千年开凿历史的“终结”。

榆林窟第 4 窟北壁的释迦多宝说法图

第二讲

回望

——敦煌历史的兴衰演变

郑炳林

兰州大学敦煌学研究所所长

“敦煌”的含义，东汉应劭在《汉书·地理志》注中说：“敦，大也。煌，盛也。”取盛大辉煌之义。而敦煌最早的名称，记载在《山海经》中，“敦薨之山……敦薨之水出焉”，这个“敦薨”实际上就是“敦煌”。

1 敦煌历史和名称背后的故事

敦煌的历史应从何算起?

一般都说，敦煌至今有两千多年的历史。实际上这种说法是不准确的，敦煌历史要比这早得多。

说两千多年历史，是从汉代元狩二年，即公元前 121 年，河西走廊的匈奴浑邪王杀了休屠王以后投降汉朝开始算的。还有一个标准是用敦煌建郡的年代，即从元鼎六年（前 111）开始，到今天大概就是两千多年，实际上这只是汉族中央政府统治河西走廊的时长，敦煌历史要比这长得多。

瑞典学者沃尔克·贝格曼（Warlock Bergman）在对甘肃的马家窑文化和齐家文化进行普查以后，得出结论认为，这些文化带着西方特色，意思是这一地区的文化交流从很早以前就开始了。这是从考古的角度给出的依据，而从文献角度来讲，有两个文献应该引起注意：一个是《穆天子传》，这本书被发现是因为西晋时期的盗墓贼发掘了战国时期的墓葬，在其中发现了很多简牍。当时的学者对这些简牍进行了整理，整理出一批书，其中就包括《穆天子传》。《穆天子传》里记载穆天子于他在位第十五年的时候到罗布泊——当时叫“盐泽”或“泑泽”——这个地区巡游、巡视。大概隔了两年后，他又到了这里跟西王母见面，乐而忘归，在此处待了很长时间，后来因为朝廷发生变故，他才急急忙忙赶回去。

这个时间点大概是公元前 845 年。如果从这一年算起，敦煌的历史应该接近三千年。所以，敦煌历史不应该从汉族或者西汉政府取得河西走廊以后来算。

四方不可以上有蛇名曰長蛇其毛如彘豪（說者云長蛇百尋今蝮蛇色似艾綬文文間有毛如猪鬐此其類也常山亦有長蛇與此形不同）其音如鼓柝（如人行夜敲木柝聲音託）
又北三百二十里曰敦薨之山其上多椶柟其下多茈草敦薨之水出焉而西流注于泑澤出于昆侖之東北隅實惟河源（即河水出昆侖之墟）其中多赤鮭（今名鯸鮐為鮭魚音圭）其獸多兕旄牛（或作撲牛撲牛見離騷天問所未詳）其鳥多鳲鳩
又北二百里曰少咸之山無草木多青碧有獸焉其狀

《山海经》中“敦薨之山”和“敦薨之水”的记载

另外还有一个文献叫《山海经》。《山海经》成书于战国晚期到汉朝初年，其《北山经》记载有“敦薨之山”和“敦薨之水”，“敦薨之水”先从南向北流，然后向西流，流入“泑泽”，即罗布泊。我们可以把这些记载与现在的地理地貌结合起来考察。中国境内的大河，向西流的河只有一条，就是疏勒河。疏勒河正好有三条支流，最东边是昌马河，往西就是榆林河，再往西就是党河，这三条河流汇到一起，流入罗布泊。那这个被记载的地理知识肯定是真实的。

为什么这么明确的记载，都没引起史学界的重视？这是因为，清朝年间的乾嘉学派在整理中国古籍的时候，把作为历史学著作的《穆天子传》放在小说类（子部）里。一放到小说里，人们就认为是编造的，便不能引起重视。再者，他们认为《山海经》记载的内容荒诞不经，与现实对应不上，于是也把它放到小说类里。由此，明确记载敦煌历史的这两条材料就没有引起大家的重视，特别是《穆天子传》的记载，是可以和《史记·秦本纪》对应起来的。

《史记·秦本纪》中记载了秦早前的历史。秦地有一位叫造父的善御者，是给穆天子当马夫的，穆天子西巡的时候，是他赶着八匹马，带着穆天子巡行。还有一些记载也能对应，证实《穆天子传》的记载是比较真实的，比如其中提到了敦煌的三危山，而《尚书·禹贡》篇也有“导黑水，至于三危，入于南海”，是关于三危山比较早的记载。

这个三危山到底在哪里？20世纪初，出现了一个史学研究的派别叫“疑古派”，提出“疑古”的学者认为，当时的人不会跑到敦煌去了解那么久远的历史，于是把三危山的位置放在甘肃南部或四川西部。我们研究认为，这显然是把古代人了解的地理观念缩小了很多，特别是穆天子十七年的时候，明确记载他经过三危山，如果三危山在敦煌，就能对应起来，那么敦煌历史应该说是很久远的了。

敦煌之名称与敦煌郡的设立

“敦煌”的含义，东汉应劭在《汉书·地理志》注中说：“敦，大也。煌，盛也。”取盛大辉煌之义。而敦煌最早的名称，记载在《山海经》中，“敦薨之山……敦薨之水出焉”，这个“敦薨”实际上就是“敦煌”。

到了西汉，张骞出使西域，滞留匈奴多年，他所在地方就是河西走廊地区、中亚地区，由此，张骞知道了大月氏在河西走廊居住时用来指称当地的地名，在他给汉武帝写的报告里，将这个地区称作“焞煌”，也即“敦煌”。这更加说明，在张骞出使西域之前，“敦煌”这个地名就已经被当地人用来指称河西走廊一带了。

汉武帝拿下河西走廊后，匈奴的浑邪王杀了休屠王，带四万人投降汉朝。这时汉朝准备再派张骞出使西域，把乌孙国的人游说回来，让他们返回河西走廊，但是这个计划也没实现，乌孙在中亚地区生活得很舒适，他们不愿意回来，且乌孙国“大臣皆畏胡，不欲移徙，王不能制。骞不得其要领”。这个计划没实现，汉朝政府于是开始在河西走廊地区屯田，设立郡县机构。最先设立了酒泉郡，后来就设立了敦煌郡，由此“敦煌”一词被更鲜明地记录在了中国历史上。敦煌郡统领六县：敦煌、冥安、效谷、渊泉、广至、龙勒，郡治在敦煌县。敦煌县，就在今天的敦煌市。

当时去屯田的兵，其实在设郡之前的元狩二年（前 121），就进入了河西走廊地区。这里还有个有趣的典故。屯田的兵在敦煌地区的阳关，也就是今天阳关镇渥洼池这一带，逮到了一匹野马，那时河西一带是天然的好马场，由此带出了“渥洼池出天马”事件。这些人向汉武帝汇报，说这不是普通的野马，是从渥洼池里蹦出来的一匹天马。汉武帝非常喜欢马，于是他命令朝廷官员写了一部歌曲，叫作《天马之歌》，后谱成曲子来唱。《天马之歌》这个事件的发生年代和作品年代，在《汉书》里记载不统一。《汉书·武帝纪》里记载，这一事件发生在汉武帝元鼎四年（前 113），而收录了《天马之歌》内容的《汉书·礼乐志》则专门标注其写作年代是元狩三年（前 120），两个时间相差了将近十年。

太一况，天马下，
沾赤汗，沫流赭。
志俶傥，精权奇，
籋浮云，晻上驰。
体容与，迣万里，
今安匹，龙为友。

——《汉书·礼乐志》记录的《天马之歌》

我们再返回对“敦煌”这个词的历史梳理。“敦煌”一词在文献中还有很多异写，除了上述“焞煌”“敦薨”，还有“燉煌”的写法，但他们的发音都是非常相近的。这说明了什么？说明“敦煌”这个地名源自音译，所以才有各种发音相近的别称，毕竟在先秦时期，河西走廊上生活的都是少数民族，其语言习惯和中原有一定区别。而作为音译词的“敦煌”，最早是没有后来演绎的“敦，大也。煌，盛也”的含义的，这是后来人附加、再阐释的意义。但演绎的说法更好理解，遂逐渐约定俗成，唐人李吉甫在《元和郡县图志》发扬此说云“敦，大也；以其广开西域，故以盛名”，意思是说，敦煌对西域的开辟有重大意义，所以才赋予它这样一个盛大辉煌的名字。

谁修建了最早的敦煌城？

敦煌郡的设置年代，现在争议不太大，但是也有不同说法：《汉书·武帝纪》记载是在元鼎六年（前 111），而《汉书·地理志》中关于敦煌郡的记载，则是在公元前 88 年到公元前 87 年。这两个记录相差将近二十年，到底哪个对呢？

当传世文献有差异的时候，我们便可以依靠出土文书来进行佐证和判断。面对这个问题，藏经洞出土的敦煌文书对敦煌历史特别是汉代历史的贡献就体现出来了。

敦煌地理文书《沙州城土境》（P.2691）、《瓜沙两郡史事编年并序》（S.5693）和《瓜沙两郡史事编年并序》（P.3721）都记载了敦煌城建于元鼎六年，而且还指出，敦煌城的修建人是赵破奴。赵破奴是何许人也？他祖籍山西太原，年轻时逃到匈奴地区生活了十几年，汉武帝对匈奴开战的时候，他又逃回来了。因为他对匈奴的情况比较了解，霍去病打河西走廊时，就让他担任行军司马，即参谋者的职务。霍去病两次攻打河西走廊，进行得都比较顺利，基本上是一路顺风，就这样，

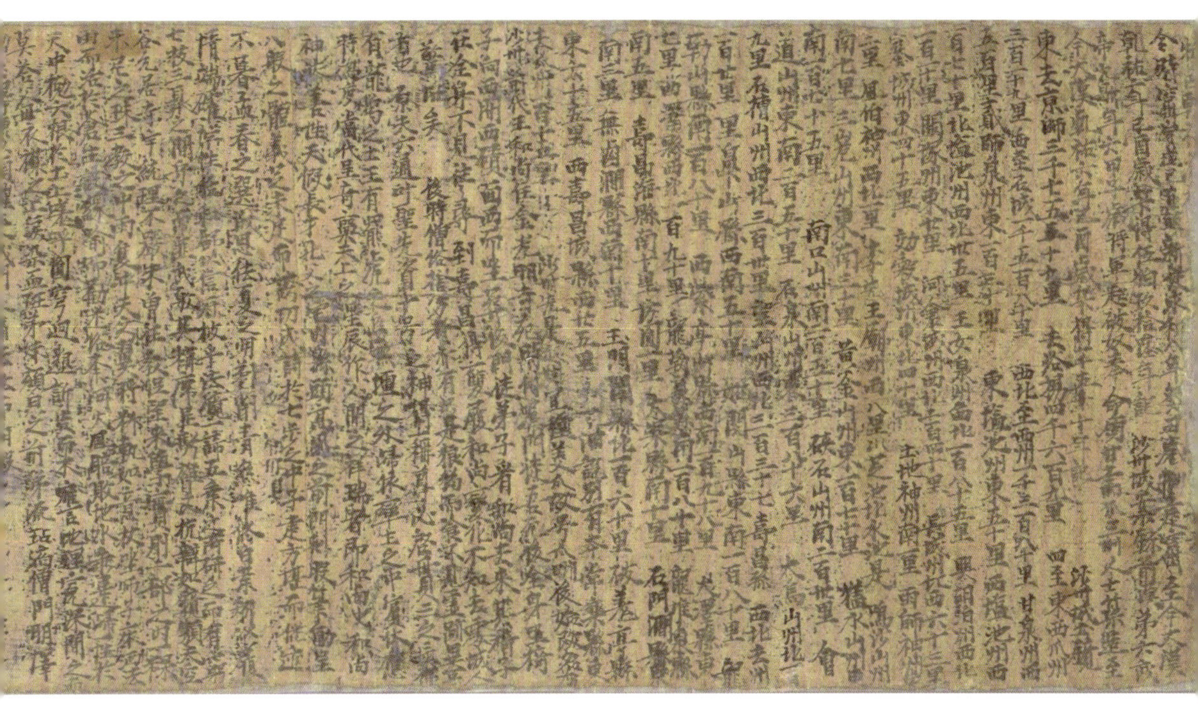

《沙州城土境》
（P.2691）

赵破奴也被封侯了。霍去病去世以后，他一直经营陇右地区。

元鼎六年前后，汉武帝封赵破奴为匈河将军，派一万多骑兵，让他往北打。赵破奴从武威石羊河流域一路向北，打到蒙古地区，对着的就是匈奴河水。结果到那里时，匈奴人已经跑得不见影子了，于是赵破奴就回来驻防在了敦煌。赵破奴到敦煌以后，敦煌文献记载他修建了敦煌城，而且这一年就是元鼎六年。在元鼎六年，他不仅修建了敦煌的郡城，还修建了敦煌的水利灌溉系统。当时敦煌有个有名的堤堰马圈口，文献记载便是他修的。他还修了敦煌的塞城，塞城大概就是敦煌郡城之外的一个防御体系，围绕着敦煌郡城做的 个防御，并不是特别大。另外，他还绕敦煌郡的管辖范围修了一个土河防御体。因为敦煌地区缺水，他就在沙漠地带挖了一个壕沟，以防御匈奴。

通过敦煌文书，证实了《汉书·地理志》记载的敦煌郡设置时间是错的，而《汉书·武帝纪》记载的时间是正确的。

2 公元前 120 年的移民之城

敦煌移民最早由什么人组成？

西汉向敦煌输送移民从匈奴浑邪王投降汉朝时就已经开始，浑邪王投降汉朝之后，河西空无匈奴，西汉军队便开始进入河西地区屯田，因此，第一代敦煌移民就是这些戍守敦煌的军队戍卒。敦煌移民从敦煌置郡之前已经开始，最初移民有两种身份。

一是在中原地区生活不下去的贫苦老百姓，当时被迁徙到边疆地区生活。《汉书·武帝纪》里有记载，元鼎六年“乃分武威、酒泉地置张掖、敦煌郡，徙民以实之”，这些人是通过国家组织迁徙过去的。

二是屯田的兵。屯田兵从元狩二年（前 121）开始就在敦煌附近屯田了，其规模非常大，敦煌的各个乡、里，基本上都是屯田兵建的。屯田兵又分几种人，一种属中央部队、戍边部队，这些人地位比较高，主要负责守卫，不太干活。更多的屯田兵则是犯罪的人。当时地方政府会把犯了罪的人发配到这里劳作，用劳动的方式服刑。他们到了敦煌，或是修城，或是农耕，总之要无条件给政府服役。一段时间后服完刑了，就可以被放回去，如果中间立功了，也有可能被释放，会通过邮驿系统把他们遣返原籍。

在这些罪犯中，有些人是比较特殊的，就是那些被贬谪的官员，他们是被发配、贬谪到敦煌的，这是敦煌移民的一种特殊现象。被贬谪到这里的人很多，而且这些原官员的文化造诣都比较高。还有一些举家迁徙至此的大族，则是出于避祸主动迁来的，比如敦煌文献《敦煌名族志》（P.2625）就记载了清河张氏迁徙敦煌的过程。张氏家族于汉武帝时期在朝廷任职，地位很高，到敦煌后就居住在北府这个村落，

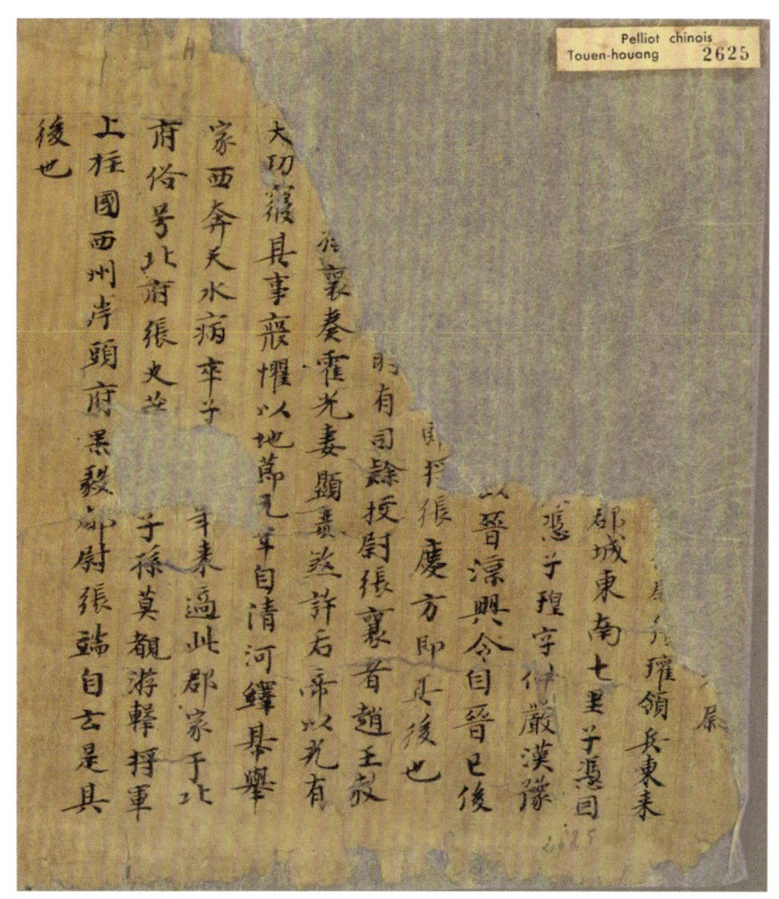

《敦煌名族志》（P.2625）中关于北府张氏的内容

这个村落最后变成唐代一条水渠的名称。

这些高官里还有一个姓谢的，此人曾在朝廷担任将作大匠，相当于建设部的部长，他有一次修陵地，许下承诺，说三年之内完工，结果他选择修墓的地方是低洼地带，根本不适合修陵地，三年也没能完工，朝廷就把他全家发配到了敦煌。

敦煌文化是如何发展起来的？

汉朝历史上发生过两个案件，与敦煌的文化发展息息相关。

一个是汉武帝时期发生的“巫蛊之祸”。当时太子受到了陷害，被逼急了，就带着东宫的兵造反。但东宫的兵不多，所以他打开了长安的监狱和国家的军械库。当时汉武帝不在城内，不清楚真实情况，以为太子真的谋反，于是发兵围攻太子，太子最后自杀身亡。据说，当时太子从监狱放出来三万多人，其中进入皇宫的都被处决了，其他受到牵连的人则被发配到了敦煌。长安地区监狱里的人，其实文化造诣也比较高，这拨人将中原文化带到了敦煌，敦煌文化就自然发展起来了。

另一桩文化案件事关齐鲁之地一个叫甘可忠的人。这个甘可忠造了一部经，说这个经法力无边，只要信这个经，病就能好。当时中国目录学的鼻祖刘向正在长安当官，他不信这事，认为甘可忠造谣惑众，准备把他抓到后杀掉，但还没来得及杀他，甘可忠自己就死了。当时正在汉成帝时期，汉成帝生下来身体就不好，继位当了皇帝以后也成天害病，他身边的人说，干脆信一下甘可忠造的经，或许能治好。结果信奉了一年多，病仍然未见起色，这些劝说君主迷信的人就被杀掉了，而次要的从犯、受牵连的人全部发配到敦煌。这些人又一次将中原的文化带到了河西地区。

事实上，从敦煌建郡一直到王莽时期，西汉就一直不停地向敦煌输送移民，敦煌文化就是在这种移民的背景下发展起来的。

滞留敦煌的“外国人”

虽然西汉时期不断有移民迁至敦煌，但原本生活在这里的游牧民族也有一些没离开此地的，只不过他们不构成人口的主体。比如匈奴人的主体迁徙走后，在敦煌其实还留有一部分匈奴人。那时敦煌是经营西域地区的一个基地，进出阳关、玉门关的外国使节都得经过敦煌，特别是外国使节要在敦煌停留。因此西域各国的很多质子（就是交换的人质，为了保证与汉朝结盟的实现，而把贵族子弟，尤其是太子派到汉朝廷作为人质）都留在了敦煌，这些人生活的时间长了，就变成了敦煌人。住着住着，他们中有些人可能就回不去了，多半是因为国家变故，比如老国王突然死了，质子不能立马赶回去，新国王的位置便被他人占了，回去也必然会被杀，只能留在汉朝境内。

还有一部分“外国人”是商人。汉朝与西域各国的交流很多，哪怕是很远的乌弋山离国、罽宾国等，也会派使节来。他们的使节不一定是国家中有地位的人，而很有可能是商人“冒充”的国家使节，为的是做生意。敦煌是中国境内做生意的第一站，很多商品会先在敦煌市场上流转、贸易，比如酿酒的酒曲，中国原本酒的浓度都是很低的，外来酒的浓度、纯度比较高，依靠的主要是这种酒曲。当时文书上规定，胡人带的酒曲不准留在民间，不准一般老百姓交易，所以高纯度的酒只有皇家才能喝到。

这些使节都是成批来到敦煌的，多的话一批使节有一千多人，常规则是好几百人的规模。敦煌的汉简里记载了一些详细的情况，比如怎么接待使节、接待的规模是怎么样的，等等。

3 作为“国门”的阳关和玉门关

关于河西走廊，有一个经典的说法，叫作“列四郡，据两关”。所谓“四郡”，即武威、张掖、酒泉、敦煌；“两关”，即玉门关和阳关。玉门关和阳关到底有何含义呢？

汉武帝取得河西走廊以后，先设立了武威、酒泉二郡，当时酒泉郡管辖的范围就包括了今天的敦煌；后来又分武威、酒泉之地，另设张掖、敦煌二郡，是为河西四郡。河西四郡的设立，有两个功能：一个功能是隔绝羌胡之路，羌人和胡人是青藏高原和蒙古高原的两个民族，他们之间的交通是由酒泉郡来隔断的。《汉书·匈奴传》写道：“汉使杨信使于匈奴。是时汉东拔秽貉、朝鲜以为郡，而西置酒泉郡以隔绝胡与羌通之路。又西通月氏、大夏，以翁主妻乌孙王，以分匈奴西方之援国。”说明武帝时经营河西的重要目的就是切断匈奴人与羌人的联系。另一个功能，是打通西北和西域地区，尤其是当时的酒泉郡；而敦煌郡设立以后，汉朝经营西北、西域的基地，就从酒泉西移到了敦煌。

玉门关与敦煌的地理关系

除了敦煌，西域地区还有重要关口，就是玉门关、阳关。玉门关是军事关口，阳关则主要是通使、表示和平的关口。

我们先来谈谈玉门关。西汉时期玉门关是敦煌西部前往西域地区的唯一关口，外国客使和西汉派遣到西域的使者、前往西域镇抚的军队都要经由此关。汉武帝收复河西走廊以后，最早的对外关口是令居塞，在永登（今甘肃兰州西北），黄河北边乌鞘岭附近。大约在元封三年（前108），设立酒泉郡后，又设了玉门关。玉门关的位置，在今天的玉门市，这里不仅是敦煌的西边，也是嘉峪关西边，大概离嘉峪关有100多公里，离敦煌更远一些。

然而历史上，元封三年设立的玉门关的位置，应该是在敦煌东边，具体范围大概是在西汉敦煌郡与酒泉郡的分界线处，《史记·大宛列传》"于是酒泉列亭鄣至玉门矣"，说明当时的玉门关在酒泉郡下。为什么设置在这个地区呢？因为当时玉门关要保卫的对象是酒泉和张掖。匈奴人要往南打，首先是要打酒泉和张掖，沿着黑河流域往南打，才能跟羌人构成联合，共同对付汉朝政府。

太初元年（前104），汉武帝派李广利征大宛，这次战争打败了。李广利是汉武帝的小舅子，他的妹妹李夫人是汉武帝的爱姬，派他去打仗，是想让他拿军功，回来好封侯，结果出去没争上光反而打了败仗，汉武帝非常生气，就派使者守在玉门关，李广利要是敢回来，就把他杀掉。李广利怕了，于是就一直在敦煌屯田。这也证实了，那时的玉门关在敦煌东边，因此李广利才能不入玉门关而留屯敦煌。

玉门关是什么时候迁到西边的呢？应该是太初四年(前101),《汉书·西域传》载："后贰师军击大宛，匈奴欲遮之，贰师兵盛不敢当，即遣骑因楼兰候汉使后过者，欲绝勿通。时汉军正任文将兵屯玉门关，为贰师后距，捕得生口，知状以闻。上诏文便道引兵捕楼兰王。"李广利第二次征大宛，出兵时玉门关的守卫长官叫任文。当时，楼兰王跟匈奴人联合起来，准备把李广利的后续部队截断，得到这个消息以后，汉武帝就命令任文——玉门关的长官，把楼兰王给抓了，这说明，此时玉门关已经移到了敦煌以西，其拱卫的地区显然变成了罗布泊。这次回来，李广利走的入关口就是玉门关，然后才到的敦煌。

还有一个证据可以证明玉门关的西迁。李广利征大宛时，李广之孙李陵当时曾带五千兵马作为后续部队准备出关。结果，他带着这五千人到敦煌后，听说李广利征大宛已经取得了胜利，后续部队不用出关；为了迎接李广利的部队，李陵把大部队安置在敦煌，带了五百个轻骑兵，出塞到罗布泊地区迎接李广利部队，说明这个时期玉门关已从敦煌的东边迁徙到敦煌的西边。

玉门关和阳关曾经是一个关口？

玉门关具体西迁到了哪个位置？史籍上没有相关记载。解决这个问题得根据敦煌文书。敦煌文书《敦煌录》（S.5448）里有一条重要的记载，说“阳关即故玉门关”。这说明阳关和玉门关最早是一个关口，也说明这次玉门关从敦煌东往西迁，就迁到了阳关的位置，即汉龙勒县西阳关的位置。

那为什么后来又变成两个关口呢？这是因为，在李广利征大宛取得胜利以后，汉朝在西域的影响力一下大增，西域各国国王都派使节到汉朝觐见，和大汉做贸易。这些使节还会做一些情报工作，《汉书》里记载，西域各国交给使臣的任务是，“令窥汉，知其广大”。所以军民共用一个关口，是不安全的，军事布防对外是一个秘密，不然使臣经过这个关口，就能窥见其兵力部署。这样就逼着汉朝政府，把两个关口的职能分开。因此，汉朝廷将玉门关迁至敦煌郡西北，把原来玉门关所在塞城改名为阳关。从此以后，玉门关负责军事通行，西汉军队和专使走玉门关，而外国客使则经由阳关进出西汉内地。

西汉玉门关从龙勒县西向北移至敦煌郡西北的时间，我们可以根据敦煌文书进行判断。《沙州图经》（S.788）“寿昌县”条下记载：“玉门关，县北一百六十里。《地里（理）志》云：汉武帝后元年中置。”这是关于玉门关设置于敦煌郡西北最直接、最珍贵的记载，后元这个年号是汉武帝最后一个年号，仅仅用了两年（前 88—前 87）。此外，还有《沙州都督府图经》（P.5034）记载说，玉门关北徙的同时设置了

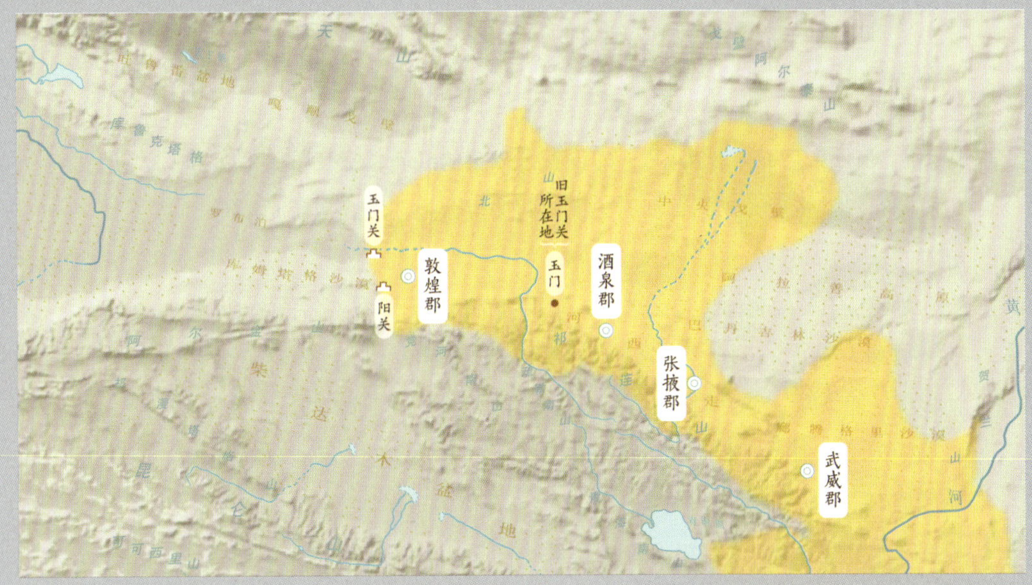

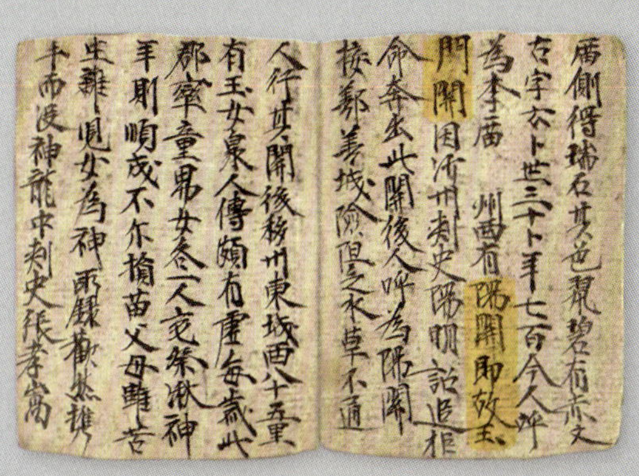

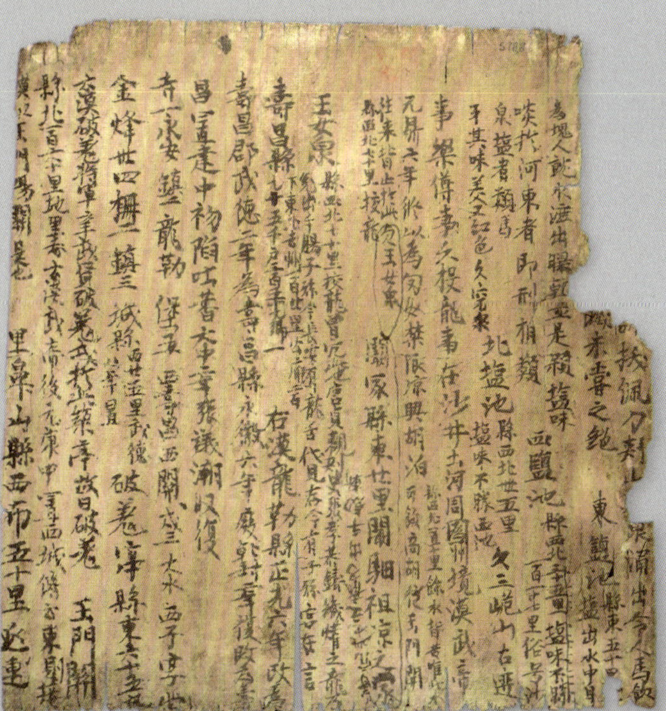

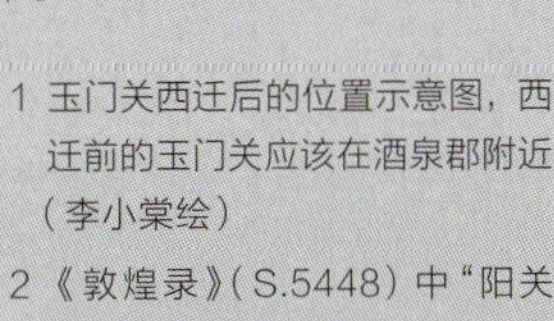

1 玉门关西迁后的位置示意图，西迁前的玉门关应该在酒泉郡附近（李小棠绘）

2《敦煌录》（S.5448）中“阳关即故玉门关”的记载

3《沙州图经》（S.788）中关于寿昌县的记载

阳关，“汉武帝后元年置都尉”，即设置了阳关的最高长官。阳关、玉门关都是汉武帝后元年间置都尉，说明两关应该是在汉武帝后元年间分置的。

那么，阳关的名称是怎么来的？很多人都说，阳关在玉门关之南，所以被称为阳关。还有一个说法，古代有个叫杨明的刺史，他奉诏抓捕犯人，犯人从这个关跑出去了，他也跑出去追犯人，所以把这个关口称为阳关。到底是不是这样？我看不是。阳关之得名，可能与屯田兵的原籍有关。因为在这里屯田的汉兵，有很多来自河南南阳地区。根据《水经注》记载，洛阳南边有个颍川郡，颍川郡有一条河叫颍水，此水流过的地方叫作阳关聚。阳关聚在当时虽然说是聚落，但很有名，其地理范围也很大，河两边都是它的“辖区”。阳关聚最北边到黄河荥阳郡，荥阳郡有个地方叫成皋，正是西汉时期刘邦与项羽打仗相持的地点。

成皋这个城，还涉及玉门关的名称来源。当时刘邦被围到成皋城里出不来，就派他的一个手下以他的名义投降。于是项羽的部队都跑去看刘邦投降的热闹，刘邦自己则趁机从城北带着一队人跑出去，渡过黄河，到了黄河北边，他出逃的这个门就叫作玉门。《史记》《汉书》《资治通鉴》记载一致，都说是玉门，所以城的北门也被叫作玉门，又叫凶门。汉唐时期出兵打仗，称之为凿凶门而出。而玉门关是北面的关隘，又是一个军事性质的塞城，因此名之以“玉门”。

关于玉门关的命名，有说法称是因为西域地区，特别是和田的玉石，会经过这个关口进入中原，于是把这个关口叫玉门关；还说关口的驻军靠征收这些贸易玉石的商队的关税来养活。但这个说法是有问题的，目前考古和文献资料中，从没有过西域的玉石商队经过玉门关的记录。

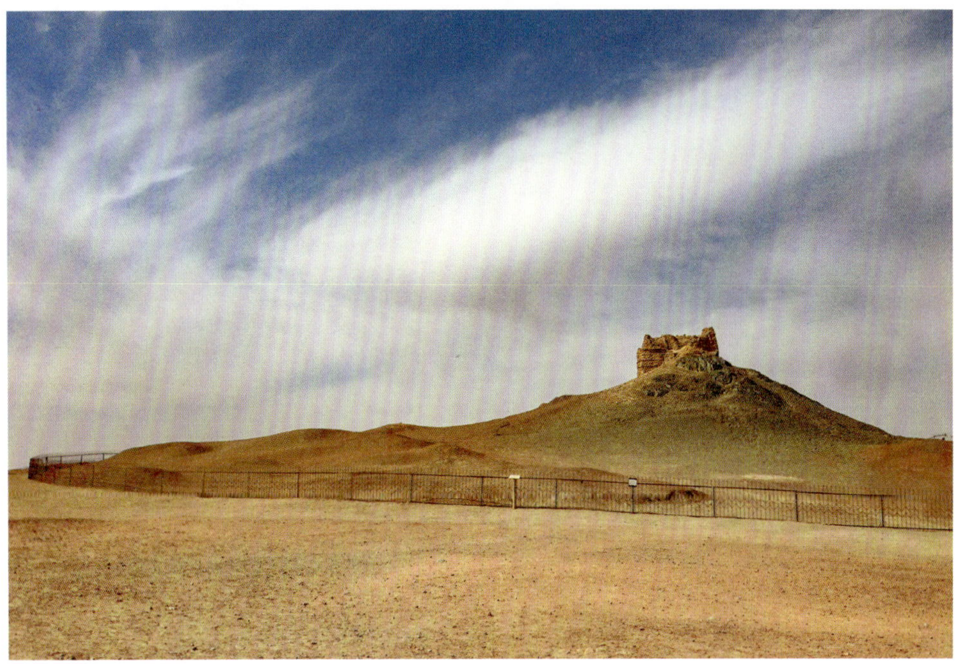

今天的玉门关遗址（上）和阳关遗址

“列四郡，据两关”——古诗词中的敦煌地理

玉门关

蓬转俱行役，瓜时独未还。
魂迷金阙路，望断玉门关。
献凯多惭霍，论封几谢班。
风尘催白首，岁月损红颜。

——唐 骆宾王《在军中赠先还知己》

匈奴数欲尽，仆在玉门关。
莲花穿剑锷，秋月掩刀环。

——南梁 吴均《和萧洗马子显古意诗·其六》

阳关

悲歌度燕水，弭节出阳关。
李陵从此去，荆卿不复还。
故人形影灭，音书两俱绝。
遥看塞北云，悬想关山雪。
游子河梁上，应将苏武别。

——北周 庾信《拟咏怀诗·其十》

代北云气昼昏昏，
千里飞蓬无复根。
寒雁嗈嗈渡辽水，
桑叶纷纷落蓟门。
晋阳山头无箭竹，
疏勒城中乏水源。
属国征戍久离居，
阳关音信绝能疏。
愿得鲁连飞一箭，
持寄思归燕将书。

——北周 庾信《燕歌行》

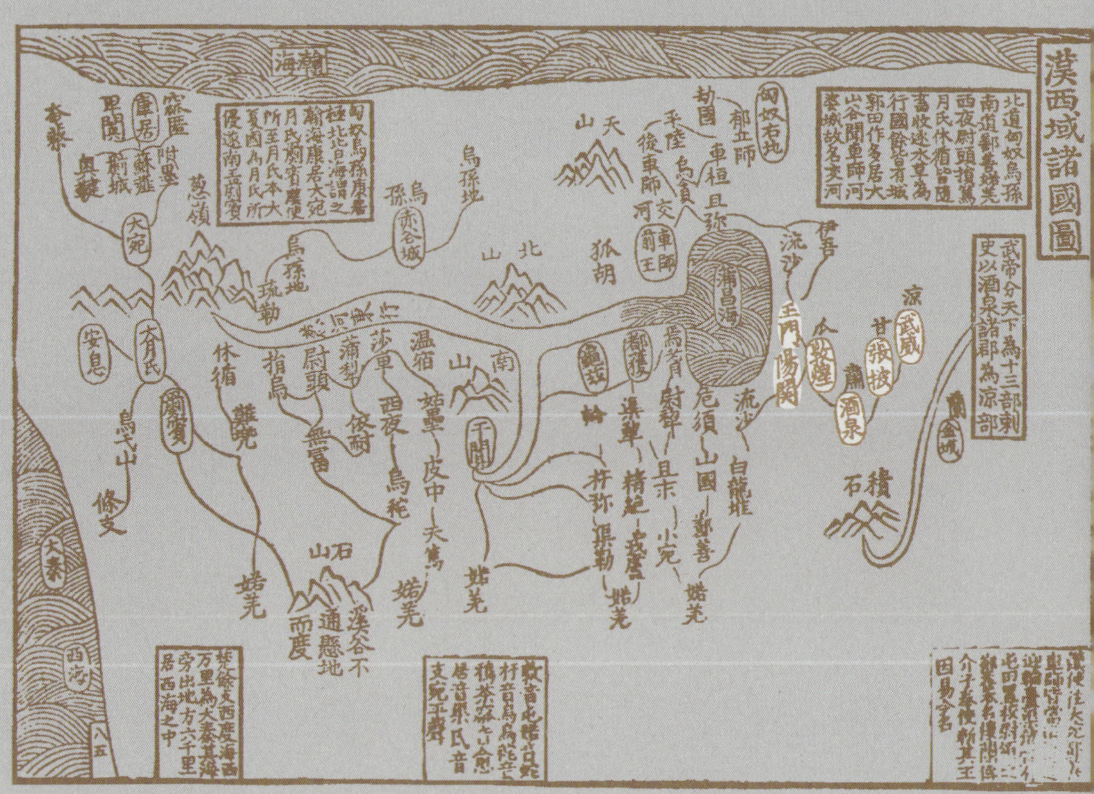

汉西域诸国图，载《佛祖统纪》卷三十二

敦煌

苦哉边地人，一岁三从军。
三子到敦煌，二子诣陇西。
五子远斗去，五妇皆怀身。

——魏 左延年《从军行》

建旗出敦煌，西讨属国羌。
除去徒与骑，战车罗万箱。
满山又填谷，投鞍合营墙。
平原亘千里，旗鼓转相望。
定舍后未休，候骑敕前装。
执戈无暂顿，弯弧不解张。
破灭西零国，生虏郅支王。

——南朝 鲍照《建除诗》

敦煌古往出神将。
感得诸蕃遥钦仰。
效节望龙庭。麟台早有名。
只恨隔蕃部。情悬难申吐。
早晚灭狼蕃。一齐拜圣颜。

——唐敦煌曲子《菩萨蛮·敦煌将》

两车一马装亦华，
后乘满载敦煌瓜。
一旬戈壁苦无食，
幸与瓜时适相值。

——清 洪亮吉《自哈密至苦水铺作》

酒泉

入玉门关到酒泉，
昔人想望若登天。
岂知万里西征客，
归卧家山三十年。

——南宋 陆游
《予以淳熙戊戌岁自蜀归……》

胡骄马惊沙尘起，
胡雏饮马天津水。
君为张掖近酒泉，
我窜三巴九千里。

——唐 李白
《江夏赠韦南陵冰》

张掖

少时壮且厉，抚剑独行游。
谁言行游近，张掖至幽州。
饥食首阳薇，渴饮易水流。
不见相知人，惟见古时丘。
路边两高坟，伯牙与庄周。
此士难再得，吾行欲何求？

——东晋 陶潜《拟古·其八》

送君张掖郡，分悲函谷关。
欲知肠断绝，浮云去不还。

——陈朝 江总《别永新侯》

武威

将军少年出武威，
入掌银台护紫微。
平明拂剑朝天去，
薄暮垂鞭醉酒归。
爱子临风吹玉笛，
美人向月舞罗衣。
畴昔雄豪如梦里，
相逢且欲醉春晖。

——唐 李白《赠郭将军》

远游武威郡，遥望姑臧城。
车马相交错，歌吹日纵横。

——北魏 温子升
《凉州乐歌·其一》

作为军事关口的玉门关

阳关和玉门关分置以后，阳关主要走的是和亲的使节、外国的使节，而汉朝的部队和专使走的关口是玉门关。《汉书 · 西域传》记载西域各国到汉朝的距离时，会讲三个距离，一个距离是到长安的距离，第二个距离是到西域都护府的距离，第三个距离就是到阳关的距离。就是因为阳关是他们经常走的关口。《西域传》里没有记载各国到玉门关的距离。

玉门关军事关口的性质，在《汉书》和出土的汉简里也有佐证。汉武帝征和年间（前 92—前 89），玉门关还没有迁往西北，汉朝廷讨伐车师国（今吐鲁番地区）的兵，虽然仗打胜了，但却因人困马乏，没吃没喝，而被困在罗布泊地区回不来。汉武帝急了，就发动酒泉等地的人，用骆驼带着食品，到罗布泊接这些部队。把他们接回来后，走的就是玉门关。

还有一个事件发生在西汉后期，在阳关西南有一个小国叫婼羌，这个国家人口不多，只有几千人。婼羌与当时的赤水在打仗，婼羌打输了以后向西域都护求救，但当时的都护但钦并没有理会婼羌，婼羌国的国王唐兜被困急了，对但钦很是愤怒，于是“东守玉门关”，表示如果玉门关不接纳他们，他们就将带着妻子人民千余人投降匈奴。事实上，婼羌在阳关西南，距阳关最近，舍近求远请求从玉门关入汉，表明入降汉朝是军事事件，阳关没有这个权力来接纳。

4 西域三十六国：外交与朝贡

讲完了“列四郡，据两关”，我们还可以来谈谈“西域”所包含的地理范围。

“西域”一词最早见于司马迁《史记》，指称的是玉门关以西的天山南北地区。从西汉的汉宣帝任命郑吉为“西域都护”开始，“西域”这个词正式登上了历史舞台。西域都护府是汉代西域地区的最高军政机构，它的设立标志着西域正式纳入中央政权的管辖，其最高长官就是“西域都护”。当时“西域都护”管辖的地区，就是所谓的“西域三十六国”。“西域三十六国”的说法，源于班固《汉书·西域传》：“西域以孝武时始通，本三十六国，其后稍分至五十余，皆在匈奴之西，乌孙之南。”据考证，西汉时期三十六国分别为：婼羌（若羌）、楼兰（鄯善）、且末、疏勒、精绝、龟兹、尉犁、戎卢、扜弥、渠勒、于阗、皮山、乌秅、西夜、子合、蒲犁、依耐、无雷、难兜、大宛、桃槐、休循、捐毒、姑墨、姑师（车师）、墨山（山国）、劫国、温宿、莎车、小宛、尉头、危须、焉耆、狐胡、渠犁、乌垒。

“西域都护”的作用：护送还是监督？

因为玉门关是军事关口，所以西域地区的使节进入汉朝领土是不经过玉门关的，而要经过阳关。外国使节来的时候，汉朝廷也会派使者到他们国家迎接，带他们入汉，交流完了再把他们护送回去，即所谓“都护”。敦煌汉简也有记载，就算是私自来的客人，也照样会有接待，也会派人将其护送到长安。为什么会进行这样的护送？主要是害

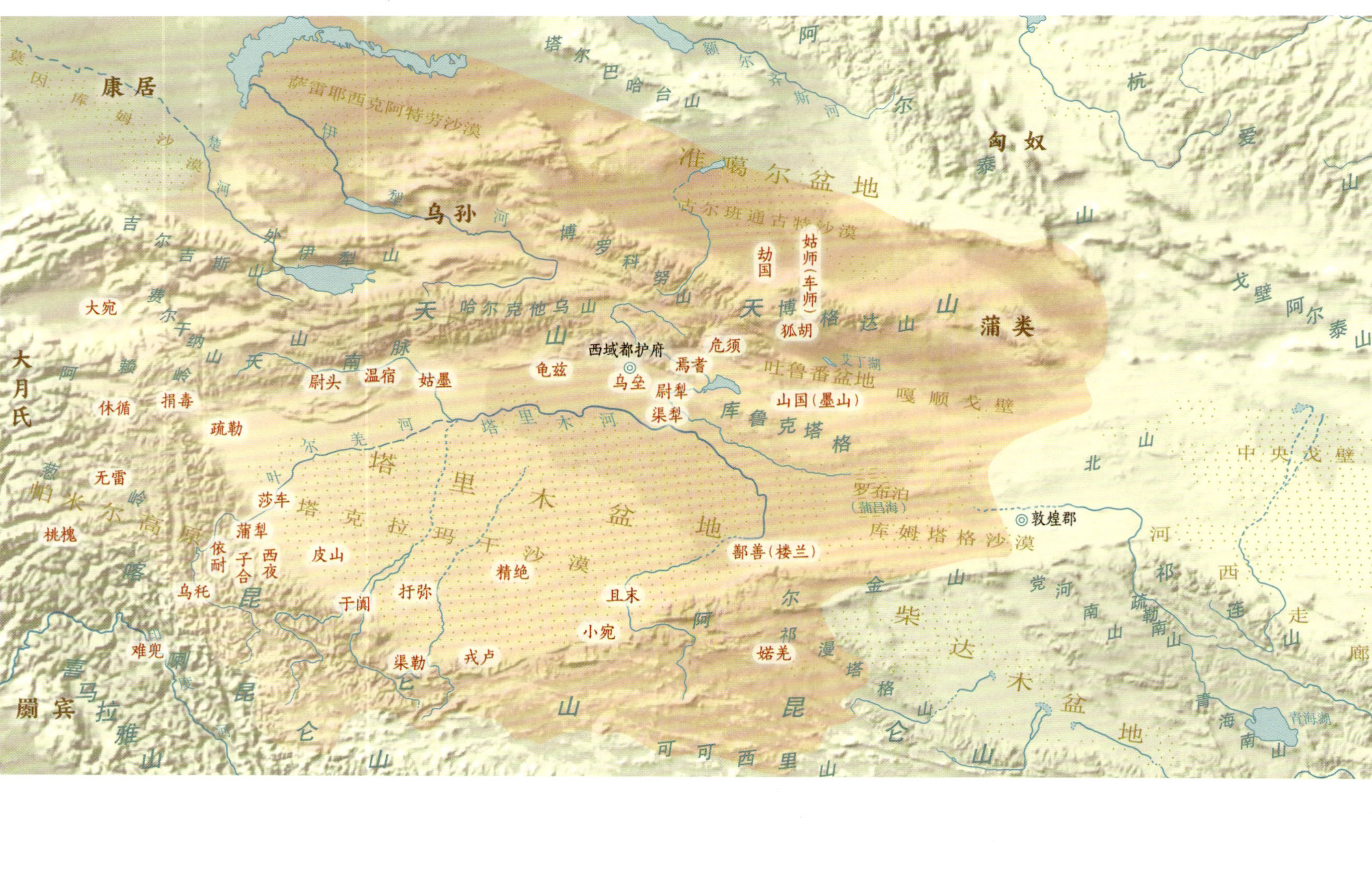

匈奴
乌孙
康居
大月氏
罽宾
蒲类
西域都护府
乌垒
敦煌郡
准噶尔盆地
塔里木盆地
吐鲁番盆地
柴达木盆地
塔克拉玛干沙漠
库姆塔格沙漠
古尔班通古特沙漠
萨雷耶西克阿特劳沙漠
莫因库姆沙漠
嘎顺戈壁
中央戈壁
戈壁阿尔泰山
阿尔泰山
塔尔巴哈台山
杭爱山
天山
博格达山
博罗科努山
哈尔克他乌山
天山南脉
库鲁克塔格
北山
吉尔吉斯山
费尔干纳山
阿赖岭
葱岭
帕米尔高原
喀喇昆仑山
喜马拉雅山
昆仑山
阿尔金山
祁漫塔格
可可西里山
祁连山
疏勒南山
党河南山
青海南山
河西走廊
额尔齐斯河
伊犁河
楚河
叶尔羌河
塔里木河
党河
罗布泊
(蒲昌海)
艾丁湖
青海湖
姑师(车师)
劫国
狐胡
危须
焉耆
尉犁
渠犁
山国(墨山)
龟兹
姑墨
温宿
尉头
疏勒
捐毒
休循
大宛
无雷
桃槐
莎车
蒲犁
依耐
子合
西夜
皮山
乌秅
难兜
于阗
扜弥
精绝
渠勒
戎卢
且末
小宛
鄯善(楼兰)
婼羌

西域三十六国地理示意图（李小棠绘）

怕他们不遵守规矩。因为汉代的对外贸易不是自由贸易，多数情况下是官方的国家贸易，允许一部分产品流向市场，但是要在政府允许的范围之内。这个护送，一方面是保护，另一方面也有监督的意味。

有时候汉朝的使节会将这些人护送回他们国家，但像罽宾国、乌弋山离国这些国家，因为距离太远，也不一定会护送过去。而且，这些小国有时会不守规矩，将负责护送的汉朝使节杀掉，再向汉朝政府汇报，汉朝虽生气，但是距离太远，鞭长莫及。吸取了一些经验教训后，汉朝政府就不帮忙护送使节到对方国家了，比如当时到罽宾国有一个关口，叫悬度，悬度这个关口很难走，人一旦掉下去就没命了，所以一般就送到这个关口，不过去了。

人人都爱跟皇帝做生意

西域的使团入汉，往往也带着商业目的。他们的进贡，带有贸易性质，汉朝还会有相应的“赐”。西域诸国都挺喜欢进贡，爱给汉武帝送礼品，因为贡和赐的比例差别很大。敦煌的文书提到，唐朝时贡和赐的比例，一般为 1∶10 或 1∶40，那么贡一匹绢，就可获赐十匹，甚至四十匹。贸易差额很大，大家都爱跟皇帝做生意。

贡赐贸易对中央政府来说是一个沉重的负担，如果进贡来得太勤，中央政府就受不了，因此规定西域各国多少年来一次，不能随随便便就要来。到了长安要面见皇帝，会有一个专门接待外国使节的机构，长官叫大行，手下叫主客，主客就是负责招待外国使节的接待，相当于今天外交部下面的各个司级机构。

跟国家做生意，给皇帝进贡，身份级别不达到一定水准，人家是不会接待的。而且针对不同的外国使节，招待水平、招待规格也不一样。悬泉置汉简记载，外国国王一般派的是专使或专使里的代表贵人，所谓贵人就是在朝廷里说话算数的人，能代表国家出面的人。这些人在

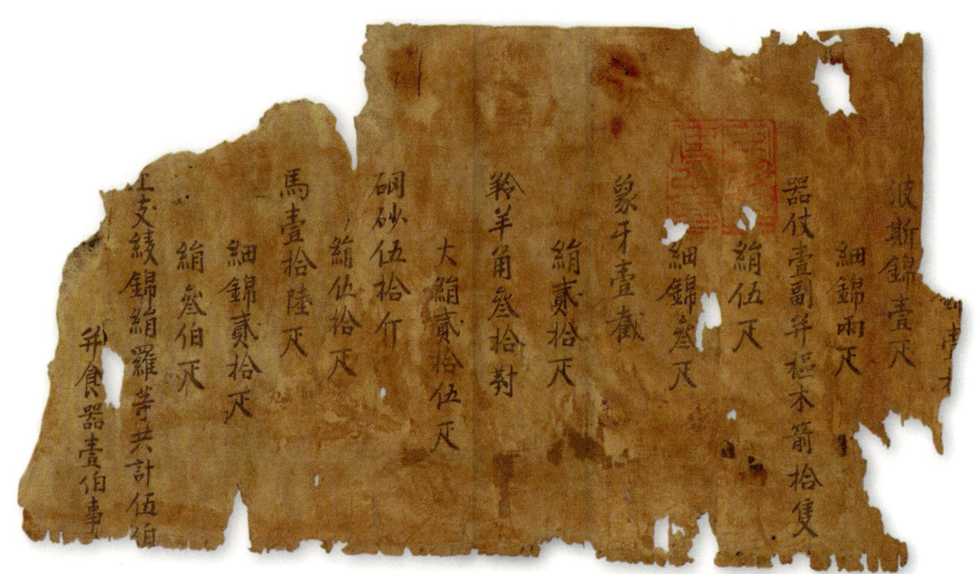

波斯錦壹疋
細錦兩疋
器仗壹副并樺木箭拾隻
絹伍疋
細錦叁疋
象牙壹截
絹貳拾疋
羚羊角叁拾對
大絹貳拾伍疋
硇砂伍拾斤
綃伍拾疋
馬壹拾陸疋
細錦貳拾疋
絹叁伯疋
支綫錦綃羅等共計伍伯
并食器壹伯事

敦煌文书《唐为甘州回鹘贡品回赐物品簿》（S.8444）

接待站里有酒、有肉、有饭，而一般的使节则一天只有三斤粮食，没别的招待了。汉简里还有买肉的记录，一顿吃了多少肉、喝了多少酒也都有记录；还杀鸡，在敦煌市场上买鸡买鱼，说明这是规格很高的接待。悬泉置出土的汉简里，就有接待西域使团的记载，如“出粟一斗八升，六石八斗四升，五石九斗四升，以食守属周生广送自来大月氏使者积六食三升”（II0214 ①：126）等。

5 敦煌的经商“达人”——粟特人

到了东汉末年，群雄割据，汉献帝根本无力经营边陲要地敦煌。这导致敦煌在三国时期处于真空状态。而后曹魏割据了北方的土地，但却派不出适合的人来治理河西，这段时间的敦煌，被当地豪强与财阀勾结侵占，两汉时一度的繁荣也因此消失。到了魏明帝时期，敦煌出了一个著名的太守，这人叫仓慈。他在混乱中拯救了敦煌，抑制了敦煌内大大小小的势力，在处理少数民族与汉族关系上，也秉持着公正平等的原则，使得敦煌迎来了又一次的繁荣。

莫高窟第45窟壁画“胡商遇盗图”

图中的胡商大概就是粟特商人，他头上戴着尖尖的帽子，符合粟特人的服饰特征。图上的题记来自《法华经·观世音普门品》的经文：“若三千大千国土，满中怨贼。有一商主，将诸商人，赍持重宝，经过险路。其中一人，作是唱言，诸善男子，勿得恐怖，汝等应当一心称观世音菩萨名号，是菩萨能以无畏，施于众生。汝等若称名者，于此怨贼当得解脱。众商人闻，俱发声言：南无观世音菩萨。称即得解脱。”

随着敦煌商业的繁荣，来这里的胡人也越来越多。自北魏到隋代，有三条对外交流的道路总汇在敦煌：一条道路通向伊吾，一条道到吐鲁番、高昌，一条道到鄯善，敦煌也因此成为多民族文化交流的中心地。这里值得一提的是粟特人在敦煌的经历。

粟特人在敦煌的家园——从化乡

粟特人原生活在古代中亚阿姆河与锡尔河一带，说伊朗语，东汉至宋代，粟特人一直活跃在丝绸之路上，以经商闻名于欧亚大陆。

唐中宗时期，敦煌地区发生了一件大事，对敦煌地区的民族结构产生了比较大的影响。唐朝初年从西域迁徙到罗布泊地区（原来的鄯善区域，在唐代被称为石城镇）的粟特人，在唐中宗神龙年间，从罗布泊地区迁到了敦煌，并在敦煌创立了从化乡。敦煌文书 P.3556 记载，当时敦煌的僧人头目被称作都僧统，那时担任都僧统的是一个叫康贤照的和尚，康贤照就是粟特人。在纪念他的《都僧统康贤照和尚邈真赞并序》中记载，“石城名宗，敦煌鼎族”，就说明他是从罗布泊地区迁徙而来的。

大概在唐中宗时期，罗布泊地区发生西突厥内斗。西突厥原来与大唐朝关系比较好，唐朝政府分封了它的国王，封了以后老国王突然去世，他的儿子娑葛继位，唐朝政府也给予他册封。但是老国王手下有一个叫阙啜忠节的将领却不满，公然与娑葛打得不可开交。当时主管西域的安西都护郭元振，觉得这样打不利于西域的安全，就建议唐朝政府干脆把阙啜忠节召到中央去当戍卫。然后阙啜忠节就带着他的部落准备从西域迁到瓜沙之间（今安西和敦煌一带）。结果他走到今天新疆且末县，碰到当时唐朝一个将领周以悌，周以悌给他出了个坏主意，说离开部落入朝没有地位，干脆贿赂宰相送点礼品留下。阙啜忠节真的听信了周以悌的话，他虽没钱送礼但有兵，所以就带兵打下于阗国的坎城，抢了一批财宝后，派使者悄悄带着黄金七百两（也有记载说是一千两）去贿赂当时的宰相宗楚客。宗楚客竟然也答应了，计划派一批人，用河西的兵镇压西突厥的娑葛，而且还要请吐蕃与西域中亚的部队共同剿灭西突厥。结果，消息走漏，西突厥娑葛进贡马的人在长安听说了这个事情，悄悄报告给娑葛，娑葛心急之下，就派了两万兵，分四路攻打罗布泊、焉耆、安西都护府、疏勒、库车、龟兹等地。其中一支部队偷袭了罗布泊，致罗布泊地区局势紧张，就临时把当地军镇的兵撤到了敦煌。

当时罗布泊地区的粟特人也随着内撤的部队迁到了敦煌。敦煌为了安置这些人，就设置了从化乡。粟特人在敦煌建立乡、建立行政建制，就是从这段时间开始的。

粟特人离开过敦煌吗？

紧接着，大概在786年，敦煌被吐蕃占领了。吐蕃占领后，这些粟特人去了哪里呢？是留在敦煌还是外迁了呢？关于这个问题，学术界有一定的争论。日本的池田温先生认为，敦煌地区的粟特人在吐蕃时期就外迁了，大量的粟特人迁到中亚粟特地区，少部分粟特人就进入寺院，变成寺户，也就是寺院的依附人口。他的这个结论对中国学界影响很大，但到底是不是这样呢？

我们通过对敦煌文献研究发现，根本不是如此。因为在吐蕃占领时期，敦煌莫高窟第44窟有个供养人题记，作“观世音菩萨，□□使康秀华一心供养”。康秀华是大家公认的粟特人，从敦煌文书可知，他在吐蕃占领敦煌时期担任过部落使，这个题记前头缺的字，应该就是“部落”二字，所以此时粟特人的部落仍旧留存在敦煌。

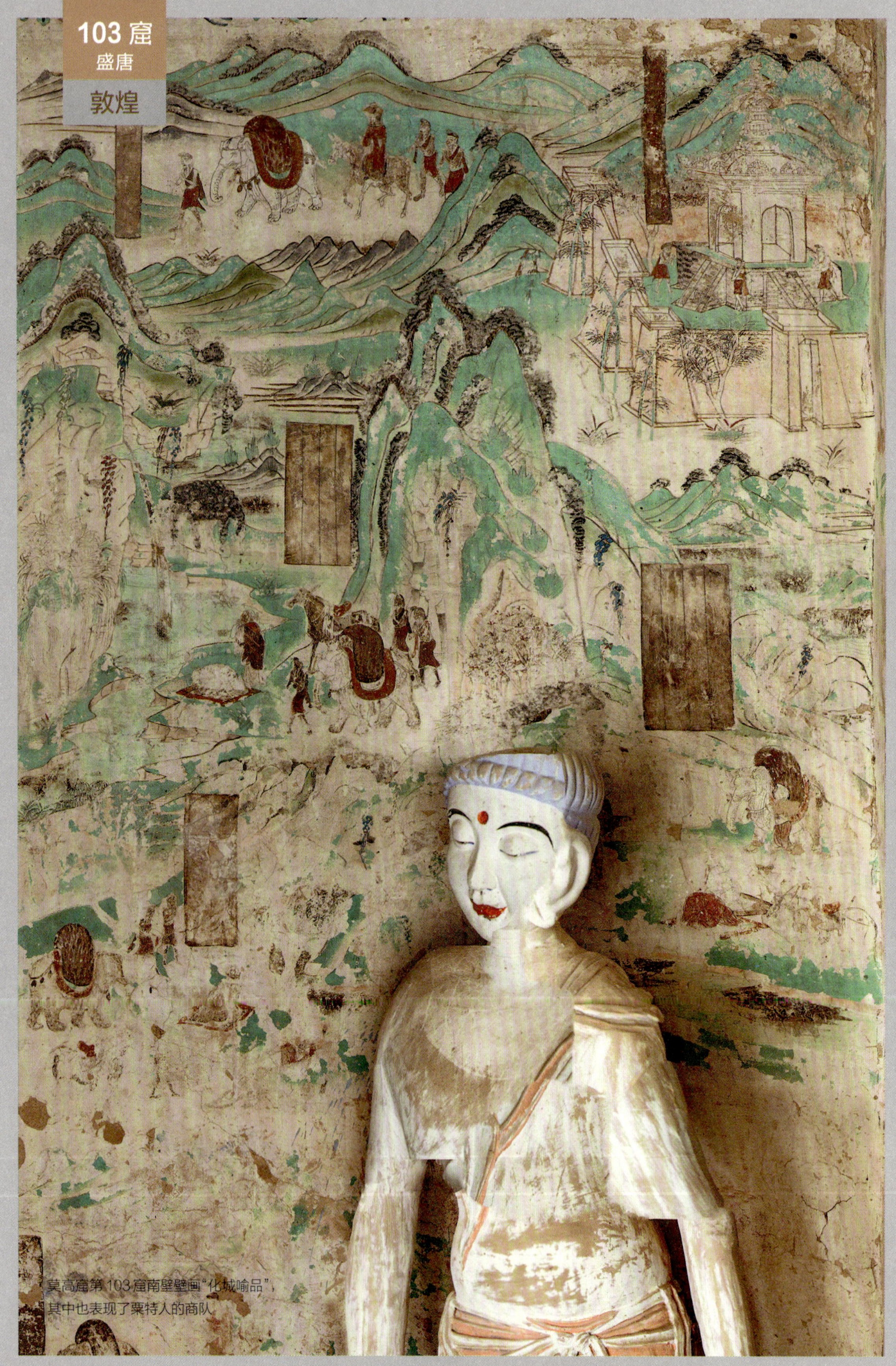

莫高窟第 103 窟南壁壁画“化城喻品”，其中也表现了粟特人的商队

粟特人与敦煌佛教

作为商人，粟特人除了把东西方的物质文化转运到相互需求的一方外，也在丝绸之路沿线传播着各种精神文化，祆教、佛教、摩尼教、景教的流传，都有粟特人的身影。

敦煌地区的核心信仰是佛教。人们的精神来源于佛教，挣了钱后就会修建寺院，绘佛教经像，这既是信仰的基本要求，也可以算作功德。粟特人既信仰祆教也信仰佛教，是佛、祆二教并重的民族。居住敦煌的粟特人信仰佛教有其长远的历史传统，敦煌文书中保存有北魏安弘嵩写《摩诃般若波罗蜜经卷五十九》和曹法寿写《成实论》《华严经》《大品经》等，隋代有石元妃写《大般涅槃经》，唐代敦煌陷蕃以前有康通生写《大般若波罗蜜多经卷第五十一》、安文德写《大般若经卷第三百一》、安国典写《大般若经卷三百七十四》、石论子写《佛名经卷第五》等。这些粟特人写经说明敦煌的粟特人很早就信仰佛教。

晚唐五代归义军时期，虽然从化乡的建置被取消，但是粟特人势力并未因此而减小，反而有所增强。唐五代敦煌佛教教团是在归义军政权支持下发展起来的。高级僧侣及僧政法律各级僧官名义上是由归义军节度使奏请朝廷授予的，实际上是归义军节度使自己授予的。他们号称“释吏”，是归义军政权的重要支持者、重大事件的参与者，有的直接是节度使的幕僚——节度判官。在这些僧官中，有相当多的是出身于敦煌的粟特人，他们有的登坛讲经，有的出任僧首，十分活跃，他们的活动对唐五代敦煌佛教的发展有深刻影响。唐五代敦煌开窟造佛修寺之风很盛，道场之气犹浓，出使、征战、禳灾都要做道场，请佛延僧念经，在佛教这一阶段的发展中，粟特人僧官的功绩不可忽视。

月臨而輝鮮門枕清流共東分[illegible]
影窓中素象模儀以毫相同真
侍從飛天亦滿空而恒赫往來瞻仰
爐壇生于和之香童野仙花時見
祇園之夢既虔受識而建儀於爾福
壽於千齡長幼闔家以壽延南岳
請僧設供慶讚于茲長將松柏以久

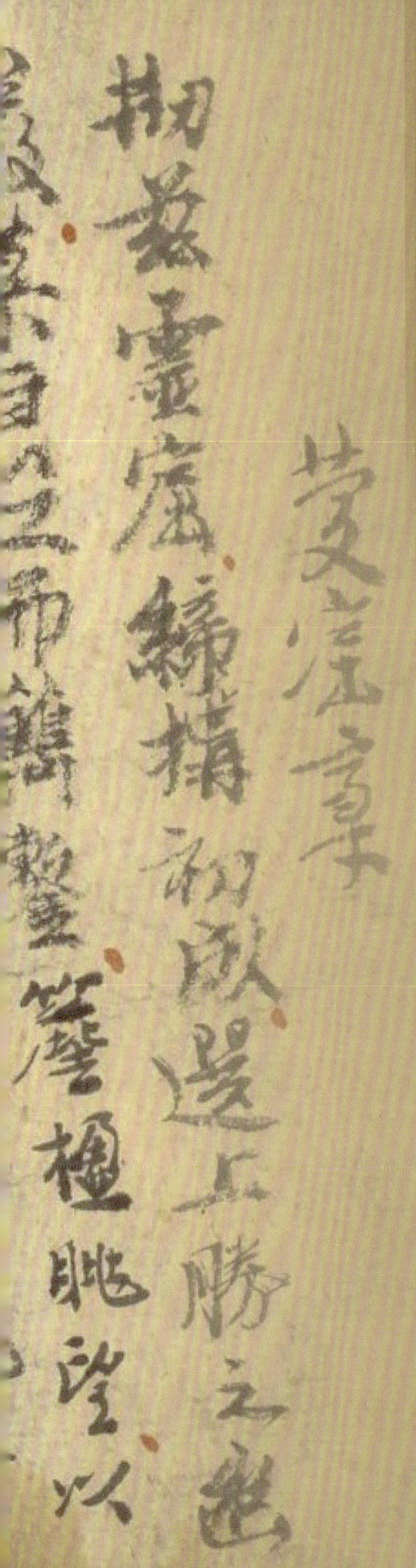

第三讲

探索

——千年石窟的开凿历程

杭侃

北京大学考古文博学院教授
云冈研究院院长

敦煌在整个中国石窟风格模式的演进中，占有相当特别的地位。在莫高窟年代最早的“北凉三窟”中，能够寻觅到来自西域新疆石窟（克孜尔）风格的痕迹，而敦煌的北魏窟中，又能发现与云冈、龙门很内在的关联，说明敦煌在中期又受到来自东方的影响。可以说莫高窟集大成式地为我们展示了中国石窟寺的演进历程。

1 中国的石窟寺体系

敦煌莫高窟、云冈石窟、龙门石窟、大足石刻是最早列入世界文化遗产名录的中国四大大型石窟群。我们这本书讲述的是“了不起的敦煌”，敦煌当然是非常伟大的，但是我们在了解敦煌的时候，也应该认识到，敦煌石窟是中国近6000处石窟中的一处，我们可以仔细欣赏观摩敦煌石窟那些动人的细节，但要对敦煌莫高窟形成整体性的认识，则应从宏观视野上去了解敦煌石窟和其他石窟的共性与联系，也借以更好地了解敦煌石窟的特性。

在河畔山崖开凿的佛教寺庙，简称石窟寺。佛教石窟寺传承自印度，中国开始筑凿石窟的年代，大约在3世纪左右。中国地域广大，幅员辽阔，民族众多，各地的山川形势不一，经济、文化、风俗习惯也都很不一致，因此，各地对佛教的看法也自然会不一样，加上佛教流行的初期，也就是汉魏两晋南北朝时期，中国政治上长期处于分裂状况，所以服务于佛教的各种形象就出现了地区差异，与佛教关系密切的石窟自然也是一样的。

石窟寺四大分区

我国的石窟寺考古大家宿白先生，曾根据文献记载和分布在各地的石窟寺遗迹，按照风格与形制的差别，把中国的石窟寺分区，归纳为新疆地区、中原北方地区、南方地区和西藏地区四个大区域。

佛教最早传入中国新疆地区时，主要是在天山之南的塔里木盆地南北沿流行，但是南北沿各自的情况又有所不同。在10世纪之前，这里居住的民族有两个大的系统，这两个区域的佛教来源也不同：一个来源是罽宾国，然后自现在的克什米尔北上而来；还有一个来源，是经今天的阿富汗和中亚地区，翻越葱岭而来。

塔里木盆地的南沿流行大乘佛教，北沿流行小乘佛教。小乘佛教主张累世苦修才能够达到成佛的地步，因此小乘佛教的僧人特别重视坐禅，所以才会大力开凿石窟。北路沿线石窟主要集中分布的区域，恰恰是这条线路上的三个政治中心，也就是古龟兹都城附近著名的克孜尔石窟、古焉耆都城附近的七格星石窟，以及古高昌都城附近的柏孜克里克石窟与吐峪沟石窟。

中原北方地区是指新疆以东、淮河流域以北和长城内外的广大地区，这个地区石窟众多，内容复杂，又可细分为四个小区。

第一个小区是河西区，敦煌石窟就属于河西区。甘肃黄河以西的各县大多分布着数量不等的石窟，其中莫高窟延续的时间最长，洞窟数量也最多。除了敦煌之外，还有安西榆林窟、武威天梯山石窟等。第二个小区是甘宁黄河以东区，即陇东区，永靖炳灵寺石窟、天水麦积山石窟都属于这个区域。第三个是陕西区，这里的石窟主要都开凿于6世纪后，如彬县大佛寺石窟和延安的万佛洞等。第四个是晋豫及其以东区，以5—6世纪北魏皇室开凿的大同云冈石窟和洛阳龙门石窟为主流，这一地区的石窟，充分显示出了佛教石窟筑造风格渐渐东方化的过程。

在中原北方地区的石窟中，河西和陇东两个区域多塑像和壁画，陕西和晋豫及其以东区则多雕刻，这四个地区除个别的石窟之外，大多有摩崖的龛像。

南方地区是指长江流域的广大地区，这 区域早期佛教遗迹与石窟数量不多，而且在分布上比较散，比较知名的有开凿于5—6世纪的南京栖霞山龛像，还有12世纪重庆大足大佛湾造像等。而西藏地区以摩崖龛像为主，主要是10世纪以后所谓藏传佛教“后弘期”开凿的石窟。

新疆／吐峪沟

吐峪沟石窟西域壁画，现藏柏林印度艺术博物馆。吐峪沟早期的石窟大概开凿于 5 世纪

新疆／克孜尔

克孜尔石窟第 38 窟的伎乐龛，其形象疑是龟兹人。克孜尔石窟是新疆地区较早开凿的大规模石窟，大约开凿于 3 世纪，4—5 世纪是其盛期，最晚的洞窟大概在 8 世纪

新疆／柏孜克里克石窟

柏孜克里克石窟始于南北朝，盛于回鹘高昌时期（9—12 世纪），最晚的洞窟约在 13 世纪

中原北方／麦积山

麦积山第 44 窟后壁

南方／大足

石窟寺四大分区

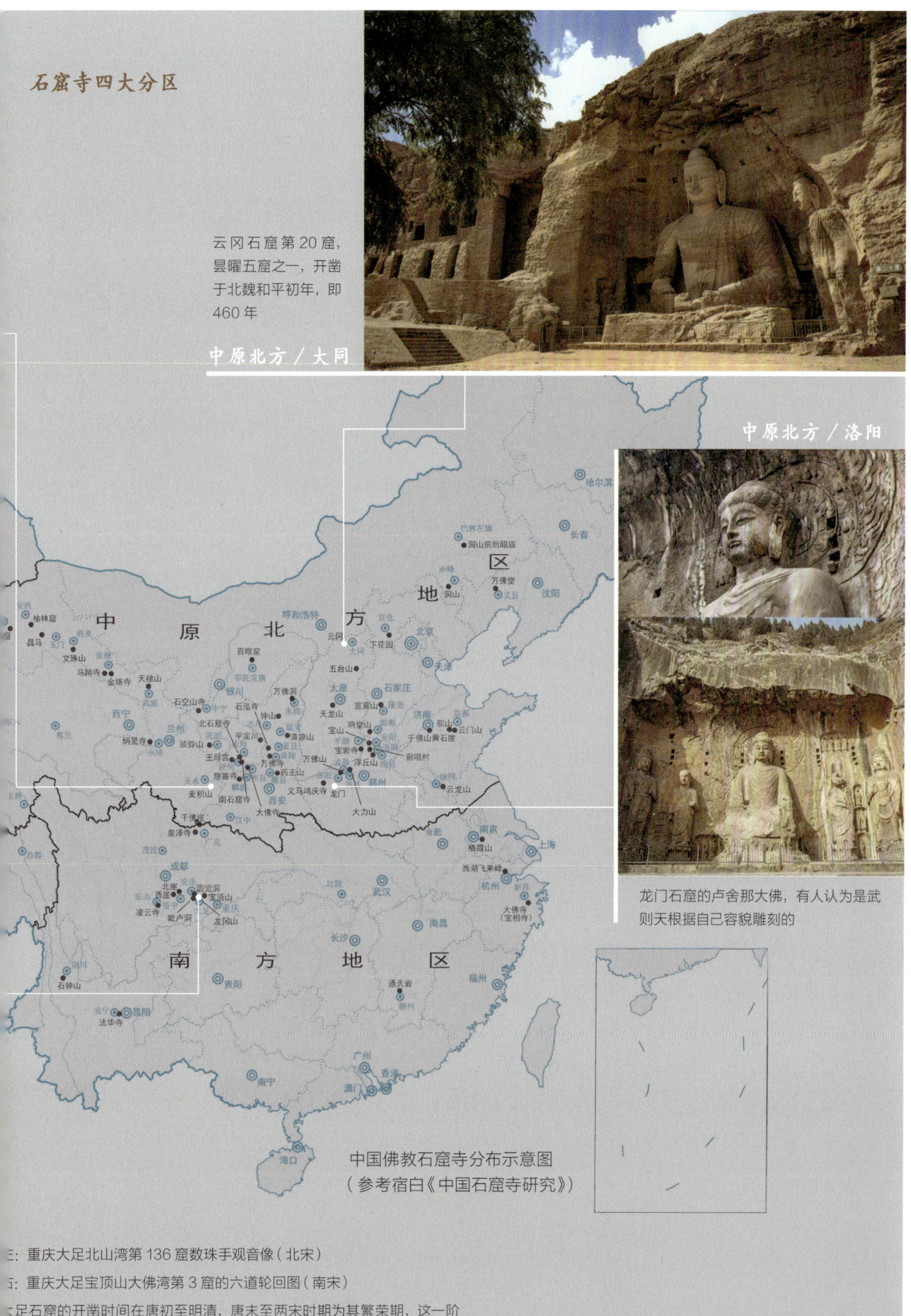

云冈石窟第 20 窟，昙曜五窟之一，开凿于北魏和平初年，即 460 年

龙门石窟的卢舍那大佛，有人认为是武则天根据自己容貌雕刻的

中国佛教石窟寺分布示意图
（参考宿白《中国石窟寺研究》）

：重庆大足北山湾第 136 窟数珠手观音像（北宋）

：重庆大足宝顶山大佛湾第 3 窟的六道轮回图（南宋）

足石窟的开凿时间在唐初至明清，唐末至两宋时期为其繁荣期，这一阶段的大足石窟出奇立异，可以说是中国佛教晚期石窟艺术的代表

石窟风格的传播与影响

国家文物局在2021年12月24日举行的“十四五”石窟寺保护与考古工作会上，公布了中国石窟寺的最新数据，全国共有石窟寺2155处，摩崖造像3831处，合计是5986处。

关于这些石窟和摩崖造像，我们需要强调两点：一是石窟寺之间的相互影响，二是敦煌石窟在中国整个石窟寺体系中的重要地位。

如果我们按照佛教传播的路径来理解石窟风尚的传播，很容易将石窟寺的传播线路单纯地理解为从西往东。但事实上，石窟艺术的风格传播不一定是“线性”的，新疆塔里木盆地北沿古龟兹、古焉耆和古高昌都城附近的那些石窟，开凿时间较早，其艺术先影响到了凉州地区的石窟，形成了宿白先生所说的“凉州模式”。武威天梯山石窟第1、4窟，酒泉、敦煌、吐鲁番所出北凉石塔和肃南金塔寺、酒泉文殊山前山石窟等都印证了这种“凉州模式”，说明在新疆以东地区存在一种早期佛教造像模式。

439年，北魏灭北凉，“徙其国人”至现在的大同，也就是平城的附近，也就将“凉州模式”带到了平城。460年，来自凉州的僧人昙曜主持开凿了云冈石窟，在“凉州模式”的风格基础上又重新打造了新的风格，即“云冈模式”。宿白先生说，东起辽宁义县万佛堂，西到开窟时间比它还早的敦煌,莫不受到“云冈模式”的影响。“云冈模式”形成之后，反过来直接影响了很多中国北方地区的石窟。

随着时间的推移，长江中下游较高的文化水平也开始发挥影响力，它不仅影响了同属于南方的四川地区，而且也长期给予北方地区以影响。在多重复杂的影响下，7世纪以后，北方地区的长安、洛阳成为全国的文化中心，各个地方的佛教建制都受到长安、洛阳的影响，以洛阳龙门石窟为典型的“龙门样式”又开始发挥作用，甚至远至新疆地区，都受到了来自都城的影响。可见石窟寺之间有一个错综复杂的相互影响关系。

莫高窟第 275 窟

在这样复杂的相互影响关系中，我们再来看敦煌。敦煌在整个中国石窟风格模式的演进中，占有相当特别的地位。莫高窟年代最早的第 268 窟、第 272 窟、第 275 窟，一般认为建于北凉时期，所以被称为“北凉三窟”。在这三窟中，我们能够寻觅到来自西域新疆石窟（克孜尔）风格的痕迹，而敦煌的北魏窟中，又能发现与“云冈模式”“龙门样式”很内在的关联，说明敦煌在中期又受到来自东方的影响。可以说，莫高窟集大成式地为我们展示了中国石窟寺的演进历程。

中国石窟的三种风格模式

1 凉州模式

“凉州模式”是宿白先生综合武威天梯山石窟第 1、4 窟，酒泉、敦煌、吐鲁番所出北凉石塔和肃南金塔寺、酒泉文殊山前山石窟等考古资料，提出的一种在新疆以东地区存在的早期佛教造像模式，其特点有：主要佛像有释迦、交脚菩萨状的弥勒；窟壁主要画千佛；佛和菩萨的面相浑圆，眼多细长型，深目高鼻，身躯健壮。菩萨、飞天姿态多样，造型生动。

天梯山第 4 窟中心柱上的供养菩萨

金塔寺东窟中心柱西面中层

文殊山千佛洞主室西壁的飞天

2 云冈模式

“云冈模式”又称“平城模式”，以云冈石窟的特征为代表。云冈石窟是北魏皇家石窟，融合东西方技艺，既对“凉州模式”有一定的继承，但也推陈出新，创造出了新石窟模式。比如，云冈窟内的主要造像组合，为三佛和未来佛弥勒菩萨，这是以前各地石窟所罕见的。就佛像形制而言，云冈第一期的大像，可谓雄健至极，服饰上既有中亚犍陀罗（Gandhāra）后期流行的衣着，如第 20 窟刻出厚重衣纹的右袒或通肩服装，又有印度笈多（Gupta）时期秣菟罗（Mathurā）地方流行的衣着，如第 19 窟南壁罗睺罗因缘立佛。

云冈第 19 窟南壁罗睺罗因缘立佛

3 龙门样式

494 年，北魏孝文帝迁都洛阳，以完成进一步的汉化。迁都后，云冈石窟的皇家属性减弱，开始有各式各样的小龛出现，造像也从雄健丰满，变得更加清秀，审美上更东方化。北魏迁都后，“于洛南伊阙山，为高祖、文昭皇太后营石窟二所”，即龙门石窟的宾阳洞。龙门石窟受到了本土汉文化的影响，犍陀罗样式在与汉文化的交融中逐渐被后者的审美观念取而代之。

龙门宾阳中洞正中坐像

2 敦煌石窟的开凿历程

了解了莫高窟在整个中国石窟系统中的位置后，我们便可以深入敦煌石窟的开凿过程了。

莫高窟的起始之处

汉朝为了防御匈奴，设立了河西四郡。公元前 111 年，汉武帝在敦煌设郡，敦煌开始有了正式的历史。汉武帝在敦煌设郡，是想要把敦煌变成前线的后方，尽管它位于河西四郡的最西面，但它不是前方，它的设立是为了支撑汉朝在西域的政策。

“敦，大也。煌，盛也”，但有专家说，敦煌这个地方并不大，既不大，也不盛。不过，这要看从哪个方面去理解。因为文献里还有一个说法，说敦煌是“华戎所交一都会”，“华戎”的意思是说敦煌有着多元的文化、多元的民族，“都会”的意思是指其比较繁华。汉代敦煌郡的范围大概有 10 万平方公里左右，这个范围里的石窟都应该算作敦煌石窟，包括莫高窟周围的西千佛洞石窟、五个庙石窟、榆林窟、东千佛洞、昌马石窟等。

莫高窟的开凿在文献记载上始于 4 世纪的两个僧人，一个叫乐僔，

《汉书·武帝纪第六》：“（元鼎六年）秋，东越王余善反，攻杀汉将吏。遣横海将军韩说、中尉王温舒出会稽，楼船将军杨仆出豫章，击之。又遣浮沮将军公孙贺出九原，匈河将军赵破奴出令居，皆二千余里，不见虏而还。**乃分武威、酒泉地置张掖、敦煌郡，徙民以实之**。”

一个叫法良。在敦煌有一块《李君莫高窟佛龛碑》，上面的原话是“莫高窟者，厥初秦建元二年（366），有沙门乐僔，戒行清虚，执心恬静。当杖锡林野，行至此山，忽见金光，状有千佛，遂架空凿崄，造窟一龛。次有法良禅师，从东届此，又于僔师窟侧，更即营建”，也就是说，乐僔最早在敦煌开凿石窟，之后法良禅师又从东边到来，在乐僔洞窟旁边营造了新的窟。

敦煌一共有多少个石窟？

撰写于唐代咸通时期的《莫高窟记》，提到当时敦煌有五百余龛。关于敦煌洞窟的数目，还有一个珍贵文献，是951年的《腊八燃灯分配窟龛名数》。《腊八燃灯分配窟龛名数》是一个叫道真的高僧，在951年腊八的前一天，安排每个洞窟进行燃灯的布告，他将崖面分成

五代时期写本《腊八燃灯分配窟龛名数》，藏敦煌研究院（D0671）

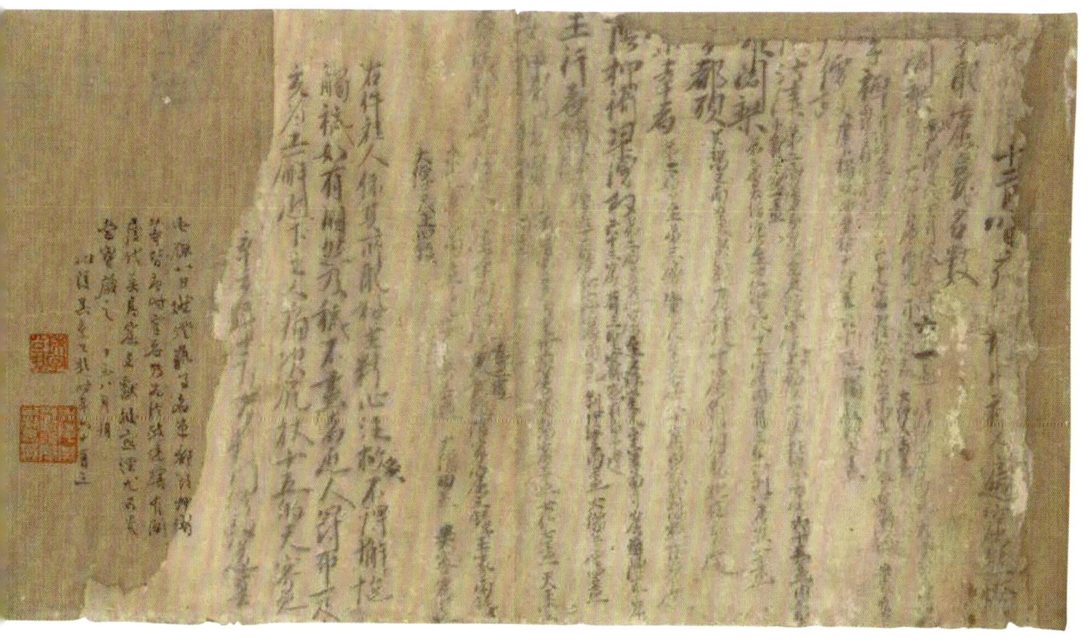

十一个区域，安排人员分头负责燃灯，一般的洞窟燃一盏灯，一些大窟、特殊的洞窟则燃多盏，总灯数达到七百盏以上。可以想见，如果这七百多盏灯都燃起来，莫高窟将是一个“圣灯遍造”的壮观场面。根据这个记载，可以估算出敦煌五代时期的洞窟数量约有六百个，这个数字应该说基本上是可靠的。

我们从这篇布告里可以看到，莫高窟既有僧人专用的窟，也有寺院、官员以及家族的窟。从提到的窟的数量来看，家族窟的数量有很多，这是敦煌石窟的一个特点。敦煌石窟从唐代开始出现明确的家族窟，贞观年间建造的第 220 窟就是翟家窟，翟姓家族在敦煌延续的时间很长，汉代就有翟姓人的墓葬，到明代还有翟姓人活动的相关记录。

莫高窟在晚唐经历过一次崩塌，后人修大窟的时候也破坏了一些小窟，洞窟的数量便随之发生了一些变化。我们现在看到的，将近两公里的崖面上，一共有 735 个洞窟（含北区），各类塑像有 3000 多身。这些洞窟的开凿花费了一千多年的时间。现存的 700 多个洞窟，主要分成南北两区，我们经常提到的洞窟很多属于南区，南区的洞窟多壁画和塑像，是僧俗供养的主要区域，北区主要是僧人生活修行的地方。

1942 年 6 月到 9 月，参与过殷墟发掘的石璋如先生在参加“西北史地考察团”期间，对敦煌洞窟进行了测绘。1996 年，他发表了《莫高窟形》，记录了洞窟的基本情况，他当时并没有对塑像进行测绘。《莫高窟形》作为“中央研究院”历史语言研究所田野工作报告，在台湾公开出版，全书分为本文、窟图和图册三册。书中对于具体洞窟的记述，特别开辟了“窟级”和“窟积”这两项。他说，“窟级为本编特有的项目，为使读者一看即可了解本窟的大小，故特设此目”，这样，石璋如先生把莫高窟的洞窟分为特、甲、乙、丙、丁五个等级。他说，“窟积”也是“本编”所特有，计算窟积说明石璋如先生系统考虑了敦煌莫高窟的开凿工程问题，其中一个大的结论是“本编所记诸窟之容积，逐一加起，则为 66119.83 立方公尺，这个数字为出乎意料之外的少，盖由于小窟太多之故……”。从以上数字来看，丁等窟占大多数，也就不怪了。也就是说，莫高窟洞窟的数量很多，但是有很多是小窟，大窟并不多。

3 莫高窟的洞窟建筑形制

中国的石窟寺来源于印度的石窟寺，印度石窟有两种基本的窟形，一种是供修行的禅窟，即所谓的毗诃罗窟；一种是里面有塔，可供信徒绕塔礼拜的支提窟，也称塔庙窟。印度最大的石窟是阿旃陀石窟，其 29 个洞窟中的三分之二都是有很多禅室的大洞窟，主室面积很大，

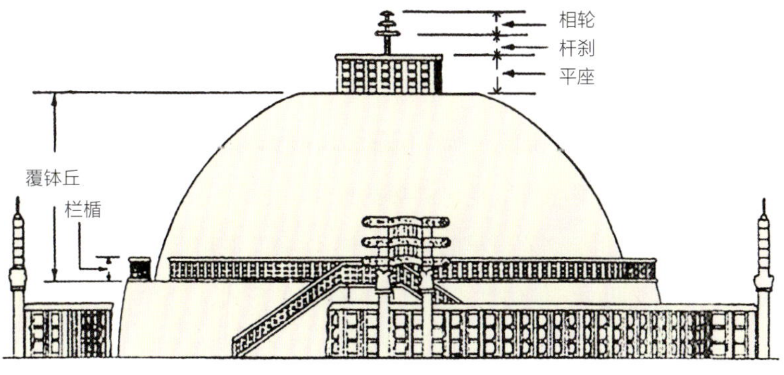

1 印度阿旃陀石窟

2 印度桑奇大塔结构图，此塔是阿育王早期兴建的窣堵波之一

一个洞窟就是一个供僧团修行的场所。

中国石窟中有供修行用的禅窟，但是没有像阿旃陀石窟那么大的多室禅窟。中国的塔庙窟表现出来的也不是印度式、圆形的窣堵波式（स्तूप，stतूa）塔，而是方形的中心塔柱。禅窟和塔庙窟这两种窟形也是敦煌石窟的基本窟形。

三种主要窟形

敦煌第一种窟形是供修行的禅窟。莫高窟南区早期也就是隋代之前的 30 多个洞窟中，只有第 268 窟、第 285 窟和第 487 窟是多室的禅窟。北区的 200 多个洞窟中有 82 个禅窟，其中有 12 个是多室的禅窟。

莫高窟的第 268、272、275 窟三窟年代相近，但学术界对它们开凿年代的看法不一致，有的认为是北凉时期开凿的，也有学者认为是北魏时期开凿的，而且还不是北魏早期。但不管哪一种说法，都认为它们是敦煌现存石窟中最早的三个，其中第 268 窟长 3 米多，高 1.85 米，宽约 1.2 米，是一个纵长方形的窟，在它的南北两壁各开了两个禅室，均 1 米见方，高 1.6 米左右，仅仅能容纳一个僧人坐禅。

第二种窟形就是中心塔柱窟，即塔庙窟。莫高窟有 28 个中心塔柱窟，时间跨度从北魏一直到五代。在隋代以前的 36 个洞窟中，中心塔柱窟有 17 个，北周以后中心塔柱窟有 11 个，但是北周以后的中心塔柱窟都比较大。敦煌的中心塔柱窟是在洞窟后部设一个方柱，方柱四面开龛，龛内安置佛像。前室顶部多做前后两面人字披的式样，两面披的斜面上还用浮雕呈现出圆形的椽子，表现成一座木构的房屋。比如第 254 窟，是莫高窟最早的中心塔柱式洞窟，洞窟前部为人字披顶，人字披的南北两端，模仿汉式传统木构建筑的形式，设有木质的斗拱，在两面披的上面塑出来几条凸起的椽子，椽子间装饰有手持莲花忍冬的天人图案，洞窟后面是平顶，中间是一个方形的塔柱，连接着窟顶和地面，中心柱的四面开龛。中心柱的主要作用是“借像标真”，也就是借助造像来表明它是佛像的真身，以供参观者绕塔观像。第 254 窟南壁前部的阙形龛下，绘制了《降魔变》，紧邻《降魔变》的西侧绘制了本生故事画《萨埵那太子舍身饲虎图》，敦煌研究院对《萨埵那太子舍身饲虎图》有非常精彩的解说片。

1 莫高窟第 254 窟内景

2 莫高窟第 249 窟内景

第三种类型是讲经说法的殿堂窟。因为它的使用功能和寺院的佛殿相似，所以也被称为佛殿窟。敦煌最早的三窟当中，第272、275窟都属于佛殿窟。西魏时期的第249窟平面为方形，正壁开一个大龛，覆斗顶，也有学者认为这种覆斗顶是仿造过去贵族坐的幄帐的形式。窟顶正中绘有莲花、火焰、忍冬等纹饰，四披画了气象万千的天界图像，包括风雨雷电，东王公、西王母诸神，还有神仙巡天、山林狩猎等精彩场面，画面动感特别强烈。

殿堂窟是敦煌一直在使用的典型窟形，从北周开始，它取代中心塔柱窟成为当时最流行的窟形。这类窟形顶部也有不同的变化，壁面开龛的形式也有变化。

变形窟

以上介绍了敦煌三种基本的窟形。除此之外，敦煌还有以下几种变形窟。第一种是大像窟，即窟内雕凿或者塑造高大的佛像，它其实是佛殿窟的一种。莫高窟大像窟出现的时间比较晚，比如“北大像”高35.5米，开凿于武则天时期，为一座弥勒佛；“南大像”也是一座弥勒佛，高26米，开凿于唐开元年间，与71米高的乐山大佛差不多同时代。第二种是影窟，类似于我们现在的纪念堂，窟内设有僧尼的塑像，比如在第16窟甬道北壁发现的第17窟，也就是藏经洞，其中就有河西都僧统高僧的造像。第三种是瘗窟，也就是埋葬僧人的窟，这种窟也有一定的数量。第四种是僧房窟，也就是僧人居住的窟。第五种是仓储窟，用来储藏东西。当然，还会有由各类不同的窟组合而成的洞窟。

4 历史兴替下的莫高窟

敦煌的历史分期

不同的学者对敦煌石窟的分期采用了不同的方法，分期是为了说明阶段性的问题。敦煌石窟从乐僔在莫高窟开窟算起，到1372年蒙古占领敦煌，历时一千多年，按朝代可以分成北凉、北魏、西魏、北周、隋、唐（初唐、盛唐、中唐、晚唐）、五代、宋、回鹘、西夏、元共十一个时期。

从石窟的研究来说，一般分成早期、隋唐前期、归义军时期、回鹘、西夏、元六个时期，早期洞窟有说是北凉的，也有说是北魏的，主要是看洞窟表现出来的是什么时候的特征。敦煌早期洞窟有一个显著特点，几乎所有洞窟都有大面积的千佛，而唐宋洞窟主要是经变画。如北魏的第254窟，四壁有1200多身千佛，据其榜题文字与塑像，可知表现的是三世佛、三世三千佛。千佛图像和禅观有关。

北方地区早期开凿的石窟寺多与修禅有关。北魏平城时代有一个位高权重的大臣叫高允，他写了一篇《鹿苑赋》，鹿苑就是鹿野苑。当时献文帝当太上皇之后，就在这个地方开凿了石窟。他在《鹿苑赋》里说到了一句话，现在经常被研究石窟的学者们所引用，叫“凿仙窟以居禅”，也就是开凿了一个石窟，这个窟的目的是干什么？是“居禅”，就是用来修禅的。在《李君莫高窟佛龛碑》里也提到了莫高窟是乐僔来到这个地方开凿的，乐僔“架空凿崄，造窟一龛。次有法良禅师……”。说白了，开凿莫高窟的也是禅僧。

坐禅其实是非常辛苦的。比如主持开凿云冈石窟的高僧昙曜就来自河西地区，他在《付法藏因缘传卷第二》里说，“山岩空谷间，坐禅

李君莫高窟佛龛碑

此碑作于武周圣历元年（698），是修建莫高窟第332窟的功德记。该碑既记有莫高窟早期的兴起事迹，又是莫高窟现存最早的石刻。石窟考古大家宿白先生对此碑做过详细的校勘工作。此图为北京大学图书馆藏刘燕庭旧藏拓本

而念定，风寒诸勤苦，悉能忍受之”，由此可见“凿仙窟以居禅”其实是一件非常辛苦的事情。坐禅要有方法，很重要的一点是观看佛像的各种“相好”，在《思惟略要法》里说，“佛为法王。能令人得种种善法。是故习禅之人先当念佛”。念佛怎么念？“至心念佛，佛亦念之”。所以，你念佛的时候佛也念你，念佛之先，必须得先观相，“人之自信无过于眼，当观好像［相］，便如真佛，先从肉髻、眉间白毫下至于足，从足复至肉髻，如是相相谛取，还于静处，闭目思惟，系心在像［相］，不令他念”。佛之三十二相，各有各的观法。观相先观坐像，然后观立像、卧像，还要观诸天王的眷属。观完之后，更进观“生身、法身”。所以为了观相，就会出现各种与禅观有关的佛像。这个问题可以参考北京大学已故刘慧达的著名文章《北魏石窟与禅》。

从十六国到隋，石窟最主要的功能就是提供坐禅观相的场所，石窟所造出来的种种形象，也都是为了坐禅观相而用，坐禅观相的主体人群是僧人。

隋唐：敦煌营造史上的转变期

隋唐一统后，这种情况有所改变，石窟的性质也开始出现变化。隋代是敦煌历史上留下洞窟最多的时期，在尼寺里长大的隋文帝，认为自己之所以能够得天下，乃佛教之力，所以他继位之后大举兴佛。而隋炀帝时，他曾经派一个著名的大臣裴矩到敦煌去招致西域商人，后来在大业五年（609），隋炀帝又派裴矩到张掖筹划多国商人的大会，他也亲自出巡河西地区，因而隋代在莫高窟营造史上是一个极为重要的时代。

隋代在短短的三十多年当中，于莫高窟新建了一百多个洞窟，并重修了不少前代的洞窟，在莫高窟一千多年的营造史上占据了很大的比重。但隋是一个承先启后的时期，从石窟的内容来看，当时修窟最

莫高窟第217窟的《西方净土变》(盛唐)

主要还是为了坐禅的需要。

这种情况到了贞观至天宝年间有了改变，敦煌的洞窟里开始出现很多“说法图”。初唐一直到开元时期的壁画里，还有不少是以千佛说法图为主的，也有不少中心塔柱窟，这些都是上一期风格的残余。大概到了贞观年间，敦煌开始流行起“净土变相”，首先流行的就是“西方净土”,后来又附上了“十六观”的内容,这些都与“西方净土”有关。

大概到了天宝年间，敦煌壁画的内容又出现了变化。“西方净土”虽仍然是壁画的主要题材之一，但“弥勒净土”和“东方药师净土”的主题也开始渐渐出现。

从初唐到天宝时期，各种“净土”在石窟当中的流行，说明石窟的主要功能逐渐从供僧人坐禅，转化为对现实众多愿望的表现。这样一来，礼拜石窟的主要对象，除了禅观的僧人以外，也扩展到了一般的佛教信众。大概从唐代大历之后，石窟的主要内容——壁画发生了更大的变化，洞窟当中的经变图像，从一两个发展到三个以上，晚唐时更发展到十个以上，有的还增加了密宗的图像，把洞窟内搞得非常复杂。这么多经变图像集中在一个洞窟里，这在其他地方的石窟很少见到，也是敦煌石窟的一个特色。

敦煌的归义军时期

开元天宝以后，吐蕃的势力越来越大，781 年，吐蕃占据了敦煌，吐蕃对敦煌的统治有将近七十年，但吐蕃信仰佛教，所以当时莫高窟的开凿并没有因此而停滞。848 年，张议潮领着当地人民赶走了吐蕃统治者，851 年唐朝廷就在这里设立了归义军，并任命张议潮为归义军节度使，敦煌从此进入了张氏和曹氏统治的归义军时期。

张议潮虽然是唐朝的节度使，但在地方上权力极大，归义军的独立性也很强。不过，他始终奉唐朝的正朔，在占领瓜州、沙州等地后，恢复唐制，最后还入朝，死在了长安。张议潮收复河西以后，先派了十多个僧人去和大唐联系，因为当时他们中间还隔着一个回鹘。这些僧人中为首的那位，就是莫高窟第 16 窟的窟主吴洪辩，因为吴洪辩有功，所以专门为他修了第 16 窟，并任命他为都僧统，他死后又塑了他的像放在藏经洞里，这个小洞很可能就是吴洪辩生前坐禅的禅窟，后来被改造成了藏经洞。

914 年，在各种势力不断的相互征伐中，曹议金取代了张氏，但仍自称“归义军节度使”。曹氏在统治时，不断与大族联姻，把女儿嫁给回鹘，到五代宋初，于阗强盛，曹氏又与于阗国王联姻，这个于阗王即著名的李圣天，他的形象也留在了莫高窟的第 98 窟中。曹家财力雄厚，力量强大，不但在莫高窟开凿了很多窟，而且还进行了大量的修复工作，整修了全部的栈道。

第 98 窟壁画上于阗王李圣天及夫人供养像

5 古人如何开凿石窟？

关于石窟的开凿问题，其实并没有系统的文献记载，但是我们可以拼合一些文献，再结合一些遗迹现象和现在所做的实验考古，大概了解石窟的开凿工程。为了更好地介绍石窟开凿的过程，我们的例证将不限于敦煌石窟，也会结合龙门、云冈等经典石窟来具体说明。

石窟开凿的工具

在《魏书·释老志》里，有一段记载龙门石窟开凿工程的情况，“景明初，世宗诏大长秋卿白整准代京灵岩寺石窟，于洛南伊阙山，为高祖、文诏皇太后营石窟二所”。“景明”是世宗的年号，“大长秋卿”是宦官的一个职务，“代京”就是现在的大同，“灵岩寺石窟”就是现在的云冈石窟，“洛南伊阙山”也就是现在的龙门。这段话说明了龙门石窟的开凿延续了云冈石窟为皇帝造像的传统，是为了“高祖、文诏皇太后营石窟二所”。

龙门石窟“初建之始，窟顶去地三百一十尺。至正始二年（505）中，始出斩山二十三丈”，也就是说，工程经过了好几年，原来工程规划得比较宏伟，我估计是当时的工匠对云冈的石质和龙门的石质没有把握清楚，原本想仿照云冈石窟造龙门，做比较大的工程，后来发现两地石质不同，所以经过了好几年，才“始出斩山二十三丈”，远远没有达到原来预期的目标。后来，“至大长秋卿王质，谓斩山太高，费功难就，奏求下移就平”，缩小了龙门石窟工程的规模，在现在宾阳三洞的位置

浙江新昌弥勒大佛

雕凿于南朝时期，当时有一位叫僧护的高僧来这里游历，看到寺北的石壁上出现了佛的身光的形象，于是发愿，“拟弥勒千尺之容”，但是大佛开凿了好些年，仅仅完成了一个面部的轮廓。刘勰记叙此佛开凿的原碑早佚，现在新昌弥勒大佛旁的碑石是今人重刻的。

开凿了石窟。“斩山”就是修整崖面，在我们过去的研究当中，比较重视斩山之后形成的石窟外立面。实际上，斩山会出现好几个面，这些面上，包括洞窟前的地面上，都有可能留下遗迹。由于有高差，斩山还要搭建类似栈道的脚手架。《文心雕龙》的作者、南朝时期的文学家刘勰，曾留下一篇《梁建安王造剡山石城寺石像碑》，这块碑记述了现在浙江新昌大佛的开凿过程，说要“构立栈道……椎凿响于霞上”，说明那时开凿使用的工具是锤和凿，还要经过抛石这些工程，才能形成“命世之壮观，旷代之鸿作”。

这种工作所搭建的脚手架和栈道以及所使用的工具，可能和1949年前我们使用的工具差不多。农耕时代工具的进步不快，考古人员在发掘大同方山永固陵，也就是冯太后墓的时候，发现了当时用的一些工具。在莫高窟第465窟里，也绘有一个工匠一手拿着锤子，一手拿着凿子，在那里凿磨盘。前些年，我们在河南巩义石窟的附近找了一处山崖，做石窟开凿的实验考古，我们请来自河北的工匠，让他们用纯手工开凿了几个龛，他们用的工具种类挺多，每种工具都有不同的功用。另外我们也记录了当时他们的工时。我们在考虑工时问题的时候，应该考虑到，过去的钢铁质量肯定不如现在，其所花费的工时自然会更多。

自上而下进行的开凿工程

在洞窟造像的雕造方面，工程的主体应该是自上而下进行的，大型洞窟有窟门，窟门上还有明窗，这个明窗除了采光应该也承担着通道的功能，以便从上而下开凿洞窟或从内部运出石料等。

我们可以用学界对云冈石窟第 3 窟的研究，来说明古人开凿石窟的工程量。云冈第 3 窟是云冈现存最大的一个洞窟，但它是没有完成的，所以可以看出很多采石的痕迹。由此可以观察到，在进行洞窟内部雕凿的时候，人们会先将内部大的空间凿出来，留出主要造像的胚体，然后再对胚体进行自上而下的加工。首先凿成的，应该是面部的轮廓。也就是说，洞窟内壁的开凿是从粗到精的。粗凿的加工程序完成之后，很可能从事粗凿的工人就离开，转而去开凿其他的洞窟了，而对胚体进行细加工，则是由有专门技艺的工匠完成的，这在敦煌的文献里也有所反映。

在造像基本完成了之后，还要进行更细致的加工。这种细加工完成以后，还要进行彩绘等工作。

关于石窟开凿过程的技术，刘勰所撰的那块碑的记载有两点值得注意。第一，在开凿的过程当中，对新昌大佛原来的开凿方案进行了调整，他说僧护刚开始的雕凿“失在浮浅”，也就是说他雕得太浅了，后面再进行的工程刻得就很深了，然后对它的“顶髻”也进行了改造。“事虽因旧，功实创新”，也就是说做的还是这么一件事，但是实际工程上做了很多的改进和创新。第二，在雕刻大佛右掌的过程当中，发生了断裂的意外，所以只好对工程进行了调整。刘勰的文章里把右掌的断裂，归为“神降所裁”，是一种“自断”，这自然不符合事实。实际上造成这种情况的原因，是手臂与身体的空间是分开的，因此在镂空雕刻的过程当中非常容易发生断裂。古代的工匠在雕刻手臂时，都十分小心。新昌大佛的右臂原来很可能是要雕成在前身上举手印的形式，发生断裂之后不得不修改成现在的禅定印。

完成后的石窟，也可能因种种原因而出现问题，需要加以修复。比如作为大型皇家石窟的云冈，是开凿在砂岩上的，所以其工程就出现了很多状况。在云冈第 19 窟主尊佛的胸部，就可以看到当时的工匠把较软的岩层剔除，换上了质地比较好的石材；第 20 窟的西壁在北魏时发生坍塌后有修补，这个修补造像的残块也被发现了。

“创兹灵窟”：敦煌的开凿

敦煌藏经洞有一份珍贵的石窟开凿文献《营窟稿》，这份文献并不长，但完整记述了一个洞窟从始建到完成的各个环节，如选址开凿、塑造佛像、装饰窟檐、落成祈福等。

> 创兹灵窟，缔构初成。
> 选上胜之幽岩，募良工而镌錾。
> 檐楹眺望，以月路［露］而辉鲜；门枕清流，共林花（而）发彩。
> 龛中素［塑］像，模仪以毫相同真；侍从龙天，亦威光而恒赫。
> 往来瞻仰，炉烟生百和之香；童野仙花，时见祇园之萼。
> 既虔诚而建窟，乃福荐于千龄；长幼阖家，必寿延于南岳。
> 请僧设供，庆赞于兹；长将松柏以齐眉，用比丘山而保寿。

第一句“创兹灵窟，缔构初成”，说明这段话是在洞窟刚刚完工的时候写下的。第二句“选上胜之幽岩”，说的是开始时为洞窟选址，选了一块当时最好的地方。后一句“募良工而镌錾”的意思很明确，就是招募有技术的工匠来镌錾。第四句“檐楹眺望……门枕清流……”，意思是洞窟前面还设有木构，环境非常好。第五句“龛中素［塑］像……侍从龙天……”，描写了敦煌石窟塑像逼真的样子。第六句“往来瞻仰……”，形容来参观洞窟的人非常多。第七句“既虔

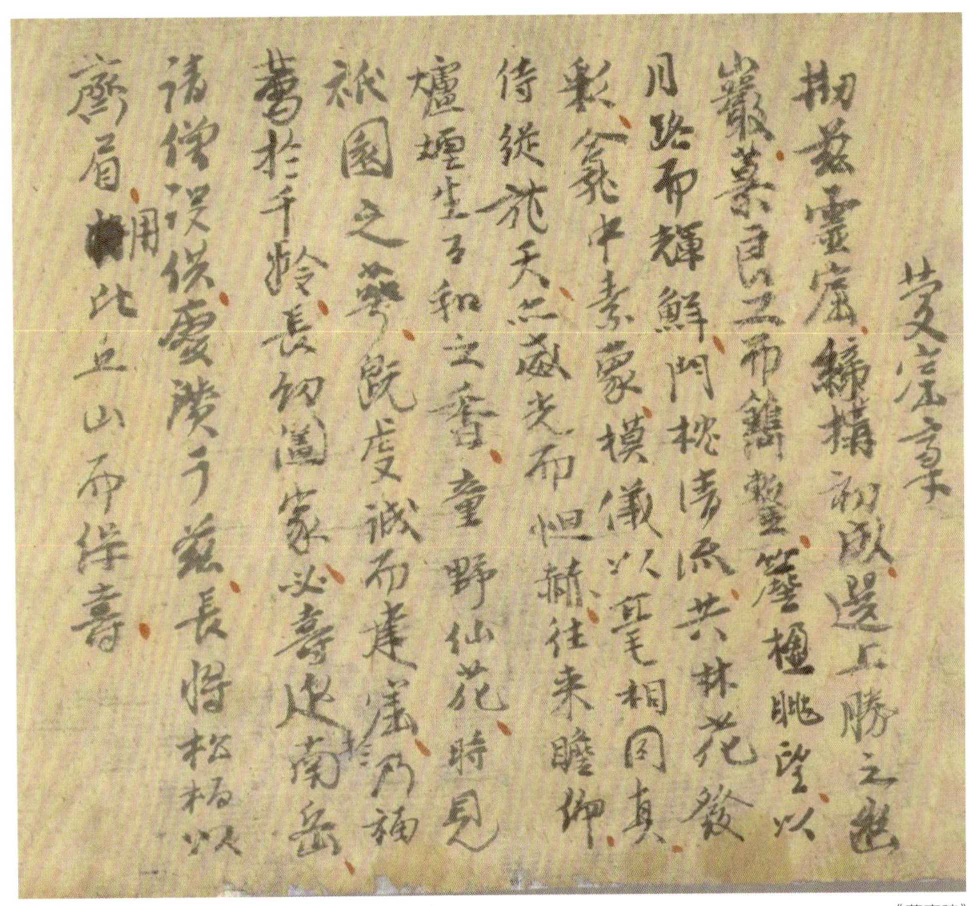
营窟稿
擬茲靈窟締構初成選上勝之幽
巖叢萃因之而鐫鑿簷楹眺望以
月路而輝鮮門枕清流共林花發
彩一龕中素象模儀以筆相同真
侍從花天然盛光而恒赫往來瞻仰
爐煙生乎和氣香童野仙花時見
祇園之宮既度誠而建窟乃福
薦於千齡長保闔家必壽延南嶽
請僧設供慶贊于茲長將松柏以
齋眉[illegible]用比丘山而保壽

《营窟稿》

诚而建窟，乃福荐于千龄……”，表明建窟对应的功德，将保佑阖家上下福寿安康。最后一句“请僧设供……”，介绍了落成之后请僧人进行供养的仪式。

这篇文书虽然叫《营窟稿》，但实际内容为庆祝佛窟落成的一些提纲性的语句，并非对石窟开凿过程的系统性介绍，比如它里边就没有讲到壁画的问题，不过这篇文字仍为我们了解敦煌石窟的开凿提供了必要信息。

1 莫高窟第 72 窟西壁龛外北侧壁画中的圣者刘萨诃

2 莫高窟第 72 窟壁画局部中的脚手架与工匠

3 莫高窟第 72 窟南壁，上部画有垂幔，中间是《刘萨诃因缘变相》一铺

《刘萨诃因缘变相》对石窟开凿的展示

除了文献对石窟开凿的记载，一些图像资料也可以具象化地呈现出石窟开凿的过程。

莫高窟第72窟修建于五代时期，是归义军节度使张氏营造的早期洞窟，窟中有多幅佛教感通画，其中《刘萨诃因缘变相》里就有一幅修造大佛的画作。从这幅画上看，这个佛像非常大，为此搭了三层的脚手架，旁边还有工匠在用梯子往脚手架上爬，他们是要上去，上到木架最高处安装佛头。画面形象呈现了造像的开凿。刘萨诃是魏晋时期的高僧，他是并州西河离石（今山西省离石）人。年少的时候比较放荡，31岁时忽然得了暴病，陷入昏死的状态。昏死期间，他看到了各种各样的地狱之苦，后来得到观世音菩萨的点化而苏醒，于是他就开始向身边的人讲述自己昏死时的见闻。

刘萨诃和河西地区有很深的渊源，根据唐代道宣的记载，435年，也就是北魏早期，刘萨诃就到了凉州，也就是现在甘肃武威一带，他向一座山进行礼拜，大家都不知道他在拜什么，他于是预言，这座山的山崖将会出现大佛像，如果佛像完整则天下太平，如果有缺损则天下大乱，说完他就继续往西走，次年在酒泉一带圆寂。

隔了多年之后，突然天崩地裂，一声巨响，果然在他礼拜的山间出现一尊天然的大佛，但是大佛却没有头。此时人们想起刘萨诃的预言，为了防止大乱，他们就想给这尊大佛安上佛头，但每次安放上的头之后都会掉落下来，当时正好是乱世，由此印证了刘萨诃当年的预言。

大朝大于闐國天冊皇帝
弟三女天公主李氏為新

第四讲

供养

——敦煌艺术赞助人的故事

张先堂

敦煌研究院研究员

敦煌供养人是一个庞大的社会群体，上至地方最高长官及其家族，中到地方中级官员、世家大族，下至平民百姓，既有俗家信徒，也有出家僧尼，可以说遍及敦煌社会的各个阶层。

1 佛教中为何会出现“供养”行为

我从事敦煌学研究已经 36 年，在敦煌研究院工作也有 29 年了。近十多年来，我一直在做有关敦煌供养人的研究，这个研究工作很辛苦，令我欣慰的是也有一些新的发现和收获。借着这本书，与大家讲讲敦煌供养人，也就是敦煌艺术赞助者的故事。

灿烂佛教石窟艺术的缘起

敦煌莫高窟是知名度和美誉度很高的世界文化遗产，每年都吸引着数以百万计的中外游客来这里游览。在游览莫高窟时，人们往往都会被它绵延千年的历史、气势恢宏的规模、博大精深的内涵、金碧辉煌的艺术所震撼到，也常常会自然而然地生发出疑问：这样的佛教石窟艺术，到底是由谁“创造”的呢？

这个问题其实可以细分为两个问题。

一个问题是，这些石窟是由谁制作的？答案是古代的工匠。建造石窟的工匠一般有三种：打窟匠、塑匠、画匠。他们大多是无名之辈，因为古代工匠的社会地位比较低，所以没法留下自己的姓名。

另一个问题就是，这些石窟是由谁出资建造的？答案就是古代敦煌的“供养人”，可以说“供养人”就是古代佛教石窟艺术的赞助人。

在古代，建造石窟是一个耗费人力、物力和财力的大工程。敦煌藏经洞出土文献中有一件唐代的文书叫《敦煌录》，现在收藏在英国国家图书馆，它记载了有关唐代敦煌的地理、历史、民俗、佛教石窟等各方面情况。其中提到，当时莫高窟“每窟动计费税百万”，即造一个石

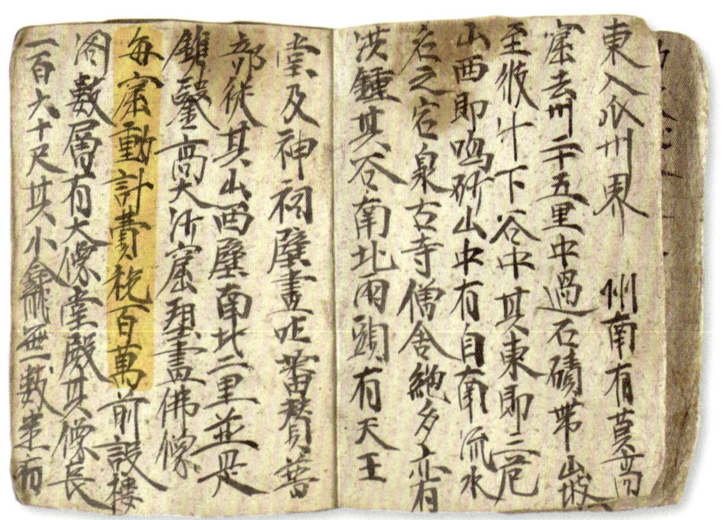

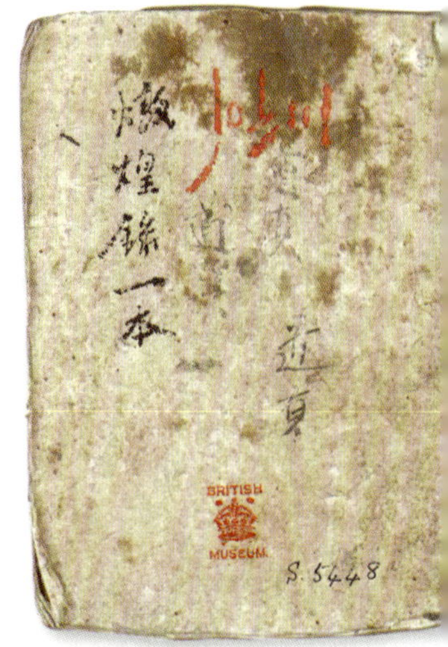

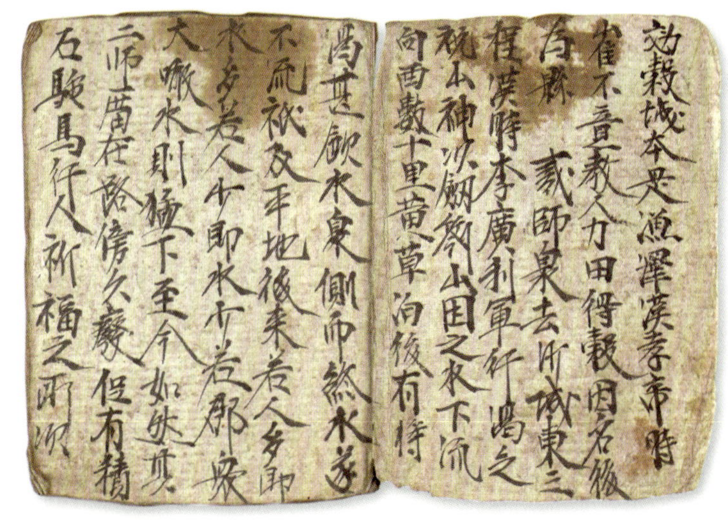

唐代文书《敦煌录》之局部，藏英国国家图书馆（S.5448）

窟动辄就要花上百万资金。所以敦煌供养人的赞助，对于石窟的建造具有很重要的意义，供养人为敦煌石窟的建造做出了巨大的贡献。正是无数代供养人在一千余年间持续不断地奉献资财、雇佣工匠建造莫高窟，才为我们中华民族留下了这处庞大的佛教石窟艺术宝藏，也为全人类留下了珍贵的世界文化遗产。

佛教中的“供养”行为

说起敦煌供养人，就必须先讲清楚“供养”这个概念和它的由来。

供养的概念、制度最早起源于印度，然后传到中亚，继而传到我国新疆，再传到敦煌。供养既是佛教的一个基本概念，又是佛教倡导的一种重要修行活动，还是佛教界信奉实行的一种制度。

“供养”这个词，我们现在也常会说，但会偏重在提供资财、物质的意义上来使用。佛教中“供养”概念的内涵和外延比我们现在使用的供养概念要更宽泛，不仅指提供资财、物质，还包括崇敬、赞叹、礼拜等精神性的供养。

印度原始佛教最早管出家人叫沙门，释迦牟尼和他的弟子就是最早的出家人。印度佛教的出家人会远离红尘、脱离世俗，他们只进行修行，不事生产。如此一来，沙门的生活资料又从哪里来呢？就从信徒的布施供养来。

佛教的经论中，记述了一系列供养的概念，包括二种供养、三宝供养、四事供养、五种供养、十种供养等不同概念，这些概念的差异，在于供养对象、供养方法、供养物种类、供养的功德、供养的意义等方面的不同。但归纳起来，比较重要的是四事供养、十种供养、三宝供养这几个概念。

早期佛教比较强调“四事供养”，就是出家人的衣服、饮食、床褥卧具、医药这四方面的物资，都要靠信徒布施供养，以保障出家人基本的物质生活。

“十种供养”是鸠摩罗什在他翻译的《妙法莲华经》中提出的，其中说：“若复有人，受持、读诵、解说、书写《妙法华经》……于此经卷敬视如佛，种种供养：华、香、璎珞、末香、涂香、烧香、缯盖、幢幡、衣服、伎乐，乃至合掌恭敬。”意思是，对待佛经要像对待佛一样，用十种方式来供养。其中“华”就是“花”，是用花供养。印度是热带国家，盛产各种各样的鲜花，所以常会用花来礼佛。2017年，敦煌研究院首次组团去印度考察佛教石窟遗址时，我有幸作为策划和组织者参与了这次考察，我们刚抵达新德里，印度人就给我们每位团员赠送了一个用鲜花编织的花环，用来表示尊敬。我们在菩提伽耶等地的佛教寺院里看到，当地佛教徒会把各种颜色的鲜花编结成花蔓，摆设成各种漂亮的图案，供奉在佛像前；香、末香、涂香、烧香这四种，也都是不同形式的香供养，因为印度盛产各种香料；璎珞，就是把珠玉宝石等珍贵物品编结成装饰品，奉献给佛进行供养；缯盖是用丝绸做的宝盖来供养；幢幡是用圆形的幢、平面的幡来供养；衣服供养若是针对佛而言，即指布施衣物供养，若针对佛经而言，则指用经帙、外套把佛经很好地包裹保护起来；伎乐就是用音乐舞蹈来供养。从上述种种供养形式可以看出，佛教所谓的供养，既有物质上的，也有精神上的。

尽管佛教的供养方法有很多，但归根结底，所有的供养对象都可以归结到佛、法、僧三宝，这就是所谓的“三宝供养”。佛宝供养是对佛的供养，释迦牟尼生前，信众会对他本人进行供养，释迦牟尼涅槃后，信徒们改用雕塑、绘画的艺术手段造出佛的形象，再对佛像贡献贡品、恭敬礼拜。法宝就是佛经，是佛所说的教法，法宝供养是对佛经进行供养，比如抄写、诵读、流通佛经都是法宝供养的手段。僧宝指僧人、出家人，僧宝供养自然也就是对僧人进行供养，比如给僧人布施衣服、布施粮油、提供斋饭，这是物质的供养，另外还要对僧人恭敬、礼拜，这算是精神上的供养；寺院僧人的生活资料、建寺院所用的材料，比如木材、砖瓦，这些资料也都靠信徒布施供养而来。

2 敦煌供养人来自何方？

敦煌供养人是一个庞大的社会群体，上至地方最高长官及其家族，中到地方中级官员、世家大族，下至平民百姓，甚至地位低下的奴婢，既有俗家信徒，也有出家僧尼，可以说遍及敦煌社会的各个阶层。

地方官员供养人

敦煌不同时期的地方最高长官会带头进行各种供养活动，他们是敦煌供养人的带头人。比如西魏时期的瓜州刺史东阳王元荣就带头在莫高窟建造石窟。敦煌文书《莫高窟记》记载："乐僔、法良发其宗，东阳、建平弘其迹。"就是说乐僔、法良两位僧人首创开凿石窟，东阳王元荣、建平公于义紧跟着推动了敦煌石窟的营造。根据藏经洞文献和第 285 窟供养人图像，敦煌研究院的专家推断，第 285 窟就是由元荣带头组织、敦煌多个家族联合建造的石窟 。

建平公于义是北周时的瓜州刺史，北周时建造的第 428 窟是莫高窟北朝时期最大的洞窟，此窟的建造很可能有于义的参与和推动，而北周时期的第 288 窟也有可能是于义家族建造的功德窟。另还有北周时期瓜州刺史李贤家族牵头建造的第 290 窟。

盛唐时期建造的第 130 窟甬道南北壁，有晋昌郡（今甘肃瓜州锁阳城）太守乐庭瑰家族的男女供养人像，乐庭瑰家族的男供养人在甬道的北壁，女供养人在甬道的南壁，据此可以判断乐庭瑰作为晋昌郡地方长官，确实参与了第 130 窟的营造，所以把自己家族的男女供养人都画在了甬道的南北壁。还有晚唐时归义军节度使张议潮家族，营

莫高窟第 55 窟“曹家窟”内景

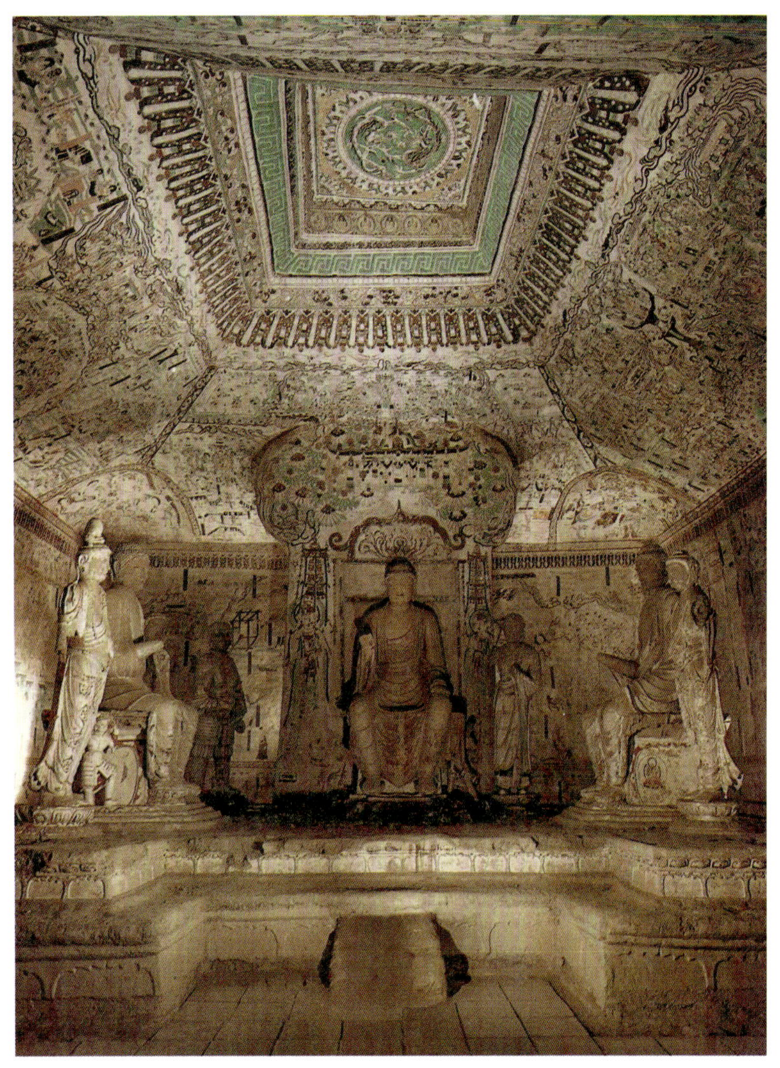

造了莫高窟第 156、94 等窟。五代至宋初，归义军节度使曹议金、曹元德、曹元忠、曹延禄等所代表的曹氏家族，建造了第 4、22、61、98、100、25、55、454 等窟。

由于这些地方最高长官不仅有比较雄厚的资金，而且还具有极高的社会地位和广泛的号召力，所以他们营造的洞窟，后来大多成为莫高窟中颇有代表性的典型洞窟。在地方最高长官的带领下，敦煌当地的中级官员、低级官员都开始踊跃捐资，参与营造了许多或大或小的洞窟。比如莫高窟第107窟是一个小窟，根据此窟中西龛下中部残存的发愿文，我们能得知此窟建于唐咸通十二年（871），窟主为河西节度府衙小吏藏子之父，这是敦煌地方小官吏家族营造的小洞窟代表之一。

世家大族供养人

在敦煌石窟千余年的营造史上，世家大族始终是石窟营造的主体和骨干力量。在莫高窟营造史前期（即十六国至隋代），由于营造石窟所需的打窟匠、画匠、塑匠等匠人较少，所需费用较高，人们也比较缺乏石窟设计、施工等活动的经验，单一家族往往难以独立承担营造的工作，因而这一时期的营造活动，大多数情况下会由多个家族联合来承担。

西魏时期的第285窟，是在东阳王元荣的带领下，由多个家族联合开凿的典型例证。此外，西魏第249窟，北周第297、301窟，隋前期第266、303、305窟，隋中期第295、404、423窟，隋后期第281、282、394窟，都有2—9组不等的男女供养人像列，表明这些洞窟都是由多个不同家族联合营造的。

从初唐开始，经盛唐、中唐，到晚唐、五代、宋代，由于家族实力的增强，石窟营造工匠队伍的扩大，单一家族独立的营造活动逐渐兴盛起来。敦煌许多大家族在不同时期营造了大量洞窟，甚至出现一族多窟的情况。如翟家窟，初唐有第220窟，晚唐有第85窟；盛唐时期的李家窟，有第331、332、148窟；阴家窟，盛唐有第217窟，中唐有第231窟，晚唐有第138窟；索家窟，有晚唐第144、12窟；何家窟，有晚唐第196窟；朱家窟，有晚唐第486窟；杜家窟，有晚唐第5窟。这些都是世家大族营造石窟的代表。

平民捐资营造的第62窟东壁下部的供养人及牛车

平民百姓供养人

在莫高窟的营造史上，也有一些平民百姓捐资营造的洞窟，如隋代第62窟。第62窟是一个小窟，但这个洞窟保存了相当完整的供养人画像和题记，由此我们可以知道，这个洞窟是由一个叫成陀罗的成氏家族营造的。

平民百姓钱少，单独一家造不起石窟怎么办呢？可以像我们现在的“众筹”一样，多个家族的平民百姓组成“造窟社”，联合起来造窟。比如第205窟西壁有一幅《弥勒经变》，壁画下部绘有一长排共24位供养人的画像，在供养人题记里，每个人都有“社人”的头衔。从题记可以知道，他们来自刘、王、胡、李、张、雷、马、孙、顾、薛、范、樊等不同姓氏的家族，那么，第205窟西壁这幅《弥勒经变》，就是由不同家族的平民结社联合捐资绘制的。

奴婢供养人

奴婢也能做供养人参与石窟营造吗？从莫高窟提供的证据来看，唐代的奴婢也能捐资参与石窟营造。在古代，奴婢是官府、贵族、大户人家的奴仆，属于没有自由身份的贱民，社会地位很低，所以在历史典籍中很难看到有关奴婢的记载。但在敦煌莫高窟中，我们却能看到奴婢参与石窟营造活动的身影，这是非常珍贵的历史资料。

莫高窟第107窟是晚唐河西节度使府衙小吏藏子家族营造的小窟，在这个洞窟东壁北侧，有两身女供养人的画像，她们跟随在北壁一长排女供养人队列后。北壁的女供养人衣着鲜艳华丽，头上插着银钗，脖子上戴着项链。而这两位女供养人则不同，她们衣着朴素，头上也没有装饰，怀里抱着供养物，神态虔诚恭敬。两人头部之间的位置，写着供养人题记：

> □（造）释迦牟尼佛六躯，愿舍贱从良，及女喜和一心供养。

根据这个题记，我们知道，这两位女供养人是喜和与她的母亲，她们也捐资参与了石窟建造，造了释迦牟尼佛等造像六身，她们希望能以供养佛的功德而“舍贱从良”，即脱离奴婢的卑贱身份，变成“良人”。在唐代，“良人”便是自由民。所以在喜和母女的身上，我们看到了唐代最底层奴婢捐资参与石窟营造的鲜活例子。

莫高窟第107窟东壁北侧的喜和母女供养像

3 敦煌供养人的供养活动

唐宋时期，敦煌供养人的佛教供养活动多种多样，比如有属于佛宝供养的造窟、造佛堂、造兰若（小的寺庙）、造像（包括塑像、画像）、浴佛（佛诞节举行浴佛仪式）、行像（在节日用车载或人抬着佛像巡游）、燃灯（在佛像前点油灯供养，根据藏经洞文献，古代敦煌有在腊月八日于莫高窟各个洞窟中燃灯供佛的习俗）等；还有属于法宝供养的写经、诵经、转经等活动，以及属于僧宝供养的斋供、给寺院施舍捐献物资等。这里，我们仅对几种主要的供养活动加以介绍。

造窟

造窟是古代敦煌民众最崇尚的供养活动。人们会竞争谁家造的窟塑像塑得精、壁画画得美，这是敦煌古代人最引以为豪的佛教供养活动。

古代敦煌的地方长官、中下级官员、世家大族有充足的权力和财力、物力独立进行造窟的功德活动。在莫高窟历史上，唐宋时有许多以官名命名的洞窟，根据名称就知道是谁建造的，比如“司徒窟”就是指第 94 窟，是晚唐张氏归义军第二任节度使张淮深营造的功德窟；“大王窟”是第 98 窟，是曹氏归义军首任节度使曹议金营造的功德窟；“天公主窟”是指第 100 窟，是以曹议金的夫人、甘州回鹘公主的名义营造的洞窟；“太保窟”是指第 454 窟，是曹氏第五任节度使曹延恭营造的洞窟；“张都衙窟”是指第 108 窟，是曹议金的妹夫张淮庆营造的洞窟。这些都是大型洞窟，是当时敦煌历任最高统治者及其家族造窟供养活动的代表。

唐宋时期，敦煌的世家大族也营造了一大批家族窟，也是以其姓氏来命名的，比如前边我们提到的“阴家窟”“李家窟”“翟家窟”“索家窟”等。

对于社会底层广大平民百姓或单个家庭来说，独立造窟比较困难，他们就联合起来组成“造窟社”，集体造窟。前面我们举了第205窟社人联合绘制《弥勒经变》的例子。这里再举一个例子，就是第192窟，根据窟中的发愿文，我们知道此窟是唐咸通八年（867），敦煌某社三十余名社人在社官朱再靖、录事曹善僧的带领下共同捐资建造的社人窟。

造像

在唐宋时代的敦煌造石窟，其中就包含造塑像、造壁画这样规模较大的造像活动了。我们前面已经说了很多，下面我们说说比较小的造像活动，如造绢画、版画、纸画等。这类小的造像活动，不仅深受敦煌地方长官的欢迎，中下级官员、平民百姓也很乐意参与，因为花费相对比较少。

五代后晋开运四年（947），归义军节度使曹元忠出资雇用工匠雷延美雕版制造了《大圣毗沙门天王》《观音菩萨》《文殊菩萨》的木版画用来拓印。再如五代后晋天福五年（940），敦煌郡信士弟子温大眼兄弟五人，为亡父绘制了绢画《弥勒净土变相图》，在题记里祈愿父亲“托（生）弥勒之前”，此画现藏法国吉美亚洲艺术博物馆。还有太平兴国八年（983），清信

佛弟子知敦煌都园官兼大行园家录事米贡德，为给家人祈福，绘制了《南无观世音菩萨》绢画，此画现藏大英博物馆。

如果平民百姓造不起绢画怎么办？有办法，可以造花钱比较少的纸画。像清信佛弟子缝鞋靴匠索章三出资造了一张《观音菩萨》纸画，上写题记：“清信士佛弟子缝鞋靴匠索章三一心供养。”此画现藏大英博物馆。索章三这个人是一个修鞋匠，是敦煌再平凡不过的一个百姓，但他的信仰比较虔诚，对佛像供养活动也很热衷，他还供过一张《地藏菩萨》和一张《多宝如来佛》的纸画，前画现藏法国国家图书馆，题记与英藏《观音菩萨》全同，可能画于同时；后一张画现藏法国吉美亚洲艺术博物馆，上写题记曰：“施主清信佛弟子皮匠缝鞋靴录事索章三一心供养。”从题记看，前两幅画的“缝鞋靴匠”变成了“缝鞋靴录事”，说明索章三后来成了鞋匠行业的小头目。从索章三身上，我们可以看到古代敦煌平民积极参与造像供养活动的情况。

1 | 2 3

1 敦煌藏经洞出土绢本着色五代后晋天福五年《弥勒净土变相图》（局部），藏法国吉美亚洲艺术博物馆

2 索章三供养的《观音菩萨》纸画，藏大英博物馆

3 索章三供养的另一幅纸画《南无地藏菩萨》，藏法国国家图书馆

写经、念经

抄写佛经、念诵佛经都是古代敦煌人十分热衷参与的法宝供养活动。尤其是有财力的地方长官，可以雇人抄写大部头的佛经，根据藏经洞出土文献的记载，西魏瓜州刺史东阳王元荣抄写了佛经一百余卷，其中在藏经洞中保存下来的有十余卷。

北宋乾德四年（966），曹氏归义军第四任节度使曹元忠和他的夫人一次性请了多名写经书手，抄写了《大佛名经》十七部，给当时沙州治下“一十七寺之中，每寺各施一部”。从中可以看出敦煌地方长官对抄经供养活动的高度重视和慷慨热情。

平民百姓钱少，抄不起大部头的佛经，只能抄写小的佛经，甚至还有家境清贫的百姓多人联合起来抄写一部佛经。比如北宋雍熙二年（985），清信女袁愿胜、李长子和清信士张富定三位男女信徒“发心写《大贤劫千佛名（经）卷上》，施入僧顺子道场内”，就是三位男女佛教徒联合起来请人抄写了一部《佛说贤劫千佛名经》，然后把佛经布施捐献给寺院。从这个例子我们可以看到平民百姓参与法宝供养活动的情况。

莫高窟藏经洞中保存了总数高达六万多件的文物，其中 90% 以上是佛经和佛教文献。许多写本就是历代佛教信徒为供养佛经，捐资请专门抄写佛经的书手——写经生抄写的，抄完后再布施给寺院，因此保存了下来。这些古代的写经，成为我们研究古人佛教信仰以及佛教史的珍贵资料。

清信女是佛教的术语，即优婆夷（upasika），指接受五戒的在家女居士，亦通称一切在家的佛教女信徒。相对而言，**清信士**即优婆塞（upasaka），又称近事男、近善男等，即是亲近三宝的在家男子。

武周时期的释智严之组诗《十二时普劝四众依教修行黄昏戌》中就有这样一首诗，后收录在《敦煌歌辞总编》之中：

清信男，清信女。
听我今朝相劝语。
曩生曾早结缘来。
此时方得相逢遇。

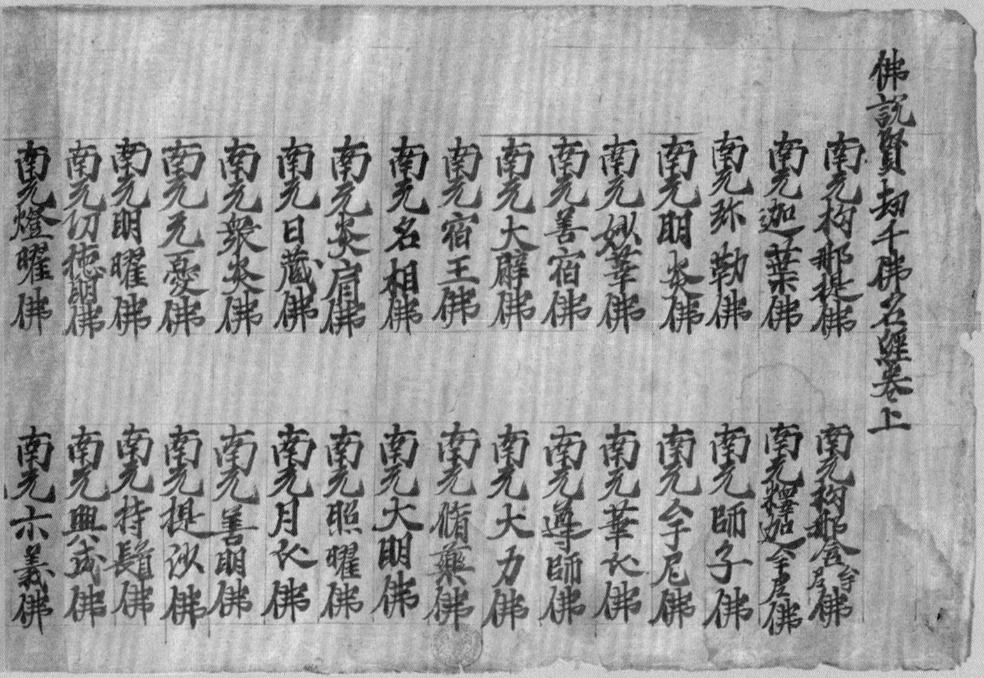

佛說賢劫千佛名經卷上

佛說賢劫千佛名經卷上

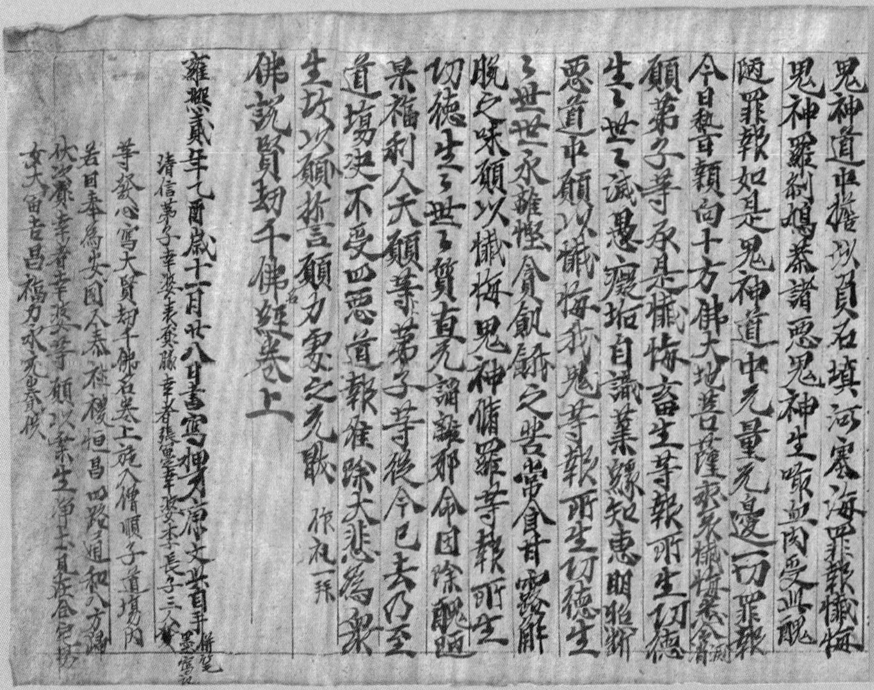

0 5cm

北宋雍熙二年（985），《佛说贤劫千佛名经》卷上局部，藏英国国家图书馆（S.4601）

供养活动背后的心理动因

唐宋时代敦煌供养人的供养活动类型很多，限于篇幅，不能全面展开来讲，以上只重点介绍了造窟、造像、抄经。那么，古代敦煌供养人为什么这么热衷于捐资参与供养活动呢？他们参与供养活动的心理动因又是什么呢？

概括起来说，是基于古代敦煌人对佛教的信仰，他们相信善恶因果报应，相信参加佛教供养活动可以广种福田、积累“善根”，可以帮助他们禳灾祈福。

从禳灾来说，他们会祈求消除人体自身的灾难，如疾病、瘟疫，甚至还有妇女的“难月”（怀孕分娩）。由于古代医学不发达，时常会遇到难产的风险，古代敦煌人便常常进行写经、念经、舍施等供养活动，祈愿“日临月满，果生奇异之神；母子平安，定无忧嗟之灾”。除了身体上的灾难，人们也希望消除自然灾害，如水灾、旱灾、沙暴（敦煌地处沙漠地区，经常出现这种灾害）、虫害，甚至是彗星的出现，也被古人认为是一种灾难的预兆。人们还希望通过供养活动消除社会层面上的灾祸，如战乱。

从祈福来说，人们一是会祈求现世的幸福，如国安民泰、风调雨顺、五谷丰登、家宅平安、延年益寿；二是会祈求来生的幸福，希望人死后能够往生到西方极乐净土。

古代敦煌人的供养活动，寄托着当时人们的美好祈愿，从这些供养人为供养活动所写的题记、发愿文中，我们常常可以看到许多美好的祈愿。我举两个例子：

第一个例子，莫高窟第192窟是晚唐敦煌社人联合营造的洞窟，此窟东壁门上保存了咸通八年（867）《发愿功德赞文》，其中祈愿词说道：“此功德先奉为当今皇帝御宇，金镜高悬，国祚永隆。又愿我河西节度使、万户侯、司空张公命同截至（劫石），寿□（将）千载；……海宴河清，天下太平，境塞光平。”

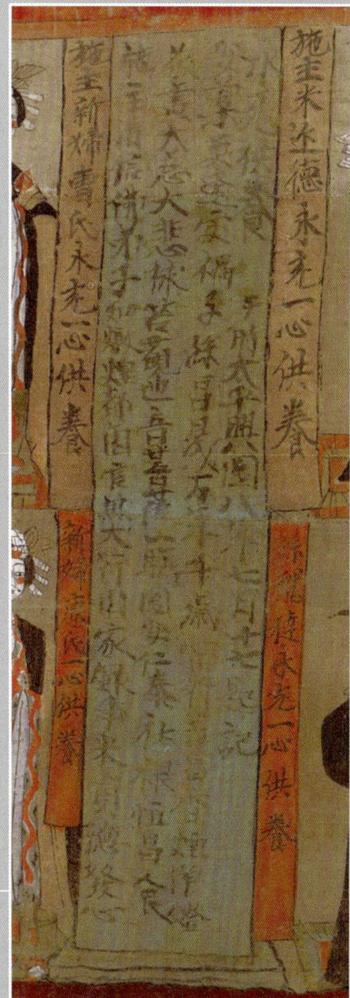

太平兴国八年（983）米贡德供养的《南无观世音菩萨》绢画，藏大英博物馆

第二个例子，北宋小官员米贡德供养绘制的《南无观世音菩萨》绢画上写了一段发愿文："施主清信佛弟子知燉［敦］煌都园官兼大行园家录事米贡德，发心敬画大慈大悲救苦观世音菩萨一躯，国安仁泰，社稷恒昌，人民安乐，莫逢灾祸，子孙昌盛，万年千岁，富贵（永）昌，香烟净灯，永充供养。"

这些祈愿词写得真好，正是这些美好的愿望鼓舞、支撑着敦煌人施舍资财，积极参与造窟、造像、写经等佛教供养活动，也为我们保留下了珍贵的文化遗产。我们应该衷心感恩这些敦煌古代的供养人！

4 壁画上的敦煌供养人像

敦煌为什么有这么多供养人像？

敦煌供养人画像数量浩繁，仅莫高窟的供养人画像就多达 9000 余身，这样庞大的数量是国内外其他任何一个地方都无法相比的。敦煌研究院的专家对海内外许多石窟都做过考察，无论是国内的云冈、龙门、大足、龟兹等石窟，还是印度、阿富汗的石窟，都没有莫高窟这么多的供养人画像。

敦煌为什么会有这么多的供养人像？

第一方面，是由我们中国人特有的文化观念和传统造成的。中国人，特别是汉族人，具有很强的历史观念，总是希望光宗耀祖，传之久远，永垂不朽。所以要用文字记载下来自己的功德业绩，纸面的记录不易永久保存，那就刻石、刻碑记载，所以中国人有悠久的撰写史书、刻石立碑的文化传统。

营造石窟对于古代敦煌人来说，是最重要的功德，一定要设法把家族、个人的业绩永久保存下去。怎么办？最好的办法就是在洞窟中画供养人像，让供养人像与佛、菩萨像一样得到永久保存。可以说，古代敦煌人的这个愿望达到了，如愿以偿了，当千年之后的现代人进入洞窟，看到一千年前敦煌供养人的画像时，的确会情不自禁地赞叹敦煌先民开凿石窟的伟大功绩，并由衷地感谢敦煌供养人对佛教石窟艺术做出的巨大历史贡献。

第二方面，则可以归因于敦煌石窟艺术中成就最突出的壁画的表现特长。在佛教艺术中，最常用的艺术表现形式是两种：一是雕刻，二是绘画。比较而言，雕刻受材质、技法等多方面的限制，其艺术表现力也会受到一些束缚。拿供养人像来说，总不能无限制地一身一身地去雕刻，所以无论是以石刻为主的印度佛教艺术，还是国内的佛教石刻艺术（比如云冈石窟、龙门石窟、大足石刻），都会把有限的精力集中在雕刻佛、菩萨、天人等造像题材上。而且即使是用雕塑来呈现供养人的形象，也无法同时详细雕刻出供养人的题记，以表明其身份。壁画艺术在描绘供养人形象、用文字记录其身份信息等方面，无疑拥有比雕刻更加自由、如意的优势，在操作技术上，也更便于大量地描绘供养人。所以敦煌石窟中的供养人画像特别多，而且画旁的题记也都特别详实，里边会记录下供养人的姓名、身份、官职等重要信息。

敦煌供养人像的发展史

莫高窟经历了千余年的营建和发展，各个时期的窟室都各具特色，相应的，敦煌的供养人像其实也随之经历了漫长的发展演变，在不同的时期具有不同的特点。自北凉、北魏、西魏、北周、隋代、唐代，到五代、宋代、西夏、元代，在十个朝代更替的时间长河中，敦煌供养人像构成了一个绵延千年、传承演变的画廊。归纳起来，大体可以分为四个阶段：

第一阶段（十六国、北朝、隋代）：起始、发展

从北凉至隋代，伴随着中国佛教的不断繁荣发展，敦煌石窟营造也走向兴盛，莫高窟供养人画像数量呈现逐渐加速增长的趋势。现存莫高窟供养人画像中，北凉时期的有 46 身、北魏时期的有 84 身、西魏时期的有 218 身，到北周则猛增到了 1887 身。北周供养人画像的激增，应该是特定时代的特殊现象，因为北周供养人画像大多集中在第 428 窟，仅这一个窟中就保存了 1226 身。此窟供养人奇多，且多为

根据统计，第428窟供养人画像共计1226身。其中僧尼所占比例高达59%。表明僧尼在第428窟的营造中占有十分重要的地位，有理由认为此窟是以僧尼团体为主要参与者营造的洞窟

北周第428窟中的供养人像，在窟中四壁下层以横排三列呈现，另外在中心塔柱四周坛沿也有上百身供养人像

北周灭佛

南北朝时期，是中国历史上的第二个乱世，百姓在战乱频仍时代，常会用宗教的方式避世，所以佛教在这一时期获得了广泛传播，信众和出家的僧人增加了很多。然而物极必反。出家人是不事生产的，出家人的增多，不仅于国家整体生产无益，而且也对统治造成了一定影响。

561年，宇文邕继位为北周武帝，在他看来，佛教的存在严重影响着北周的发展，经过多番朝堂上的讨论后，北周武帝得出了“佛门不净”的结论，于是“断佛、道二教，经像悉毁，罢沙门（僧尼）道士，并令还民”，在全境内展开了一场声势浩大的灭佛运动。在这次运动中，佛像全都被毁，寺庙被收为国有，寺僧均被勒令还俗。

窟中四壁下层横排三列的供养人像中，僧侣形象为数较多，千人一面

中心塔柱四周坛沿上，其中北向坛沿中的女供养人，头顶束圆髻带鬟，穿大袖襦长裙，是中原汉族妇女的装扮

僧人，应该与北周武帝灭佛的历史背景有关，当时内地和河西地区的很多僧人为了避难，都逃到了敦煌。

隋代文帝、炀帝两朝都特别崇佛，在全国大兴佛事。隋代虽只有短暂的 37 年，但在莫高窟却留下了 70 余个洞窟、1451 身供养人画像，这也从一个侧面印证了当时的人们确实普遍崇佛。

从北凉至隋代，莫高窟供养人画像在壁面的位置、神情与姿态、表现的形式等方面，都形成了一些相对固定的特征，如供养人像都画在壁面下部的位置，且画得很小，大部分都是一二十厘米高，高不盈尺，没有超过 30 厘米的，说明这一阶段供养人画像在洞窟题材内容中，是处于比较低下的地位的。供养人匍匐在佛菩萨脚下，也能反映出当时敦煌民众虔诚的佛教信仰。

第二阶段（初唐、盛唐、中唐）：不增反减

这一阶段是莫高窟供养人画像产生变化的阶段。唐代作为中国古代的黄金时期，也是佛教发展最为鼎盛的阶段，敦煌石窟营造在当时也达到了高峰。按照莫高窟供养人画像在第一阶段持续增多的趋势，初、盛、中唐时期的供养人画像似乎也理应增加得更多。但事实上，伴随着这一时期莫高窟洞窟营造的持续增长，供养人画像却并未相应增多。现存初唐时的供养人画像有 499 身、盛唐 302 身、中唐 376 身，均比隋代晚期的 666 身减少了许多。

为什么供养人画像在唐代会不增反减呢？这与当时的社会历史背景密切相关。初唐时，朝廷曾发动对外战争，在西域用兵，征服吐谷浑，由此对西域地区的建设产生了一定影响。到了盛唐后期，吐蕃进攻河西及敦煌，又造成了当地的局势动荡，影响亦波及敦煌石窟营造。如盛唐后期开凿的一些洞窟当时未能按时完成，直到中唐的吐蕃时期才被补修完。而供养人画像一般都是在壁画绘制的末尾阶段才会画的，洞窟没有完成就不会画供养人。

1 初唐供养人像多排列在洞窟四壁的下方，图为初唐第 375 窟的供养人序列

2 中唐第 359 窟中的供养人像，此窟北壁男供养人像全着吐蕃装，南壁女供养人像均穿汉装

3 盛唐第 225 窟东壁有一身提名为“王沙奴”的、穿吐蕃装的女供养人像，造型生动、线条流畅，估计是穿吐蕃装的汉族女子或吐蕃人改用了汉族名字

唐代供养人像反映的服饰变迁史

唐初女装是比较窄瘦的，以朴素见长，因为李唐王朝有鲜卑人的血统，他们的服饰具有游牧民族的特征。武周、开元时期，女装渐渐变长变肥。盛唐时期崇尚健美丰硕之风，也有女着男装的风气。到了中晚唐，女装越来越肥大。考古文博大家孙机先生曾对此有深入研究，他用了 7 幅图来说明这种演变趋势，除第二幅人物图出自西安永泰公主墓壁画，其余 6 幅都出自敦煌石窟中的供养人像。

1. 莫高窟第 375 窟壁画 初唐　2. 永泰公主墓壁画 初唐　3. 莫高窟第 205 窟壁画 盛唐
4. 莫高窟第 130 窟壁画 盛唐　5. 莫高窟第 107 窟壁画 中唐　6. 莫高窟第 9 窟壁画 晚唐
7. 莫高窟第 192 窟壁画 晚唐

还有另外一个原因。中唐时期，吐蕃在占领了敦煌后，当局要求沙州汉人辫发易服，即有改唐装而穿吐蕃装的政策，当时的敦煌民众对吐蕃有关政策极为不满，只能委曲求全，放弃画像的权利，所以吐蕃时期敦煌石窟的供养人画像数量减少了许多。这也说明了古代敦煌民众对传统的坚守。

第三阶段（晚唐、五代、宋代）："超身巨像"的出现

这一阶段是莫高窟供养人画像产生巨变的阶段。在当时佛教中国化、世俗化历史进程的深刻影响下，敦煌地方与中原不同的特殊社会历史背景也被放大，由此形成的微妙张力，使得莫高窟供养人画像出现了比以往更加剧烈的变化，形成了几个鲜明的特征。

第一，供养人画像又大量出现，晚唐有 938 身、五代有 1723 身、宋代有 1220 身，达到莫高窟供养人画像数量的又一高峰。

第二，这一时期的大多数洞窟都是敦煌地方高官、世家大族营造的，许多洞窟内，上自亡故祖先、男女老幼、本家僧尼，下至亲戚僚属、奴婢侍从，按地位尊卑贵贱全部都画入了供养人行列，同时供养人画像还会配以详细的榜题，尽数记录人物的官职、头衔、身份，供养人画像也成为炫耀家族门第、权势声威的工具。

第三，地方高官、世家大族营造洞窟中的供养人画像，画得越来越高大，也就是说，供养人"长高了"。北朝到隋代的供养人都在壁面下部的不起眼处，画像很矮小。盛唐开始，个别洞窟供养人的画像出现在了甬道这样比较显眼的位置，形象也高大起来，如第 130 窟甬道的南北壁，是晋昌郡太守乐庭瓌家族的男女供养像，乐庭瓌像高 215 厘米，其夫人王氏像高 197 厘米，均超过真人身高。由于乐庭瓌是晋昌郡地方最高长官，其夫人也出身于唐朝高门世族太原王氏，因而能凭借其权势将自己家族的画像安排在甬道，借以彰显其显赫地位和供佛功德。由此也开启了莫高窟供养人"超身巨像"之先河。

唐代的胖美人——第130窟甬道南壁《都督夫人礼佛图》

初唐、盛唐，供养人画像逐渐变大，也更注重描绘供养人的衣冠服饰，不仅在用色上丰富多样，也会着重突出人物的精神风貌。其中一些佳作给人留下特别深刻的印象。比如第130窟甬道南壁《都督夫人礼佛图》就是一幅唐代人物画佳作。画中表现了晋昌郡太守乐庭瑰夫人王氏及其女儿、仆人，她们衣饰华丽、姿态优美、身体丰腴、面相丰满，表现了盛唐以胖为美的倾向，是唐代典型的胖美人画杰作。

由于第130窟后来经过重修，这幅经典壁画曾被后来者用新壁画叠压在了下层。20世纪40年代人们揭开表层壁画，发现了前代的画作；但由于古代制作表层壁画时对地仗层进行了处理，对底层壁画造成了一定的损坏，后来又经过阳光的照射，待段文杰等画家们到敦煌时，这幅壁画已经变得比较漫漶了。

段文杰先生经过反复的探索和研究，在1955年完成了《都督夫人礼佛图》的研究性复原临摹，这幅作品也成为敦煌壁画临摹的代表作。

《都督夫人礼佛图》现状（左）
段文杰先生临摹的《都督夫人礼佛图》（右）

到了晚唐，随着敦煌地方高官、世家大族、高僧大德竞相营造大窟，莫高窟也逐渐出现了一批巨幅供养人画像。如第85窟是晚唐敦煌都僧统翟法荣主持营造的洞窟，甬道南壁画男供养人3身、侍从7身，西起第一身、第二身男供养人残存高度分别为180厘米、170厘米。第196窟是何法师主持营造的何氏家族功德窟，甬道南壁画男供养人2身、侍从 4 身，第一身男供养人像高 185 厘米，北壁画索勋（地方最高长官）父子 2 人、侍从 5 人，索勋像高 203 厘米。在这些巨幅供养人画像中，男士常常是峨冠博带，女士则画得特别优美，凤冠霞帔、满头珠翠、衣饰华丽，甚至细致地描绘了贵族女性脸部的面靥、花钿，衣服上的花纹。晚唐第 138 窟“阴家窟”里绘制的阴家女性供养人，衣着都非常华丽，画家还特别用心地描绘这些贵族女性服装上优美的图案，如对鸟纹、对狮纹。这些华丽的服饰、精心描绘的装饰图案，凸现了供养人及其家族的崇高地位，显示出一种世俗化的倾向。

至五代、宋代，这样“巨大化”的趋势并没有消减，五代“大王窟”第 98 窟、“天公主窟”第 100 窟、曹元忠功德窟第 61 窟、“张都衙窟”

莫高窟第 138 窟东壁北侧的女供养人像

1 莫高窟第100窟甬道中的大型供养人像

2 莫高窟第61窟东壁北侧女供养人像，其中一人是嫁到敦煌的于阗国公主

第108窟、宋代曹氏功德窟第454窟等，都是大型洞窟，其中供养人画像也大都是超身巨像。如以五代第98窟曹议金功德窟为例来看，窟中甬道和主室东壁都是超身巨像：曹议金239厘米、张议潮238厘米、索勋247厘米、于阗王李圣天243厘米、于阗王夫人208厘米、曹议金夫人200厘米。这样极度夸张的巨幅供养人画像在其他地方是很罕见的，显示出敦煌石窟与众不同的特色。

敦煌在晚唐、五代、宋代，逐渐演变为具有较强自主性的地方政权乃至"独立王国"，因为有自己的独立性，在洞窟风格上，也就产生了相应的独特色彩。位居天高皇帝远的边陲之地，又处于中原王朝多故、改朝换代频仍的特殊时期，在晚唐、五代、宋代的敦煌，地方高官和世家大族的势力和欲望日渐膨胀，于是出现大批家族成员的超身巨像，并且在供养人题记中也会着意突出彰显地方高官、世家大族的权势声威，在宗教信仰活动中掺杂了更多的世俗意念。

第四，供养人像列的组合形式发生显著变化。以往的供养人像，都是以佛为中心，供养人的排列都是朝向佛的，到了这个时期，洞窟中的供养人都朝向甬道的地方长官，以其为中心排列，在地方长官的带领下再朝向窟内的佛像礼拜。原来以佛为中心的石窟，此时却开始偏向于突显地方长官了，这也是在敦煌逐渐演化为"独立王国"的历史背景下渐渐形成的。

第四阶段（西夏、元代）：急剧减少

这个阶段是莫高窟供养人画像的尾声。莫高窟营造在这时整体处于衰落阶段，人们很少再开凿新洞窟，更多是重修前代营造的旧窟，重修时会粗糙地用一层白灰覆盖前代壁画，在白灰层上再绘新的供养人画像。但绘制的工艺很粗糙，很多像都脱落了。这一时期，统治敦煌的西夏党项族、元代蒙古族，没有汉族人那样强烈的彰显功德、传之久远的理念，也造成了供养人画像的急剧减少。

1 2
3

1 榆林窟第 29 窟南壁的西夏供养人像

2 榆林窟第 3 窟甬道北壁元代男性供养人

3 莫高窟第 409 窟的回鹘王供养像，其长袍上有团龙图案

现存西夏供养人像仅有 177 身，元代仅有 40 身，而且大多保存得不好、漫漶不清。敦煌石窟只有在瓜州榆林窟、东千佛洞集中保存了一些典型的西夏、元代的供养人画像，如榆林窟第 29 窟、第 3 窟和东千佛洞第 2 窟的西夏男女供养人画像，榆林窟第 3 窟、第 4 窟、第 6 窟的元代蒙古族供养人画像。当时西夏的党项族、元代的蒙古族等少数民族从事佛教石窟营造与礼佛活动的历史风貌，成了敦煌石窟供养人画像的最后一抹亮色。

古代少数民族的形象

尽管西夏、元代时期的供养人像数量较少，但这些供养人像却有很高的历史价值，因为它们特殊的民族性，能让我们具象化地了解古代各民族交流、交往、交融的图景。

举个例子，我们常提到的回鹘人是什么样子的呢？这就可以从敦煌供养人像中找到依据。

回鹘人本来是生活在蒙古高原的游牧民族，他们在游牧的过程中，逐渐向西迁徙，并在沿途不断分化、聚集，形成甘州回鹘、沙州回鹘、西州回鹘等不同的部落和政权，这些不同地区的回鹘人既有沿袭共同传统而形成的文化特征，又在不同地区的交流交往中吸收了当地的文化。敦煌石窟与吐鲁番柏孜克里克石窟里，都有回鹘供养人的画像，这些人像的衣冠服饰有相同的特征。回鹘人的壁画有尚红的艺术倾向，他们特别喜欢用红色来表现人物的服饰。当然，这些不同地区的回鹘人，也有一些不同之处，比如莫高窟第 409、237 窟和西千佛洞第 16 窟甬道的回鹘王供养人，他们的长袍上都有团龙的图案，而柏孜克里克石窟的回鹘王供养人却不见团龙图案，这或许是因为敦煌地区的沙州回鹘与汉族有长期密切的接触，吸收了汉族对龙的崇拜。

敦煌供养人的演变历程

在敦煌早期的洞窟中，供养人画像从壁面位置来看，大多位于窟内四壁下部、龛沿、龛下、中心柱下部四面等次要位置，与佛、菩萨画像之间会有明显的界栏线，表明人神之间截然分隔。而到了初唐，有个别供养人画像已经越过了人神分隔的界栏线，出现在佛、菩萨像的范围内，于佛、菩萨像脚下或跪或立。从盛唐开始，莫高窟的供养人画像开始上升到甬道两壁这样比较显要的位置，因为甬道是由前室通往主室的通道，也是光线好、比较引人注目的位置。

除了位置所代表的地位差异外，形象的大小也说明了地位的差异。从早期的二三十厘米到后期的两米高巨像，说明早期供养人画像在洞窟题材内容中处于低下地位，而唐以后供养人画像在洞窟题材内容中处于较高的地位。

莫高窟供养人各阶段数量

阶段	时代	数量
一、起始，发展	北凉	46
	北魏	84
	西魏	218
	北周	1887
	隋代	1451
二、不增反减	初唐	499
	盛唐	302
	中唐	376
三、现超身巨像	晚唐	938
	五代	1723
	回鹘	56
	宋代	1220
四、急剧减少	西夏	177
	元代	40
	清代	26

1 北凉至隋代

供养人像常绘在四壁下部、龛沿、龛下、中心柱下部四面等次要位置，由于受所处位置空间限制，无论洞窟大小，供养人画像都很小，一般从几厘米到 20 多厘米高，高不盈尺

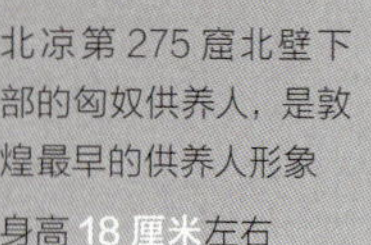

北凉第 275 窟北壁下部的匈奴供养人，是敦煌最早的供养人形象

身高 **18 厘米**左右

西魏第 285 窟东壁说法图下部的鲜卑族供养人

身高 **20 厘米**左右

2 唐代

供养人画像的位置开始升高，从画面的最下方移到了甬道等更重要的位置，开始出现巨幅供养人画像

盛唐第 130 窟甬道南北壁的都督夫人王氏与晋昌郡太守乐庭瑰供养像，夫人王氏像高 **197 厘米**，乐庭瑰像高 **215 厘米**

相对于第 130 窟高达 26 米的弥勒主尊塑像来说，乐庭瑰家族的供养像还不算格外高大

供养人像排列方式的变化

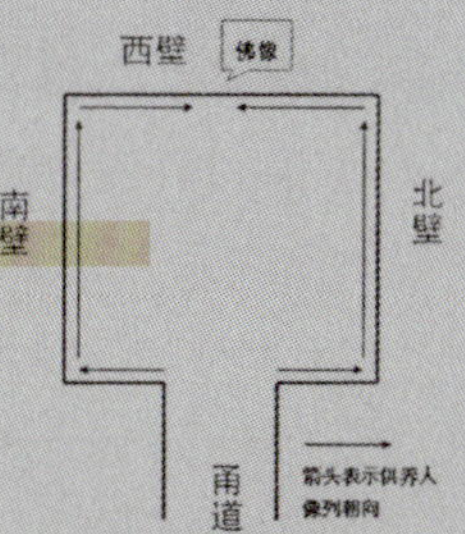

中唐以前供养人像排列方式——以佛像为中心

隋代第 390 窟供养人像列

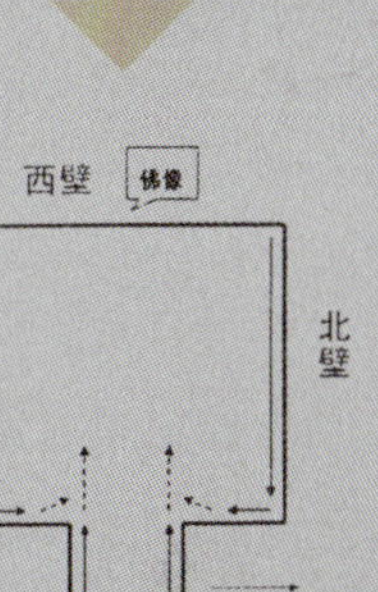

晚唐、五代供养人排列新形式——以地方官为中心

中唐第 144 窟供养人像列

3 五代、宋代

巨幅供养人画像集中出现的时期

五代榆林第 16 窟曹议金供养像，高 **167** 厘米，几乎与真人等高

五代第 98 窟于阗王李圣天的供养像，李圣天高 **243** 厘米

5 题写功德：画像旁的题记

所谓供养人题记，专指僧俗佛教信仰者开窟造像时在窟里题写下的文字，题记一般都写在画像旁。中国的石窟中，现存最早的、有纪年的供养人题记，出现在炳灵寺第 169 窟，是西秦建弘元年（420）的题记。而据敦煌研究院专家调查，莫高窟保存下来的供养人题记，有七千多条，藏经洞出土的写经中，也留有大量供养人题记。这些题记是价值珍贵的历史文献资料，不仅记录了石窟的历史，更将具体的人的生命轨迹保留了下来。

石窟营造史的真实记录

供养人画像为我们研究捐资营造石窟的功德主提供了图像资料，但如果没有供养人题记，仅凭图像，一些问题就无法得到准确结论。第 285 窟北壁七铺说法图下保存了七组男女供养人画像，我们只能从服饰推断，他们来自西魏时期的贵族家族。特别令人欣喜的是，第 285 窟北壁供养人难得地保存了题记，西起第二铺下的供养人题记写到“清信士阴安归所供养时”，第五铺像下供养人题记云“清信士滑□安供养像”，第七铺下供养人题记云“清信士滑黑奴”。根据这些题记，我们可以确切地判断：第 285 窟是由瓜州刺史东阳王元荣率领西魏时多个不同姓氏的家族联合建造的。还有学者进一步指出，滑是粟特人的昭武九姓之一，这位滑黑奴应该是徙居敦煌的滑国人后裔，由此可知，第 285 窟是由汉族、鲜卑族和粟特人联合建造的。这也是中华民族自古以来就是多民族共同体的历史证据。

佛教传播史

莫高窟藏经洞的藏经，虽然大多数是敦煌本地人写的，但也有来自其他地区的佛教写经。从写经供养人题记得知，藏经洞出土的佛经来源众多，天南海北、四面八方佛教信徒抄写供养的经文都流传到了敦煌，说明在南北朝隋唐五代，敦煌与中原、西域各地在佛教文化的传播交流上，有十分密切的关系，为我们了解这个时期佛教文化传播的历史提供了珍贵的资料。这里列举一些来自各地的写经卷子。

写卷题记所标时代 / 地区	写卷名称
南朝梁都建康	P.2196《出家人受菩萨戒法卷一》
唐代长安	北羽字 36《四分律比丘戒本》
唐代鄠县	P.2056《阿毗昙毗婆沙》
唐代雍州	P.2090《妙法莲华经卷七》
唐代洛州	P.2184《金刚般若经注》
唐代朔方	P.3912《佛说摩利支天陀罗尼咒经》
唐代幽州	P.2163《诸经要集》
唐代西川	P.2292《维摩诘经讲经文》
唐代江陵府	S.4378《佛顶尊胜加句灵验陀罗尼》
唐代甘州	日本书道博物馆《观世音经》 北辰字 48 背《善信菩萨廿四戒经》
唐代肃州	北冬字 92《四分律抄》
唐代高昌	S.2838《维摩诘经》
唐代于阗	P.2889《须摩提长者经》

心而反更於一切眾生中乃至非眾生中以
惡口罵辱加以手打及以刀杖意猶不息前
人求悔善言懺謝猶瞋不解是菩薩波羅夷
罪
菩薩若自謗三寶教人謗三寶謗因謗業
謗法謗緣而菩薩見外道及以惡人一言謗佛
音聲如三百鉾刺心況口自謗不生信心孝從
心而反更助惡人邪見人謗是菩薩波羅夷
罪
是名十波羅夷諸餘罪相亦須廣知應以巧智
隨事分別說罪相畢受者禮佛三拜禮智者
足一拜智者出受者隨後出若有多人受戒
者智者還初座受者先出就道場外下座
坐 若道場內寬狹多人受亦得但令好靜一二能受持教師誦者喧雜不能受持教師誦者亦名得戒
受者事畢應當就師別請戒本 所言戒本者受時已得亦無違更後遺忘所以須請
及以罪相如法誦持

出家人受菩薩戒法卷第一

大梁天監十八年歲次己亥夏五月 初寫
用紙廿三枚
戴萌桐書
[illegible]之讀
[illegible]昌寺釋慧明奉持

付囑流通句
佛說是經已長老須菩提及諸比丘比丘尼優
婆塞優婆夷一切世間天人阿脩羅聞佛所說皆
大歡喜信受奉行 佛說此經竟一切世間人及非人皆聞解說法俱得无上果歡喜信受付囑奉行
金剛般若波羅蜜經後序并讚
夫至道之宗唯存乎定慧大乘之要本離乎
空有此乃解脫真途如來妙旨金剛般若經
者顯如來之性明下解脫之門非智能知非言
可測但處之以三昧對之以六塵金剛之理明焉
般若之宗顯矣則知第一義諦不離於如三
世法門同歸於命大師心遊無象迹處無為
詮妙說於圓機淨色塵於佛國故稱心無所
住無所住而為常情有所還有所還而非淨
是以新乎名相去乎言說實同栝筏尤若
委筌清淨之智生圓鏡之心現愍眾流繁結
群品多端或執有以迷真或符空而起見持
空者以從斷執有者以滯名言大師心運
大慈志存利物重敷四句同會一乘自有能而
顯無餘從現說而辯非說盡公心怡實形迹
履玄微雖外示白衣而內符密行執承微旨
摧結抑焉戒定慧門其義盡矣貞一用淨智
薄識空情微徒欣密行之流通豈謂至功之
妙理妄態於口強為言曰
金剛般若經讚
稽首善吉 大哉至聖 開敏智門 顯茲法鏡
五眼具足 六根清淨 即動為靜 即邪為正

人的历史踪迹

莫高窟供养人题记中记载了大量官职、地名、姓氏、人名等信息，为研究古代官制、人物、民族提供了丰富的史料，在这些具体的资料中，我们能够真正发掘历史中的人的踪迹。比如盛唐第 166 窟东壁门北侧多宝佛像下，有供养人题记云："行客王奉仙一心供养。"王奉仙之名，又见于新疆吐鲁番阿斯塔那 509 号墓开元二十一年（733）的文书中，他们生活在同一时期，专家们判断应该就是同一个人。据专家研究，行客是唐代一种流动的客籍人户，有"商客""兵客"等多种。王奉仙这位行客曾经在敦煌和吐鲁番之间行走活动，这正是唐代丝绸之路繁荣的历史背景下客商等人员频繁来往交流的绝好资料。

1 于南朝梁都建康抄写的《出家人受菩萨戒法卷一》（P.2196）局部

2 于唐代洛州地区抄写的《金刚般若经注》（P.2184）局部

3 莫高窟 166 窟王奉仙供养的佛像

祇樹給孤獨園

長老須菩提

凡欲讀經先念淨口業真言一遍

脩唎　脩唎　摩訶脩唎　脩脩唎　娑婆訶

奉請除灾金剛　奉請辟毒金剛　奉請黃隨求金剛

奉請白淨水金剛　奉請赤聲金剛　奉請定除灾金剛

奉請紫賢金剛　奉請大神金剛

金剛般若波羅蜜經

第五讲

波澜

——藏经洞的发现与敦煌学的兴起

郑炳林、马振颖
兰州大学敦煌学研究所

藏经洞出土的敦煌遗书与殷商甲骨文、居延汉简、明清内阁大库档案，并称为 20 世纪中国学术的“四大发现”，而其中尤以藏经洞出土敦煌遗书的命运最为曲折，这批文献因故流散至世界各地，每每提起，不由得令人扼腕叹息。

1 和尚吴洪辩与藏经洞

吴和尚与张议潮

历史上的敦煌，是中原王朝经略西域的战略基地，在宋元时期海上丝绸之路兴起之前，敦煌一直是陆上丝绸之路的国际商贸中心。敦煌更是历史上东西方文化交汇的重要枢纽，不同文化在这里汇聚和交融，塑造了独具魅力的敦煌文化。而提起敦煌，就不能不谈到敦煌的藏经洞，这就要从敦煌历史上的一位著名僧人——吴和尚吴洪辩——说起。

晚唐时期，张议潮在推翻吐蕃统治的过程中，曾获得释门都教授吴洪辩的鼎力相助。张议潮收复敦煌等地后，派遣使臣与吴洪辩的弟子唐悟真一起进京向唐朝廷报告胜利的消息。听闻河西等地重归大唐版图，宣宗十分高兴，于大中五年（851）在沙州置归义军，任命张议潮为归义军节度使。与此同时，吴洪辩也得到朝廷的封赏，被敕封为河西释门都僧统、京城内外临坛供奉大德，兼摄沙州僧政法律三学教主，授予告身，恩赐紫衣等物。

吴和尚的“专属洞窟”

1 2
3

1 莫高窟第 17 窟（洪辩影堂）

2 敦煌文书中吴洪辩手迹（P.3730）

3 吴洪辩的邈真赞，敦煌文书《吴和尚赞》（P.4640 局部）

生活于吐蕃统治敦煌晚期到归义军初期的这位敦煌名僧吴洪辩，在莫高窟开凿了多个洞窟，比较有代表性的有今天的莫高窟第 365 窟（时称七佛堂）、第 16 窟等。

第 16 窟实际上是吴洪辩任职期间开凿的大佛堂。为了便于修行，他还在大佛堂的甬道旁开凿了一个小窟，作为打坐修禅的地方，这个洞窟现在的编号是第 17 窟。在吴洪辩去世后，他的弟子们在该窟按照其生前形象塑造尊像，在窟内墙壁上彩绘壁画，还将朝廷授官的告身刻在石头上，镶嵌到墙壁里，并且请当时的敦煌名士、国子监博士窦良骥为吴和尚撰写了邈真赞，通过种种方式来缅怀恩师。吴洪辩无论如何也不会想到，他平日打坐修行的这个小窟，在一千多年以后，竟然成为震惊世界的敦煌藏经洞。

什么是“邈真赞”？

“邈真赞”是唐宋时期敦煌流行的一种悼念亡灵的形式，尤其盛行于敦煌社会的上层人士。当人的生命步入晚年，或是病危时，家人会请人为其画像作赞，以给后人留下其生前容貌德业，供子孙瞻仰祭奠。

2 历经魔劫与极乐世界：道士王园箓

敦煌莫高窟千年以来本为佛教圣地，为何会和道士牵扯上关系呢？想要了解这段历史，就要将时间拉回到清朝咸丰年间，从一位道士说起。

佛教圣地里的道士

王道士，俗名王福琳，又名王园禄，有时又写作王圆箓，他的老家是湖北省麻城县。根据其弟子为他所立的墓碑内容来看，他活了八十来岁，死于民国二十年（1931）的四月十八日，这样往前倒推的话，他应该出生在清道光三十年（1850）左右。

莫高窟前竖立的道士塔即王道士的墓塔，塔身嵌有其墓志

如果去详细查看《麻城县志》，我们不难发现，在王道士小的时候，麻城一带连续多年遭受战乱及自然灾害，咸丰六年（1856）夏天大旱，从六月到九月一直没有下雨，田里的庄稼都枯萎了，因此导致米价奇高，人们都面露饥色，到处都是乞讨的饥民；咸丰七年秋天，这里又发生蝗灾，蝗虫自北铺天盖地而来，庄稼尽被破坏；咸丰九年春天，又发生了蝗灾。连年的灾害，使得很多麻城人不得不逃荒到外地以求生存，出身农家又读过几年私塾的王园箓便是其中之一。从现在留存的斯坦因给他拍摄的照片来看，王园箓本人身材矮小，体型较瘦，给人一种营养不良的感觉，这或许与他小时候生活困顿有关。

在这样的历史背景之中，王园箓便一路逃难奔波，最后来到甘肃的河西走廊一带。大约是在光绪初年，为了改善生活条件，他在肃州的巡防营入伍，成为一名兵勇。当了几年边防士兵后，他按照规定退伍了，而此时的王园箓，一是考虑到自己无家可归，不愿回到湖北麻城；二是身在西北多年，已经适应了当地的生活环境，因此没有选择回到家乡，而是留在西北。思虑再三，最后他拜酒泉当地一位著名的道士盛道为师，就地出家，法号法真。从此，王道士再也没有离开过西北，直到他去世，仍然葬在了甘肃的土地下。

王道士的真名

关于王道士的名字，方广锠先生做过较为细致的研究，考察了记载王道士之名的六种原始资料后，他得出观点：王道士俗名王福琳，出家为道士后称王园禄，逝世后按照道教习俗称为王园箓，又常被写作王圆箓。

上述观点大体是准确的，他去世后墓碑上名字写作“王园箓”，有学者认为可能是弟子有意为之，是为了避讳其师生前的过错。实际上大多数情况下，还是以“王园箓”这个名字最为常见。

“道士入山”——来到莫高窟

大约在光绪二十三年（1897）前后，不安于现状的王园箓离开酒泉，一路向西云游到敦煌的莫高窟，并在莫高窟住了下来，而此时的王道士，已经有五十岁左右了；此时的莫高窟，在历经战乱后，到处都是残破荒凉的景象。

王道士刚到莫高窟时，莫高窟主要依靠“上寺”和“中寺”的僧人来管理。“上寺”和“中寺”是莫高窟发展史最晚期仅存的两所小寺院，但这些僧人信仰藏传佛教，对于汉传佛教系统的洞窟兴趣不大，因此，莫高窟的许多洞窟积沙严重，还有好些破损的佛像亟待修补。

1 2

1 斯坦因为王道士拍下的照片

2 1907 年莫高窟第 432 窟附近的洞窟群（斯坦因摄）

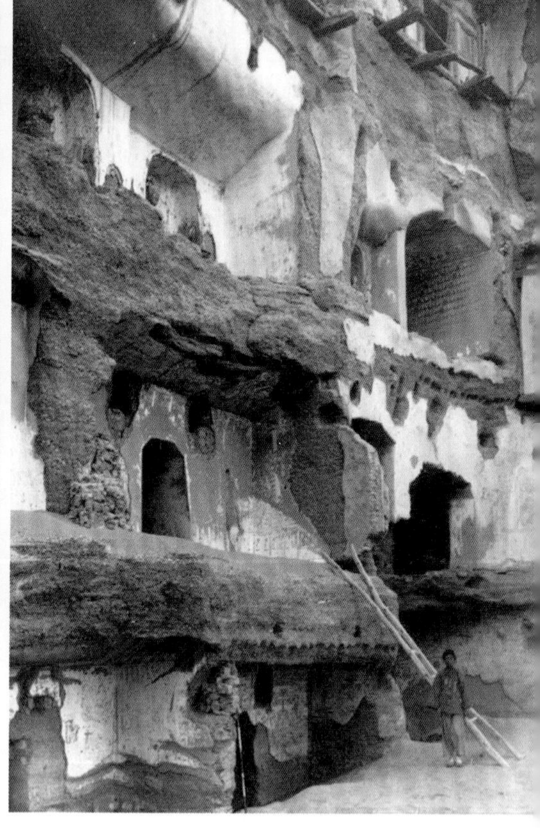

就这样，一方面王道士考虑到莫高窟环境清幽，是个修行的好地方；另一方面，由于敦煌地区的百姓佛道信仰并存，王道士又有修佛补窟的想法，所以他选择留在了这里。

王道士的莫高窟生活

王道士在敦煌莫高窟生活的早期，的确是为洞窟保护做过部分贡献，最典型的就是清理洞窟的积沙。清理积沙，是佛教徒虔诚信仰的一种表现形式，早在西夏时期就有僧人到莫高窟、榆林窟驻留数月，清理积沙。王道士虽然是道士出身，但他为了清理积沙也是想尽各种办法，在城里乡下四处奔波劝募、筹措经费，雇用工人进行积沙的清理。就这样，不少洞窟都渐渐显露出本来的面目。因为化缘，王道士和敦煌当地百姓也日渐熟悉，光绪三十二年（1906）莫高窟“三层楼”重修完成后，王道士还作为主持兼乡绅参加了相关仪式。在这以后，莫高窟的香火越来越旺盛，王道士在敦煌的地位也与日俱增。

与此同时，王道士利用老百姓施舍的钱财，在莫高窟旁边修建了一座非常气派的道教建筑——三清宫道观，当地人称之为“下寺”。实事求是地讲，他的做法也对莫高窟造成了一些无法挽回的损害，比如将莫高窟某些洞窟内的佛教雕塑改塑成道教灵官像；为了便于通行往来，打通了一些洞窟间的墙壁，破坏了部分壁画等。

3 意外的发现：敦煌藏经洞的开启

第 16 窟隐秘的角落

第 16 窟位于莫高窟南区的北段、王道士所居住的“三清宫”的对面，其空间之大，可以称得上是莫高窟第一大窟。

根据《敦煌莫高窟内容总录》的相关记载，西夏和清代时，第 16 窟经过两次重修，其形制为覆斗形顶，设中心佛坛，坛上背屏连接窟顶。甬道顶中央绘有西夏风格的棋格团花图案，南北披绘有璎珞垂幔。窟顶藻井有西夏浮塑彩绘团凤四龙井心，凤居于正中央，两翅自然展开，作飞翔的姿态，长长的凤尾连同身体一并蜷成圆形，藻井中心的四角各绘一龙，呈顺时针方向作相互追逐的姿势，营造出一种旋转飞腾又生动活泼的气氛。回纹、卷草铺于四披，四披还画有棋格团花。南壁中部镶嵌

莫高窟第 16 窟内景

着清光绪三十二年（1906）刊立的《重修千佛洞三层楼功德碑记》。

令人意想不到的是，正是在第16窟的甬道北壁，还隐藏着一个神秘的洞窟，这就是后来举世闻名的敦煌藏经洞，即莫高窟第17窟。这个神秘洞窟的发现，与王道士有着密不可分的关系，一切还要从他清理第16窟积沙说起。

清理积沙的意外发现

鸣沙山的四周都是戈壁荒漠，莫高窟开凿在鸣沙山的东麓，按方位分南区、北区，整个窟群大致可以分成上、中、下三层，而第16窟正好处于整个窟群的最下层。连年的西北风不断将鸣沙山顶的沙子吹散下来，时间一长，位于最下层的第16窟的窟口便被积沙所掩埋。王道士所居住的地方，正对面就是第16窟，出于距离、空间等多方面因素的考虑，他准备将这个洞窟改建成道教的灵宫，以用作除三清宫以外另一处可举行宗教活动的主要场所。

今天我们去莫高窟第16窟参观，仍可以清晰地看到甬道两壁上累积的一道道流沙的痕迹，自下而上直达洞口顶部，足以想象当年积沙是完全能把洞口掩埋掉的。

光绪二十六年（1900），王道士雇了几个伙计开始清理窟前及窟内的积沙，经过数月的清理，洞口的积沙基本清完。五月二十六日（6月22日），这是一个必将被载入史册的日子，当天，在清理完甬道的沙土后，有位姓杨的伙计无意中发现甬道北壁出现了裂痕，轻轻敲击，里边发出空洞的声音，他认为这后面可能还存在一个洞窟。于是他把这个消息告诉了王道士，王道士嘱咐他先不要声张，等晚上两人再商量怎么处理。就在这个夜深人静的晚上，王道士和杨伙计凿开甬道北壁的裂缝，果然发现里面别有洞天，首先映入他们眼帘的是一座土坯垒砌的门，高度不及一人。

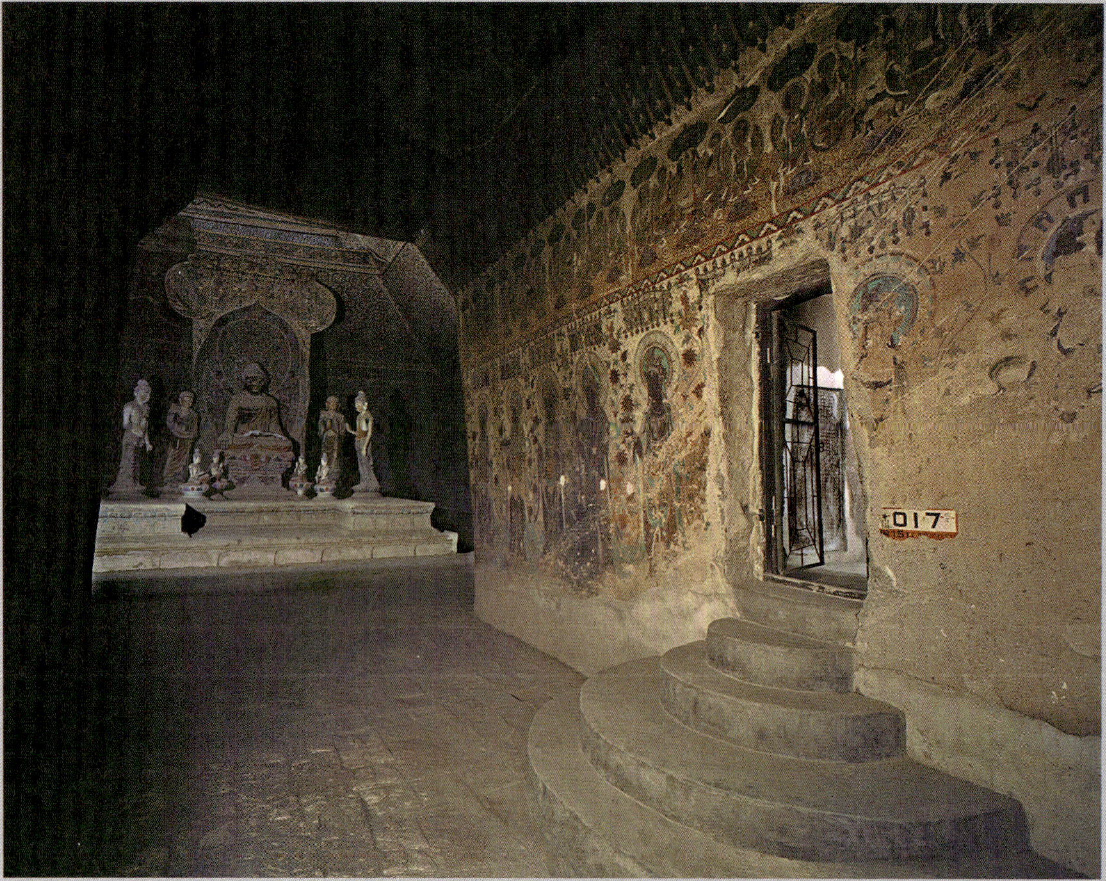

王道士心想，里面说不定有大量的金银财宝，于是两人合力将土坯移除，而此时里面又出现了一间密室一样的洞窟，目测面积约一丈有余。借着微弱的烛光，王道士看到这个洞窟内有数不清的白布包，几乎堆满了整个洞窟，并且摆放得非常整齐。他小心翼翼地拆开一个白布包裹，发现里面装了十余个写卷，其他包裹也都或多或少装有一定数量的经卷，另外在白布包裹的下方，还有佛像、绢画、丝织品、帛书、账册、法器等，把整个洞窟堆得满满当当。

这是根据1942—1943年在敦煌考察的谢稚柳的《敦煌石室记》所描述的情景做的还原，谢稚柳是从当地百姓口中得知这些信息的，那时距离藏经洞的发现仅40年左右，因此他的记载应该具有一定可信度。

就这样，一座世界文化宝库——敦煌藏经洞就被发现了，此后围绕这批文物文献，产生了一门世界性的学问：敦煌学。

藏经洞发现之谜

值得注意的是，关于藏经洞的发现，至今仍有很多种说法，刚才所提到谢稚柳笔记中的记载只是其中之一，当然也是最接近实际情况的一种观点。此外还有另外几种说法。

一种说法是王道士雇用了杨姓师爷在第16窟的甬道中抄经，在休息的空当，杨师爷喜欢用芨芨草点燃旱烟。在那天夜里，杨师爷写经身体困乏，吸食旱烟解困，便把燃剩的芨芨草插到甬道北壁的缝隙中，奇怪的是，这根芨芨草没有折断，而是顺着缝隙掉了进去。杨师爷非常惊讶，他用旱烟敲了敲芨芨草掉进去的壁面，听到了空洞的回声，他立即把这件事报告给了王道士。之后的事情就同谢稚柳所记的很相似了。仔细分析这种说法，显然是添加了一些演绎的成分在里面，很可能是时人以讹传讹、有意附会。

1 第16窟北壁的西夏壁画上清晰可见一道道流沙累积的痕迹

2 藏经洞位于第16窟甬道北壁

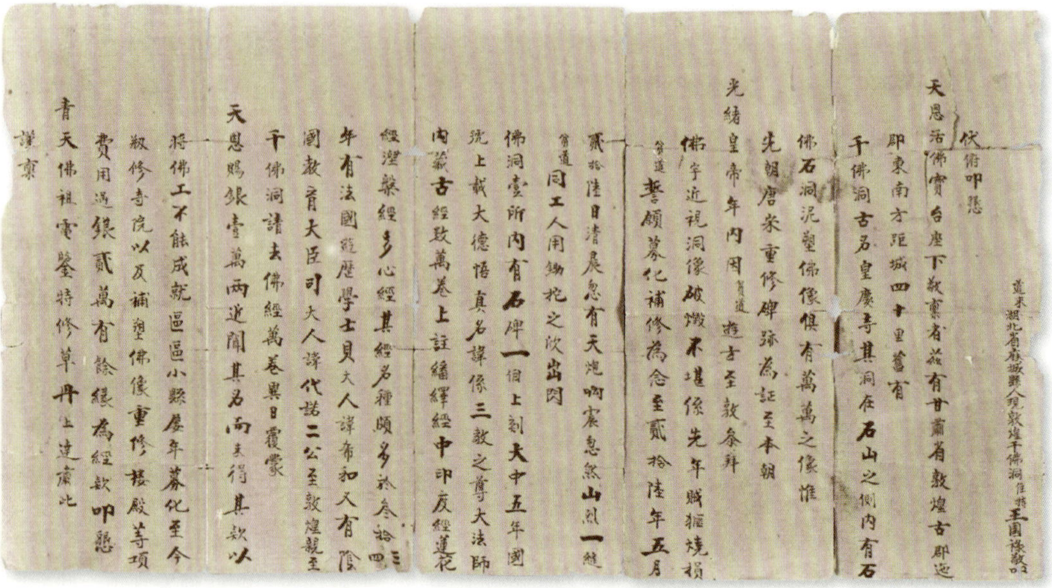

道末湖北省麻城縣人現敦煌千佛洞住持王圓祿敬叩
伏 俯叩懇
天恩活佛寶台座下敬禀者兹有甘肅省敦煌古郡迤
即東南方距城四十里舊有
千佛洞古名皇慶寺其洞在石山之側內有石
佛石洞泥塑佛像俱有萬萬之像惟
先朝唐宋重修碑跡為証至本朝
光緒皇帝年內因貧道遊方至敦参拜
佛字近視洞像破壞不堪係先年賊匪燒損
貧道誓願募化補修為念至貳拾陸年五月
貳拾陸日清晨忽有天炮響震忽然山裂一縫
貧道同工人用鋤挖之欣出閃
佛洞壹所內有石碑一個上刻大中五年國
號上載大德悟真名諱係三教之尊大法師
內藏古經數萬卷上註繙繹經中印度經蓮花
經湼槃經多心經其經名種頗多於叁拾四
年有法國游歷學士貝大人諱希和又有陰
國教育大臣司大人諱代諾二公至敦煌親至
千佛洞請去佛經萬卷異日覆蒙
天恩賜銀壹萬兩近聞其名而未得其款以
將佛工不能成就區區小縣屡年募化至今
敬修寺院以及補塑佛像重修樓殿等項
費用過銀貳萬有餘緣為經款叩懇
青天佛祖電鑒特修草丹上達肅此
謹禀

1944 年在王道士遗物中发现的其墨书《催募经款草丹》（编号：D0311），现藏敦煌研究院

另一种说法是以王道士名义撰写的《催募经款草丹》记载的，1900 年 6 月 22 日，忽然有天雷响震，鸣沙山莫高窟第 16 窟裂开一道大缝，王道士和工人用锄头挖开此缝，里面又出现一个洞窟，洞内有刻有“大中五年”年号、大德“悟真”名讳的石碑一座，还有数万卷古代写经。这种说法毫无疑问与事实相去甚远，大概是王道士为了催促朝廷拨款所编造的谎言，明显带有夸张的意味，严重脱离实际。

无论如何，可以肯定的一点是，正是由于王道士组织清理积沙，才有了藏经洞的发现。不管此后藏经洞文物的命运如何坎坷，王道士发现藏经洞，算是他平生的一件功劳。

4 失落的宝藏：藏经洞文物的流散

藏经洞出土的敦煌遗书与殷商甲骨文、居延汉简、明清内阁大库档案，并称为20世纪中国学术的“四大发现”，而其中尤以藏经洞出土敦煌遗书的命运最为曲折，这批文献因故流散至世界各地，每每提起，不由得令人扼腕叹息。

藏经洞文物的早期流散

藏经洞出土的文物到底有多少呢？想弄清楚这个问题，就要先了解敦煌文献的流散情况。其实，敦煌文献的流散，大致可以分为两个阶段。第一阶段为1900年至1907年3月，即藏经洞发现以后至外国探险家还没有进藏经洞以前；第二阶段是1907年之后，包括斯坦因、伯希和在内的诸多探险家，在这一阶段内掠走了大量的藏经洞文物。

第一阶段的流散情况：自从藏经洞开启以来，面对众多的文献文物，读过几年书的王道士也多少知道点这些东西的价值，因此他选出一些书写得非常好的经卷以及精美的绢画，送给地方官僚。除了想通过结交这些人来提高自己的社会地位以外，也是为了借此换取一些功德钱，用来维持宗教活动和日常生活。目前所知道的，王道士赠送经卷的对象有安肃道道台兼兵备使廷栋（藏品后归张广建、许承尧、周炳南等人）、敦煌县长汪宗翰、甘肃学政叶昌炽、敦煌典史苏培方等，湖广总督端方在斯坦因到达敦煌之前，也收到过敦煌地方官员寄送的藏经洞出土绢画等。

上述流散出的藏经洞文献不乏精品，如叶昌炽旧藏于阗公主供养

叶昌炽旧藏于阗公主供养的《地藏菩萨像》

叶昌炽没有子嗣，他去世后，这幅画便流出，先后被福州梁章钜、浙江吴兴蒋汝藻所收，1919 年王国维受聘为传书堂编写藏书志，曾在蒋家看到这幅画。1925 年蒋氏实业亏损，开始典卖图书，这幅画流入上海书肆，1930 年被一日本人从中国书店主人金颂清处买走，后又被美国弗利尔美术馆买走，经过装裱后一直保存在库房中

的《地藏菩萨像》、端方旧藏的唐咸亨四年（673）抄本《金刚般若波罗蜜经》、苏子培旧藏的《南华真经》、陆季良旧藏的天成四年（929）绢画《药师琉璃光如来像》等。荣新江的《敦煌学十八讲》中提到，王道士以品相较好、书法亦佳作为标准，选取这样的写卷送人，也注定了早期流散的敦煌文献的类型多是佛经道典。

关于早期藏经洞文物流散的记载十分有限，流散文物的数量至今也无法获得确切的数字，因此我们只能从零散的材料中搜寻有关早期藏经洞文物的只言片语，去了解大概情况。不过有一点可以肯定的是，如果再有新的敦煌文献出现，只要能确定其是早期流散出去的，对于判断它的真伪就有极大的帮助。

外国探险家的介入

第二阶段则主要是外国探险家对藏经洞文物的骗取。清末民初，社会动荡，遥远的东方吸引了很多探险家的到来，他们借助考察的名义，盗取中国的文物。其中一部分探险家到达敦煌，通过各种手段从王道士手中骗取大量文物，主要有斯坦因、伯希和、大谷光瑞、鄂登堡等人。

斯坦因是原籍匈牙利的英国探险家和考古学家，他一生最重要的成绩就是对亚洲腹地的考古。他在英国及印度政府的支持下，曾经先后四次进行中亚探险，其中第二次、第三次探险都曾经到过敦煌莫高窟。1907年5月，斯坦因第二次中亚探险期间，在师爷蒋孝琬的配合下，谎称自己是印度来的僧人，沿着唐玄奘当年走过的足迹而来求取佛经，骗取了王道士的信任，才得以接触到藏经洞这些文物。斯坦因前后在莫高窟待了一周左右，但他的盗宝工作是在藏经洞外进行的，是王道士和蒋师爷把经卷等文物抱出来，斯坦因再挑选。最后他以约二百两银子的价格，从王道士手中买走了二十四箱写本（包括汉文、胡语文

1 | 3 4
2 | 5
| 6 7

1 敦煌莫高窟外观，1907 年斯坦因摄，匈牙利科学院图书馆藏

2 莫高窟第 249 窟附近的洞窟群，1907 年斯坦因摄，匈牙利科学院图书馆藏

献）和五箱绢画等艺术品。1914 年，斯坦因第三次中亚探险期间，又以极低的价格从王道士手中买走了几百卷写本，装了满满四大箱。斯坦因所得藏经洞文物现在分藏英、印两国，文书被英国国家图书馆收藏，绘画被大英博物馆和印度新德里国立博物馆收藏。

3 英国探险家斯坦因

4 斯坦因和助手们

5 莫高窟第 16 窟甬道地板上捆扎着许多来自第 17 窟的手卷，1907 年斯坦因摄

6 来自第 17 窟的手卷

7 斯坦因的作品《千佛洞：中国西部边境敦煌石窟寺所获之古代佛教绘画》（1921 年）

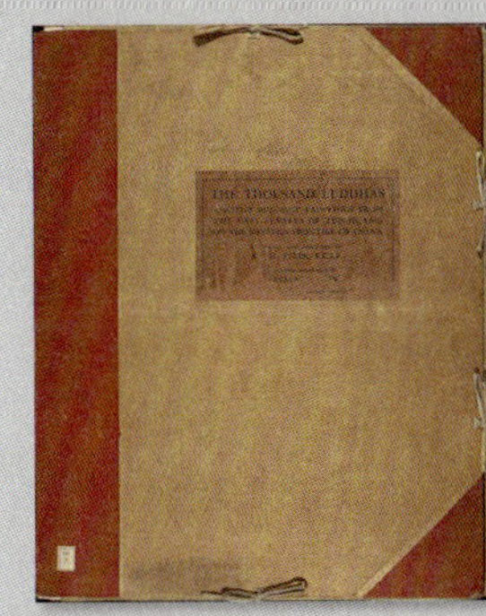

THE THOUSAND BUDDHAS

ANCIENT BUDDHIST PAINTINGS FROM THE CAVE-TEMPLES OF TUN-HUANG ON THE WESTERN FRONTIER OF CHINA

RECOVERED AND DESCRIBED BY

AUREL STEIN, K.C.I.E.

WITH AN INTRODUCTORY ESSAY BY

LAURENCE BINYON

PUBLISHED UNDER THE ORDERS OF H.M.'S SECRETARY OF STATE FOR INDIA AND WITH THE CO-OPERATION OF THE TRUSTEES OF THE BRITISH MUSEUM

LONDON

BERNARD QUARITCH

伯希和是法国探险家，1908 年，他在新疆考古途中，见到藏经洞出土的敦煌写经，立刻改变原定计划，赶往敦煌莫高窟。他到达之后，王道士外出化缘不在莫高窟，伯希和便带领考察队成员对洞窟进行测量、编号，抄写洞窟内的题记，并拍摄了大量洞窟内外的照片，这些照片和笔记成为后来研究敦煌学的重要资料。由于伯希和的汉语十分流利，他和王道士交流起来比较容易，也很容易获得王道士的好感。伯希和被允许进入藏经洞是在同年的 3 月，他借着微弱的烛光，用三周左右的时间把藏经洞内的文献整个翻检一遍，并且按照自己的挑选标准选取了一批价值极高的文献，主要是题写有抄写年代的卷子、《大藏经》之外的佛教经卷，以及用民族文字书写的经卷，另外还挑选了一些印本和绢画。最终，他以五百两银子的价格，换取了藏经洞文献中比较精华的部分。伯希和所获藏经洞文物，现在主要收藏在法国国家图书馆和吉美博物馆等。

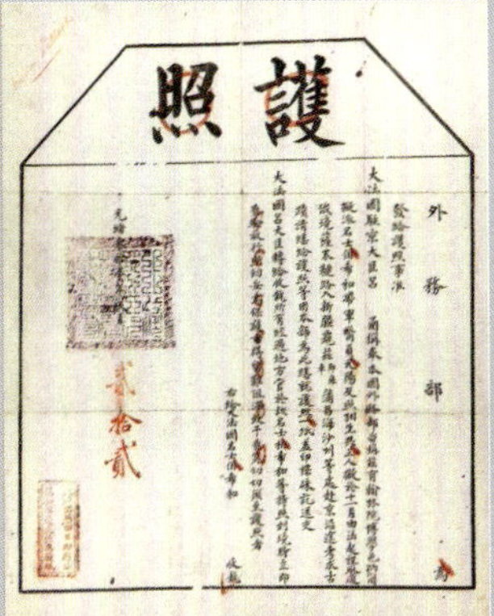

護照

外務部

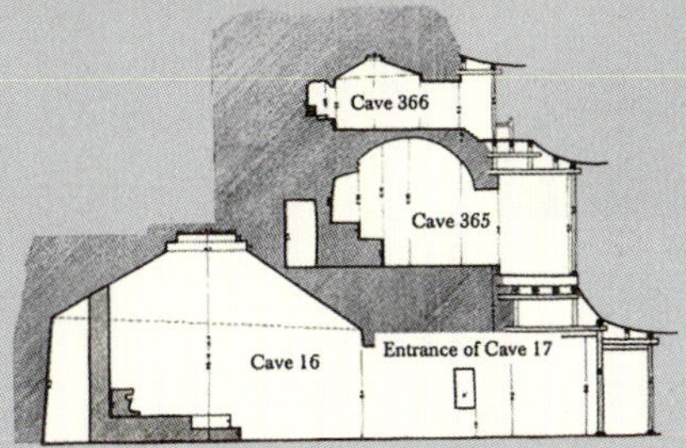

1 | 2 3 4
5 6
7 8

2 伯希和（Paul Pelliot，1878—1945），是第一位对敦煌石窟做全面记录的学者

3 伯希和的护照

4 伯希和考察队在莫高窟

5 伯希和记录的第 16 窟、365 窟、366 窟剖面、立面图

6 1908 年，伯希和花了三个星期时间在藏经洞里挑选经卷，努埃特拍摄

1 7 8 伯希和拍摄的莫高窟照片

1 2 | 3

1 日本探险家大谷光瑞（1876—1948）

2 俄国探险家鄂登堡（1863—1934）

3 普林斯顿大学葛斯德图书馆藏，莫高窟北区出土回鹘文写本

大谷光瑞是20世纪初日本的中亚探险家，京都西本愿寺的法主。他于1900年到欧洲留学，斯坦因、伯希和等人的中亚考察成果，激起他中亚探险的兴趣。他前后组织了三次中亚—新疆探险，其中第三次探险（1910—1912）时，团队成员橘瑞超、吉川小一郎曾到达过敦煌，他们各自从王道士手中买到了数百卷的经卷、绢画等，当然其中有些副本较多，如藏文写本《大乘无量寿经》就有二百余卷。大谷光瑞收藏的藏经洞文物，后来辗转藏于龙谷大学图书馆、旅顺博物馆、中国国家图书馆等处。

俄国探险家鄂登堡组织的考察团，到达敦煌莫高窟的时间是1914年8月，他们在来之前早就做好了谋划，准备有组织地盗掘。在到达莫高窟以后，他们很快按计划分工协作，对莫高窟443个洞窟进行摄影、测量、考古清理、发掘、绘制崖面平面图等，不仅拍摄了大量壁画照片，还从洞窟中清理出不少文献文物。根据鄂登堡记录详细的考察笔记，能够证实这是首次对莫高窟进行的较为全面的研究。虽然他们到达敦煌的时间晚于其他探险家，但是收获颇丰，发掘出的写卷、绢画等文物加上当地购买的文物，装满好几大车。鄂登堡考察团所得的文物，敦煌写卷现藏俄罗斯东方学研究所圣彼得堡分所，艺术品（包括雕塑、绢画、丝织品等）、考察日记等则全部收藏于艾尔米塔什博物馆，俄罗斯收藏的藏经洞文物，从数量上来看居各国之首。

藏经洞里有哪些文物?

简而言之，藏经洞出土的文物主要可以分成两大类：一类就是敦煌写本文献，以写经为主，包括汉文写经、藏文写经及其他民族语言文字（如粟特文、回鹘文等）的写经，还有少量的印本、拓本文献等。第二类为艺术品，包括绢画、纸本画、丝织品、雕塑、壁画等。

这两类文物的时代为 4 世纪至 11 世纪，根据较为可靠的数字统计，目前收藏于世界各地的藏经洞文物总数达 6 万余件，集中反映了中古时期中国社会、政治、经济、文化、艺术、宗教及中西文化交流等方面的情况，因此藏经洞文献被誉为“中国中古时代的大百科全书”，是从事中古史研究的巨大资料宝库。

敦煌写本文献中 95% 的汉文写卷为佛典，非佛典文献有经、史、子、集四部文献，俗文学，档案文书等。而其中官私文书、邈真赞等，是极具价值和特色的珍贵文献。

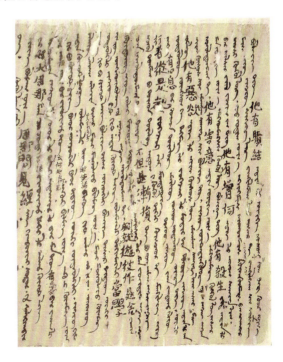

1

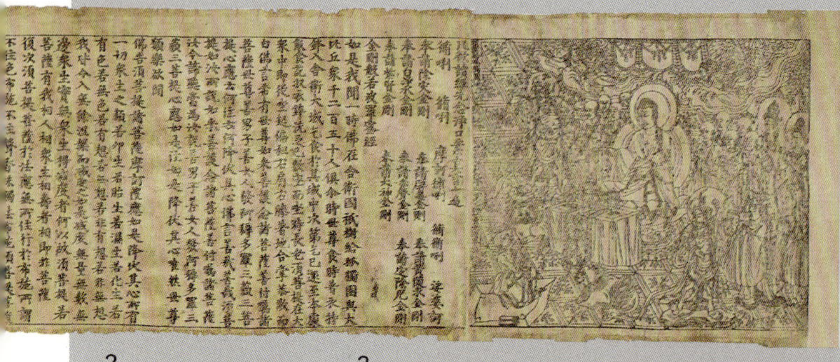

2

3

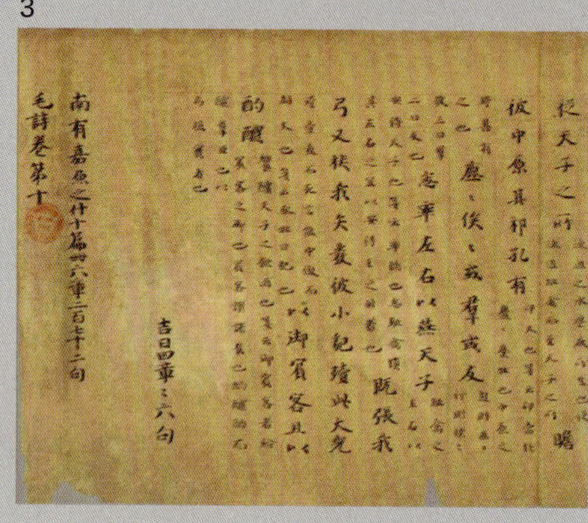

4

5

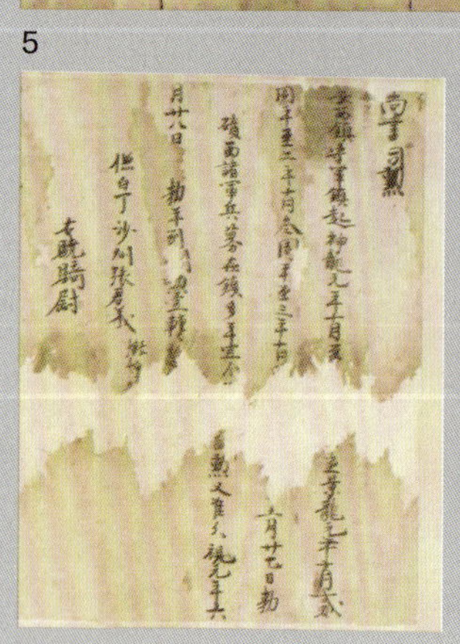

6

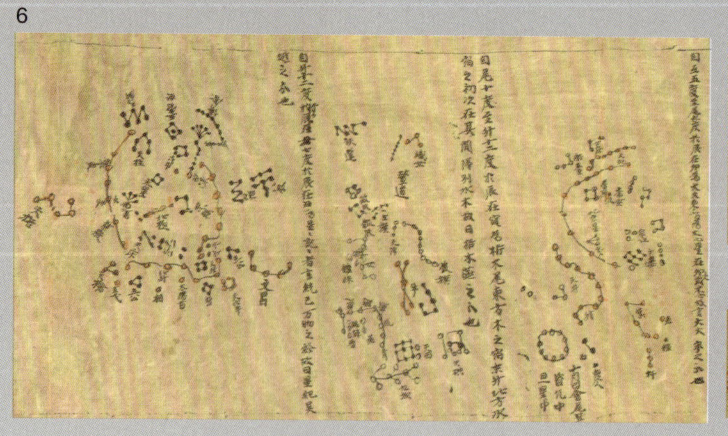

藏经洞里的十大类“宝贝”

一座不到 8 平方米大的洞窟——藏经洞为什么会被称为“包罗万象的图书馆，中国中古时代的大型资料库”？写本、印本、文献、艺术品……藏经洞里究竟有多少东西？下边我们就来细数藏经洞中的十大类藏品

一 宗教典籍

佛经占敦煌写本的 90% 以上。佛经以外还有道教以及一些外来宗教的典籍文献。

1 唐咸通九年（868）雕刻本《金刚般若波罗蜜经

2 道教文献《老子道德经》（P.4246）

二 儒家经典

比如《诗经》《尚书》《周易》《春秋》《论语的古写本。

3《诗经》（《毛诗》）写本局部（P.2529）

三 历史地理文献

如《史记》《汉书》《三国志》及其他一些失传的史书，还有地方志，如记录了古敦煌地理分区的《沙州都督府图经》。

4《史记》残卷（P.2627）

四 官私文书

非常珍贵的原始的社会史料，为研究中古

政治史提供了历史依据，如唐代《张君义勋告》，是官府授予 263 名立功战士勋官的任命书。私人文书则有大量中古时期的民事契约。类似这样的经济契约乃至法律文书，在藏经洞中很丰富。

5《张君义勋告》（敦煌研究院藏，D0710 号）

五 科技文献

比如天文学文献有唐代的《全天星图》，著录了当时人们肉眼所能观测到的北半球 1348 颗星。还有医药学资料也颇为丰富，如有《灸法图》这样记录灸疗、针灸的专著。

6 唐代的《全天星图》（S.3326）

7《灸法图》（P.2675）

六 文学典籍

如我国最早诗歌总集《诗经》以及文学作品总集《文选》、唐人选的唐诗等。另有一些把佛经故事等演化为便于说唱的通俗文词的作品，即所谓的“变文”，这也是敦煌文献最有特色的内容之一。

8《文选·运命论》（P.2645）

七 非汉文文献

有中亚粟特文、回鹘文、吐蕃文、印度梵文、于阗文、突厥文、希伯来文等。

9 于阗语文书（P.5538）

八 工匠和商行

记录了当时与匠人相关的各种事务，如织褐、皮匠、制鞋、画匠、塑匠、纸匠、木匠、石匠，等等。

九 书法

敦煌藏经洞大量的写本中，有不少经典的书法帖子，展现了从东晋直到北宋各个时代的书法真迹。

10 唐人临《旃罽胡桃》帖（P.4642）

十 绢画和刺绣等艺术品

大部分与佛教有关，绢画中有一些独立的画幡是壁画中较少出现的，如行道天王、引路菩萨、高僧像等。由于壁画和绢画的质地不同，表现出来的技法及效果也有差异，对于全面认识敦煌绘画有重要意义。

11 唐代的《释迦牟尼瑞像图》刺绣，207×157 厘米

9

11

10

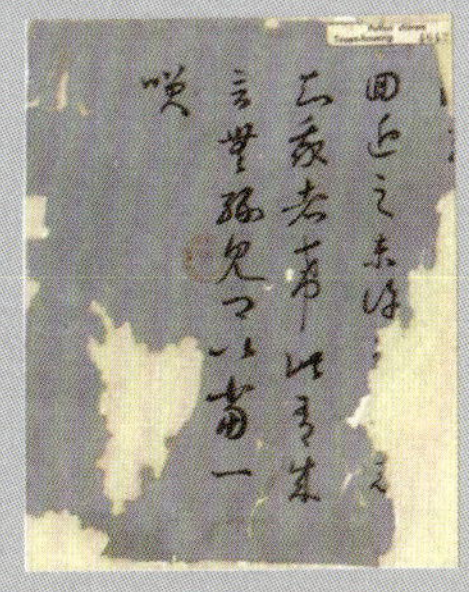

7

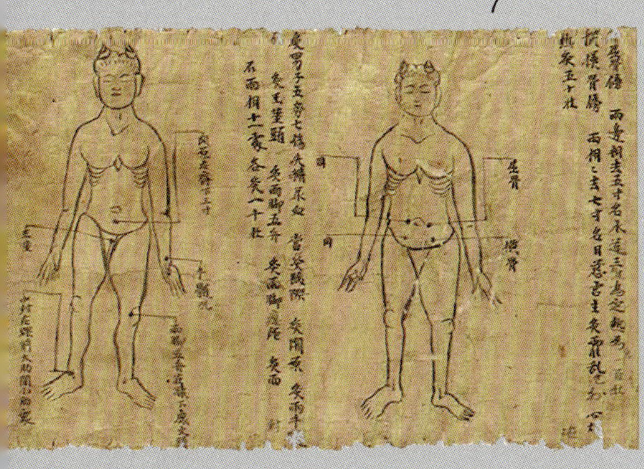

8

5 藏经洞的封闭与敦煌学之兴起

藏经洞是什么时候封闭的，又是什么原因导致其封闭的？这两个问题自藏经洞发现以来，一直困扰着学术界，大家众说纷纭，目前还没有得出一个最准确的结论。在此，我们结合相关资料及研究，为大家介绍一些主要的观点。

藏经洞的封闭时间

关于藏经洞的封闭时间，斯坦因据所见的写经及绢画题记年代最晚者为10世纪末，推测藏经洞的封闭时间大约在11世纪初叶。伯希和根据藏经洞中没有西夏文题记及西夏文文献，推测藏经洞的封闭时间是在1035年西夏进攻敦煌的前夕，罗振玉、姜亮夫等同意此说。日本学者藤枝晃，则根据藏经洞中多是写本文献，印本文献数量极少，认为当时正值印本佛经取代卷轴装佛经，那么时间约在1002年之后不久，施萍婷、张涌泉、何昌林等亦持此说。荣新江根据藏经洞中最晚的一件有纪年的文书为宋咸平五年（1002）的，结合当时西北的社会历史环境，认为藏经洞的封闭应该与于阗灭黑汗王朝有关，时间为1006年。沙武田根据第16窟现存表层壁画所表现出的“末法思想”以及曹氏归义军时期与辽朝的交往情况，得出藏经洞封闭的时间约在1014—1020年或稍后。殷晴认为，据《宋史・于阗传》记载，北宋绍圣年间（1094—1098）于阗曾向宋朝请求出兵攻打西夏，宋朝表示同意，这一消息当时很可能引发了敦煌佛教徒的恐慌，导致他们封闭了藏经洞，谭真也赞同这个观点。关百益认为，是因为蒙古军对敦煌的进攻，致使藏经洞封闭，时间在 1228 年之前。张维的观点认为藏经洞是在元明易代之际（1348—1368）封闭的。

综上，学者们对藏经洞封闭时间的推测，大致可分为四个时间段，即曹氏归义军晚期、西夏占领敦煌之后、蒙古进攻敦煌之前、元明易代之际。

哪种说法更接近历史真实情况呢？曹氏归义军执政时，其内部没有发生家族之间为争权血拼、暴力接替政权的情况，藏经洞在这段时间封闭的可能性比较小。而大概到了 1036 年，敦煌归义军才被西夏所灭。根据藏经洞出土文物及学者们考证的严谨程度来看，藏经洞封闭于曹氏归义军晚期，应该是最接近实际情况的。

藏经洞封闭的原因

敦煌藏经洞到底是什么原因封闭的？这些文书是怎样藏进去的？关于这个问题，也是仁者见仁、智者见智，学术界主要的观点包括避难说、废弃说、佛教供养法物说、末法思想说、道真修复佛经说等，我们这里择主要观点说明一下。

避难说。通俗讲就是因为躲避战争而封闭。最早提出这一观点的是伯希和，他在《敦煌石室访书记》中提到，因为洞中的写经及绢画、佛像等堆置得很杂乱，且写经题记中最晚的为宋初的年号，并没有发现用西夏文书写的文献，因此推测藏经洞很可能是 1035 年西夏李元昊在攻打敦煌时，当地人为躲避战乱而急促封闭的。他的观点也引发其他学者的讨论，有学者认同避难说，但认为所躲避的是蒙古军攻打敦煌的战事；还有学者认为是为躲避喀喇汗王朝对西夏沙州的战事而封闭，喀喇汗王朝信仰伊斯兰教，对佛教比较抵触，敦煌僧人怕佛像文献等因此受损，所以被迫将其藏了起来，而西夏收复沙州后，又在藏经洞封闭的壁面上重新绘制了新的壁画。

废弃说。根据斯坦因《西域考古图记》的记载，他认为藏经洞中的文物大多是当时佛经中的废弃部分以及一些其他的宗教废弃物。他在翻检装有经卷的包裹时，发现包裹中除了写经以外，还有一定数量的汉藏文碎纸片、木轴、绢画残片及幡画的木质网架等，从而得出这些文物都是从当时敦煌各寺院中搜集来的废弃物，藏经洞实际上是放置这些废弃物的仓库。古代有“惜纸”的心理，凡是写上字的东西都不能随便扔，藏经是把当时废弃了的经卷，有条不紊地藏了起来，也因此敦煌藏经上会有鸟粪。日本学者藤枝晃也赞同废弃说，但他认为是 11 世纪初期，由于印刷术的流行，莫高窟的寺院用印本佛经取代卷轴佛经时，将废弃的卷轴佛经等存放于此。

佛教供养法物说。此说由苏州戒幢佛学研究所的僧人文正义提出，他在否定避难说和废弃说的同时，提出藏经洞里存放的实际上就是佛教供养的法物，这是在举行大型宗教仪式时的一种宗教行为，即对这些法物进行集中的供养。这一观点是基于他对藏经洞性质的看法而提出的，他认为藏经洞经卷可以类比于佛塔的装藏，可作为镇塔之物，相当于一种供养物，甚至可看作舍利之用。这一说法立意独特，可算作一家之言。

末法思想说。所谓“末法”，是说在佛陀涅槃后，佛法渐次没落的过程，中间会经历正法、像法、末法三个阶段，每个阶段五百年。当时的占卜之士算到自这个阶段开始,便将进入下一个五百年,即“末法”时代了，所以佛教徒就在敦煌提前把经卷藏起来，以防遭到毁灭性打击。沙武田分析了藏经洞外层所绘的壁画,认为第 16 窟主室壁画的“千佛变”主题，反映的就是末法思想，鉴于辽代末法思想的流行以及同时期敦煌曹氏归义军与辽的密切交往，很可能是辽代的末法思想传到了敦煌，并与敦煌原有的末法思想结合，从而导致了藏经洞的封闭。

道真修复佛经说。这一观点是张涌泉等人在多年从事敦煌残卷缀合的过程中，得出的比较新的研究成果。他们认为敦煌文献的主体是残卷，重点分析了残卷汇聚的目的及其与三界寺藏经的关系，并找到了诸多藏经洞“修补头尾”的实证，最终得出结论：藏经洞乃是道真等人汇聚和修复佛经材料的场所，即“故经处”。

三界寺是唐代时期敦煌地区著名的寺庙，但关于三界寺几乎没有图像资料，连遗址至今都没被发掘出来。公元900年前后，在“西汉金山国”与回鹘打仗时，三界寺被回鹘烧毁，其藏经损失惨重。而后有个虔诚的和尚张道真，用自己一辈子的时间，试图复原三界寺的藏经。怎么复原呢？他把各个寺院不要的残损经文拿来，然后进行拼接。佛经是每行17个字，从哪个字开头，又在哪个字结束，都是固定的，拼接起来比较方便。张道真就到敦煌各个寺院、各个人手里收集这些残损经书，并做下记录，整理了他自己的藏经目录。藏经洞存放的文物，除了道真等修补后的经本之外，还有作为配部和修复材料的物品。而藏经洞封闭的时间应该在道真去世后不久。

以上这几种说法都有理由，但也都有站不住脚的地方。比如西夏灭亡的说法，事实上西夏是信仰佛教的，黑水城出土的经书和艺术品都非常完整，说明西夏没理由对敦煌地区的佛教进行摧残。但兵灾确实会对寺院产生影响，只不过能否对敦煌地区的佛教产生那么大影响，又是两回事了。

至于废弃说，其主要理由是经卷上的鸟粪，还说敦煌的经藏恢复不出一部几千卷的《大藏经》。不能恢复是有原因的，敦煌本身的藏经在收藏时就不是完整的。敦煌各寺院的藏经，没有一个是完整的，所以才有道真和尚用一辈子拼接恢复三界寺藏经的故事。而且敦煌的藏经多数都是供养经，供养经就是觉得哪个经好，哪个经的威力大，就供养它，供养人掏钱就行，寺院负责抄写。一卷经的价格也很明确，一石麦子写一卷经，大概抵半年的口粮。在敦煌藏经里，这些抄经师也会投机取巧，经常在中间人不易察觉的地方，省略掉一些内容。而多数的经都是写好的，尤其是供养经，只要有人掏钱供养，直接将其名字写上去就可以，它是现成的。实际上，这也是一种生意。

对于敦煌藏经洞封闭的原因，我们更倾向于是战争造成的，特别

道真和尚的藏经整理工作

第一步，清理登记三界寺所藏佛经，敦煌研究院藏文书《三界寺应有藏内经论目录》（编号：敦研 345，五代后唐长兴五年写本）提到“应有藏内经论，见为目录”，就是应该有的、目前已经有的或有而不全的佛经目录。

第二步，在敦煌各寺院找寻三界寺佛经的残卷，另一份文书《见一切入藏经目录》（BD14129，北图续 329，为大谷探险队所获，后入藏中国国家图书馆）提到“应有所得经论，见为目录”。

第三步，整理出完整的藏经目录定本，即《三界寺见一切入藏经目录》（S.3624），这件文书仅存 25 行字。

这三件文书，正好呈现了道真和尚修复三界寺藏经的整个历程。道真在 934—935 年间，大概寻访、修复了藏经一百六十余部，其中包括篇幅长达六百卷的《大般若经》。而他整理修复的这批三界寺藏经，后来都存入了藏经洞。

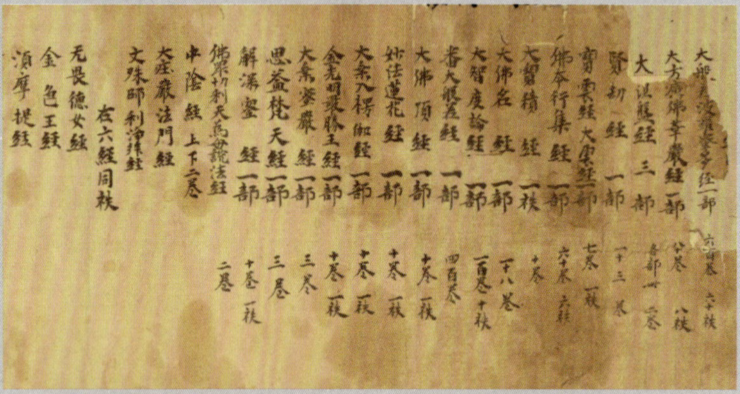

1

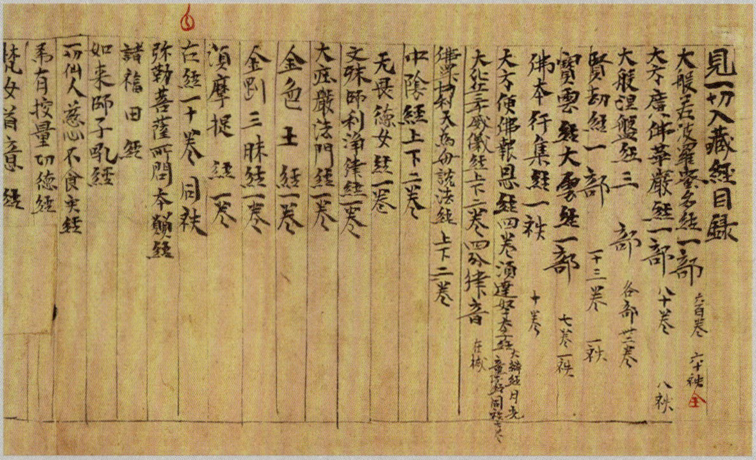

2

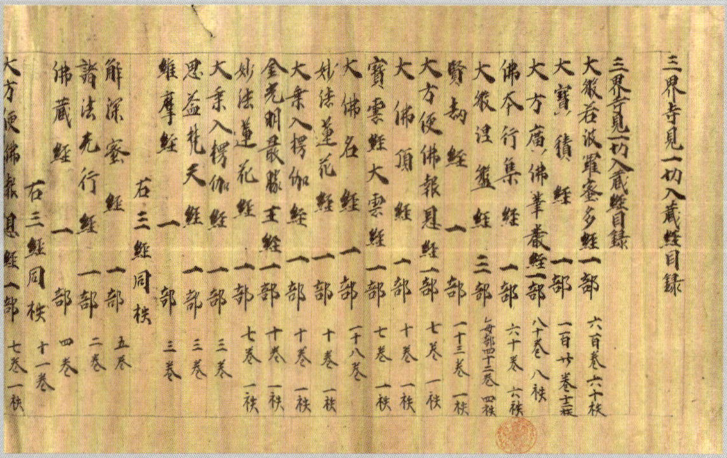

3

是黑汗往东发展造成的。当然现在灭法思想这种说法的影响力也很大，所以关于藏经洞到底是怎样封存的，还得学术界再研究才能提出最后的结论。随着不同学科、不同专业的学者加入敦煌学研究的队伍，将来对藏经洞封闭原因的讨论，或许还会出现新的看法，也值得大家思考与期待。

千年后的再次繁荣：敦煌学之兴起

封闭了九百多年的藏经洞，在1900年再次见到天日之时，带给了世界巨大的震撼。尤其是其中大量珍贵文书的发现，引发国内外学术界的巨大震动，海内外的学者都对此异常关注，从而渐渐形成了一门全新的研究——敦煌学。敦煌学是一门以地域命名的学问，原本主要是研究藏经洞出土的写本文献，之后逐渐扩大到整个敦煌地区的石窟、壁画、汉简乃至周边地域出土的文献和文物。

前边提到过，藏经洞文书除了宗教经卷外，还有大量反映了中国中古时期社会、政治、经济、文化等内容的文书，这些资料未经过后人转写，是新鲜的第一手资料，这对于研究历史文化的学者来说，是宝贵的新材料，由此揭开了敦煌学研究的序幕。

藏经洞被重新发现后的两年，民国时期著名的收藏家们便开始收集藏经洞文献，比如金石学家叶昌炽先生；而当年伯希和盗取出来的敦煌遗书，也被他运到北京，并展示给了罗振玉、王国维等人，罗振玉先生还拿到了一部分敦煌文献的照片，并据此编撰了《敦煌石室遗书》《鸣沙山石室秘录》。罗振玉等学者，眼见自己国家的文物被他人盗走，心中十分不甘，为此奔走呼吁，希望政府能够关注敦煌的文物。在他们的积极请求下，清政府在1910年（伯希和掠走藏经洞文物后的一年）将劫余的八千多卷敦煌遗书，送交到了北京保存。史学大家陈垣先生，正是根据这批材料，编出了《敦煌劫余录》，陈寅恪先生为此

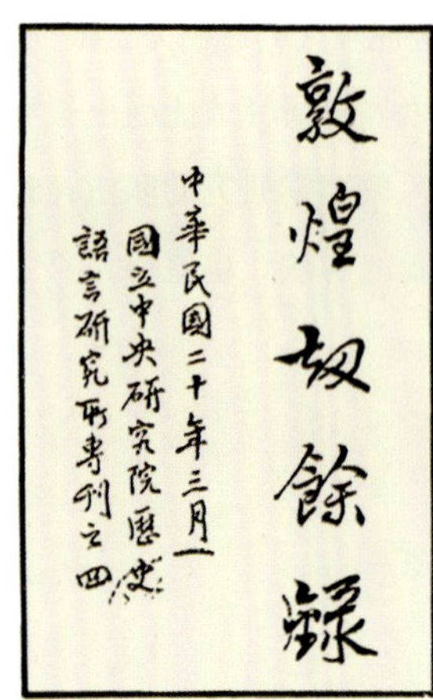

敦煌劫餘錄

中華民國二十年三月

國立中央研究院歷史語言研究所專刊之四

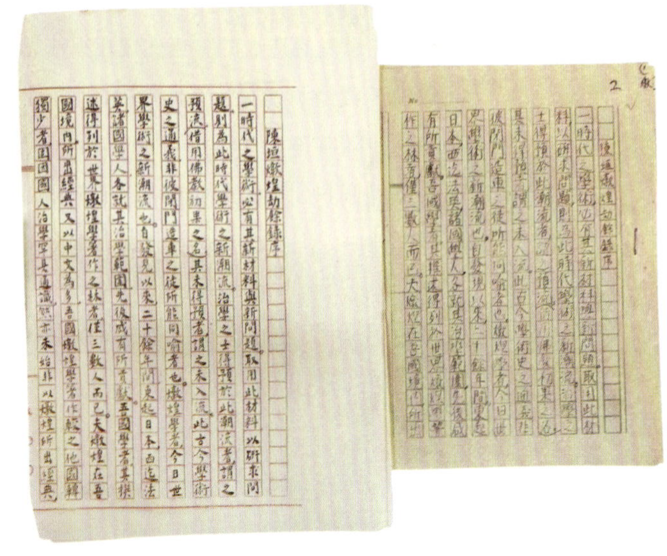

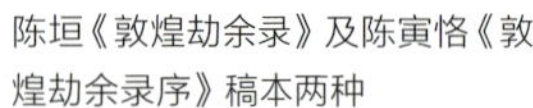

陈垣《敦煌劫余录》及陈寅恪《敦煌劫余录序》稿本两种

书作序时，留下了中国敦煌学史上让人扼腕的一段话：

> 敦煌学者，今日世界学术之新潮流也。自发见以来，二十余年间，东起日本，西迄法英，诸国学人，各就其治学范围，先后咸有所贡献。吾国学者，其撰述得列于世界敦煌学著作之林者，仅三数人而已。夫敦煌在吾国境内，所出经典，又以中文为多，吾国敦煌学著作，较之他国转独少者，固因国人治学，罕具通识，然亦未始非以敦煌所出经典，涵括至广，散佚至众，迄无详备之目录，不易检校其内容，学者纵欲有所致力，而凭藉未由也。

陈寅恪先生感慨，当全世界都热衷于敦煌学研究之时，“吾国学者，其撰述得列于世界敦煌学著作之林者，仅三数人而已”。事实上，由于不少珍贵的敦煌遗书以及彩塑、壁画流散到了海外，加上中国于20世纪上半叶以来政局一直不稳定，导致我国敦煌学的研究，在很长一段时间内一直落后于外人。甚至曾经有“敦煌在中国，敦煌学在日本”的说法，似乎使得敦煌真的成了“吾国学术之伤心史也”。

1949年后，我国敦煌学研究终于迎来了转机，国家非常重视对敦煌的保护与研究，不仅为修复莫高窟拨发巨款，更通过外交得到了伦敦藏敦煌遗书的微缩胶卷，使得我国敦煌学的面貌开始焕然一新。相关的研究机构也不断壮大，1944年成立的“国立敦煌艺术研究所”在1950年改为“敦煌文物研究所”，又在1984年扩建为敦煌研究院，逐渐成为敦煌学研究的重心所在。而兰州大学也于1979年成立了敦煌学研究小组，1982年扩建为敦煌学研究室，1999年扩建为敦煌学研究所，并入选为首批教育部人文社会科学重点研究基地，如今已经成为敦煌学研究与人才培养的主要阵地。

1983年中国敦煌吐鲁番学会成立，季羡林先生任会长。而在1988年第二次中国敦煌吐鲁番学会召开时，为了回应当年日本学者藤枝晃所谓“敦煌在中国，敦煌学在日本”的说法，季羡林专门发表讲话，说：“中国敦煌吐鲁番学会成立五年来，世界各国敦煌吐鲁番学同行之间的友谊增强了。时至今日，越来越明显了，任何学问都是国际性的，敦煌学也不能例外。敦煌在中国，但是敦煌学却在全世界。”

季先生这段话，表现了极为开阔的学术格局，为敦煌学赋予了世界性，也为敦煌学的发展繁荣，注入了新的动力。敦煌这个伟大的艺术宝库，不仅属于中国，也属于全人类。正如季羡林先生所言：“敦煌文化的灿烂，正是世界各族文化精粹的融合，也是中华文明几千年源远流长不断融会贯通的典范。选择敦煌，是一种历史的机遇。”

1908 1914 1944

1900 1907 1910 1920 1930 1940

藏经洞发现年表

1900 年 6 月 22 日，王道士发现藏经洞。

1907 年 5 月，英国探险家斯坦因在莫高窟待了一周，二百两银子购得二十四箱写本和五箱绢画。

1908 年 3 月，法国探险家伯希和历时三周把藏经洞内文献整个翻检一遍，以五百两银子购得藏经洞文献中比较精华的部分，其所获文物现在主要收藏在法国国家图书馆和吉美博物馆。

1910—1912 年，日本探险家大谷光瑞历三次探险，从王道士手中购得数百卷经卷、绢画，所得文物后来辗转收藏于龙谷大学图书馆、旅顺博物馆、中国国家图书馆等处。

1914 年，斯坦因再以低价买走几百卷写本，斯坦因所得藏经洞文物现在分藏英、印两国，文书被英国国家图书馆收藏，绘画被大英博物馆和印度新德里国立博物馆收藏。

1914 年 8 月，俄国探险家鄂登堡带领的考察团在敦煌发掘的写卷现藏于俄罗斯科学院东方学研究所圣彼得堡分所，艺术品、考察日记等收藏于艾尔米塔什博物馆。

1944 年，常书鸿促成国立敦煌艺术研究所成立。

1950 年，国立敦煌艺术研究所改组为敦煌文物研究所。

1984 年，敦煌文物研究所扩建为敦煌研究院。

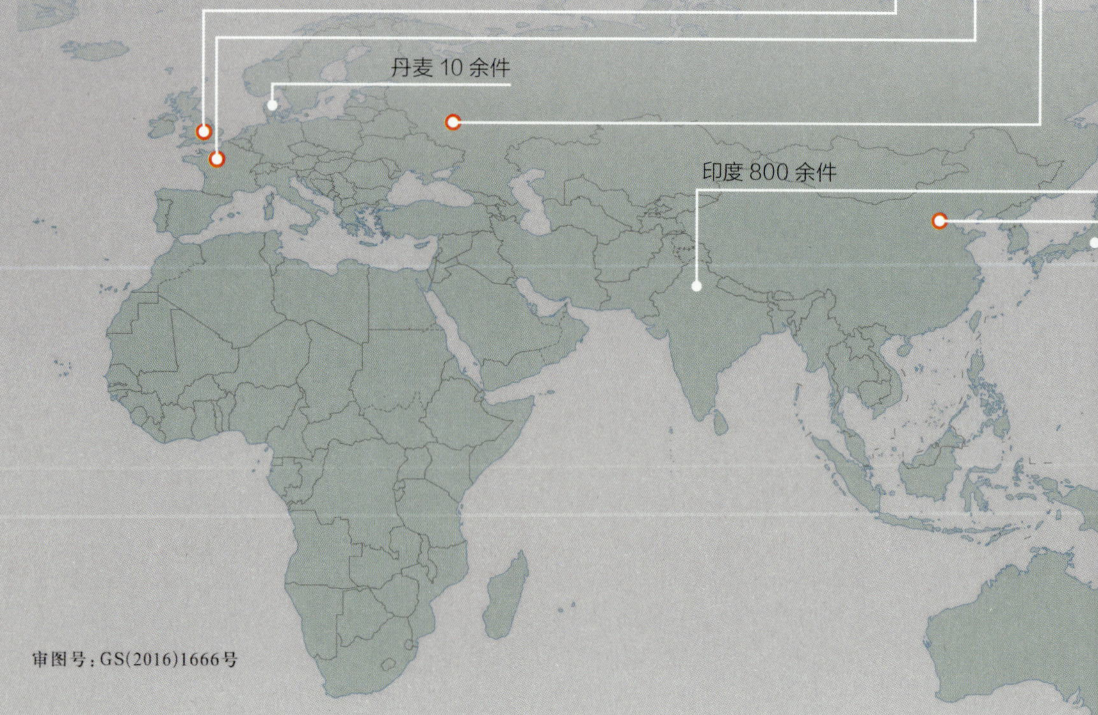

审图号：GS(2016)1666号

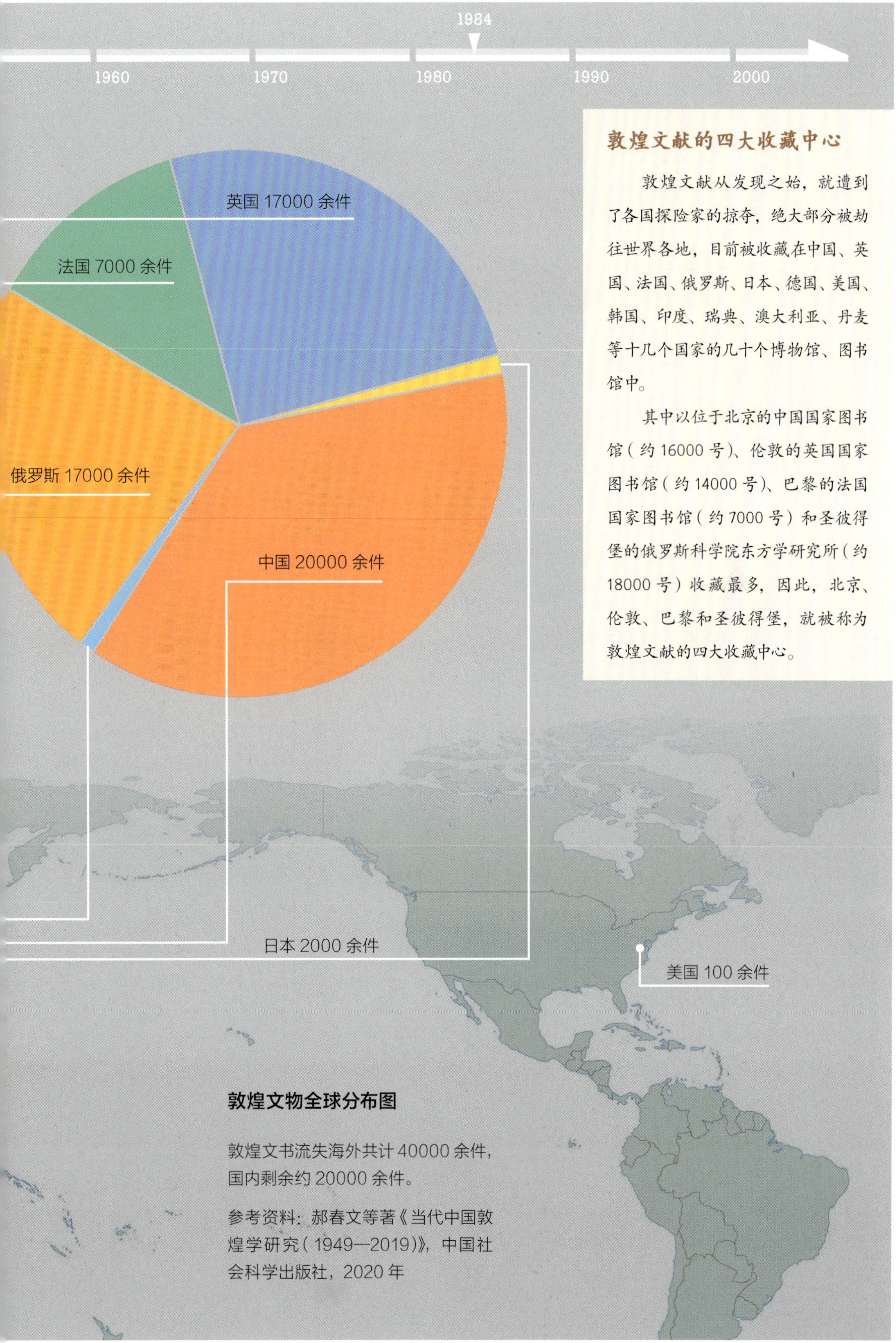

1984

1960 1970 1980 1990 2000

敦煌文献的四大收藏中心

敦煌文献从发现之始，就遭到了各国探险家的掠夺，绝大部分被劫往世界各地，目前被收藏在中国、英国、法国、俄罗斯、日本、德国、美国、韩国、印度、瑞典、澳大利亚、丹麦等十几个国家的几十个博物馆、图书馆中。

其中以位于北京的中国国家图书馆（约16000号）、伦敦的英国国家图书馆（约14000号）、巴黎的法国国家图书馆（约7000号）和圣彼得堡的俄罗斯科学院东方学研究所（约18000号）收藏最多，因此，北京、伦敦、巴黎和圣彼得堡，就被称为敦煌文献的四大收藏中心。

敦煌文物全球分布图

敦煌文书流失海外共计40000余件，国内剩余约20000余件。

参考资料：郝春文等著《当代中国敦煌学研究（1949—2019）》，中国社会科学出版社，2020年

敦煌石窟是建筑、彩塑、壁画三位一体的立体艺术

敦煌现存5万多平方米壁画

最大者有47平方米，是第61窟的“五台山图”

现存彩塑3000余身

其中圆雕2000多身，浮塑1000余身

最高者有35.5米，即第96窟的“北大像”

从最早的北凉时期，到最晚开窟的元代

敦煌的艺术风格，也随着时代的迁跃而不断变化

常书鸿先生将敦煌艺术分为三期——

印度艺术传入时期，其风格是象征的

主要体现在北魏、西魏诸窟

这一阶段的敦煌，深受印度、犍陀罗

和西域等艺术风格的影响

壁画粗犷而有力，彩塑以单尊交脚坐菩萨为主

中国艺术繁盛时期，风格开始偏向写实

主要体现在隋唐和五代时期的洞窟

这一阶段，随着佛教在中华本土的扎根

其艺术表现形式也受到中华审美的影响

一方面秀骨清像、褒衣博带，

另一方面又繁盛宏大、金碧辉煌

衰退时期，风格上偏向装饰性

主要体现在宋元时期的诸多窟室

此时敦煌的画作相对来说没有创新

而是偏向机械性的仿制

元代时密宗盛行，在此影响下

莫高窟出现了一批密教的曼陀罗

第六讲

观摩

——气韵生动的敦煌彩塑群

何鄂

著名雕塑家
全国城市雕塑艺委会专家顾问

敦煌彩塑是中国雕塑史上的一朵奇葩，让人难以置信，以泥土为质地的敦煌彩塑竟然能够经历前后十六个世纪，色彩却依旧绚丽。这个奇迹，源于敦煌的岩层结构。敦煌的岩层是砂石，不宜做石刻，所以人们就地取材，因材施意，成就了泥塑彩绘的巅峰之作。

1 敦煌彩塑：中国雕塑史上的一朵奇葩

敦煌莫高窟始建于366年，即前秦建元二年，前后经历了十个朝代。一千多年间，莫高窟的营建一直未曾停息。莫高窟现存洞窟中，最早的是北凉时期的，经北魏、西魏、北周、隋、唐、五代、宋、西夏、元至清，现在保存下来的洞窟有735个，过去一直说的数量是492个，后来由彭金章教授主持，在下寺以外的北区，对所有崖面洞窟进行了发掘、清理、研究，又编入了243个洞窟，加在一起是735个。洞窟内总共有4.5万平方米的壁画，3000余身彩塑，其中包括1000余身影塑。

敦煌艺术由建筑、壁画、彩塑三部分组成，这三者三位一体，相互作用，共同呈现出敦煌石窟艺术的整体风貌。而敦煌彩塑，是莫高窟佛教石窟艺术造像的主体。彩塑的题材有佛、菩萨、弟子、天王、力士、地神、禅僧和高僧；佛像又有释迦牟尼、释迦多宝、弥勒佛、阿弥陀佛、过去七佛、三世佛、三身佛、涅槃佛、千佛、万佛；菩萨像有弥勒菩萨、文殊菩萨、普贤菩萨、观音菩萨、大势至菩萨、胁侍菩萨、供养菩萨等；弟子像有阿难、迦叶、十大弟子；天王像有四大天王，还有力士像。而千余身的影塑，内容有千佛、供养菩萨、飞天、化身、天女，还有龛柱上常见的羽人、龙头、凤首等。

什么是影塑？

影塑是彩塑制作的一种方法，以泥土、细砂和麦秸为材料，用泥范（即模具）翻制，处理表面后进行敷彩，最终成型。通常来说，影塑都是背面粘在墙面上的，看起来如同浮雕一样。敦煌的影塑好似影子一般，可以和壁画融为一体，莫高窟目前保存下来的影塑数量达到了1085身。

下图为莫高窟北周时期第428窟北壁西侧的影塑千佛，此窟是莫高窟保存影塑最多的洞窟，数量多达962身。

早期彩塑的犍陀罗风格

莫高窟早期，即北凉、北魏、西魏、北周这段时期，被段文杰先生定为发展期。早期洞窟常以弥勒佛或弥勒菩萨为主像，一般塑在中心柱或南北壁的上层，象征弥勒在兜率天宫之中。弥勒是佛教中的未来佛，学术界公认北凉第 275 窟是莫高窟现存最早的洞窟，正中主尊便是一身大型的弥勒菩萨。从这一身塑像可以看出，莫高窟早期的造像，保留了犍陀罗艺术的特征，如交脚坐式、三珠冠、三角靠背、狮子座，但人物之容颜、表情、神态等，已经渐渐展现出东方式的、优雅而敦厚的风韵。

莫高窟北朝时期的窟形中，有一种中心塔柱窟（或称“塔庙窟”）。中心塔柱窟的窟前部会有人字披屋顶，后部有中心柱，中心塔柱四面均有佛龛，其正面佛龛内多为弥勒菩萨坐像；而在四周均有佛龛的布

莫高窟第 275 窟交脚弥勒菩萨像（右）与犍陀罗交脚菩萨像对比

莫高窟以交脚坐姿保存的塑像共出现在 11 个洞窟，总数达到 24 身，这种形制据说源自犍陀罗艺术，也有观点认为，其受到了波斯艺术的影响。第 275 窟的这尊交脚菩萨像，通高达 3.35 米，是北朝塑像中最大的，也是莫高窟所有塑像中时代最早的

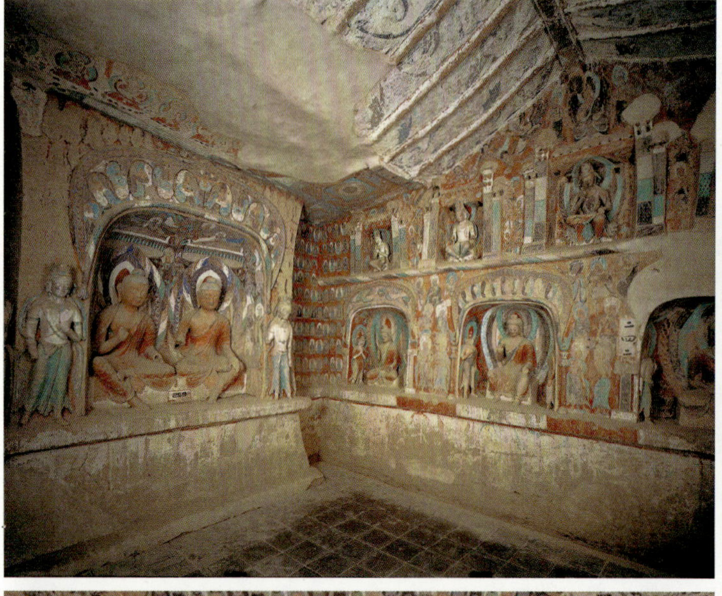

1 2
3 4

1 莫高窟第 259 窟西壁的两佛并坐像龛，北壁的上下两层佛龛（北魏）

2 莫高窟第 257 窟中心塔柱南面上层的半跏菩萨像龛（北魏）

3 莫高窟第 296 窟西壁佛龛的一佛二菩萨结构（北周）

4 莫高窟第 297 窟龛眉装饰中的羽人像（北周）

局中，常见的是正面一层佛龛，三面双层佛龛的布局。佛龛内塑佛像，或为说法像，或是禅定像，或是苦修像，龛外南北两侧，立两身菩萨或四身菩萨。洞窟内南北壁上部开凿阙式小龛或圆券形小龛，塑思惟菩萨、交脚菩萨，比如敦煌第 248 窟、第 251 窟、第 254 窟、第 257 窟等，都是如此。还有洞窟会在西壁做半个塔柱，龛内做释迦多宝佛，龛外南北各立一身菩萨，北壁上下两层佛龛塑佛或交脚菩萨，如第 259 窟就是这样。

莫高窟早期中心柱龛外第一次出现了天王像，是在北魏第 257 窟。而在北周时期，则开始出现弟子阿难和迦叶塑像。早期主尊佛像一般都有菩萨左右侍从，形成一佛二菩萨的布局。这一时期的塑像和壁画，一方面用来对善男信女进行教化，另一方面是供僧侣观相所用，通过禅观进入禅定，达到闭目就能在脑海中幻想到佛国世界的境界，所以，早期彩塑中的禅定像较多。值得注意的是，第 297 窟龛眉的装饰上出现了羽人像，羽人是佛教护法神里的紧那罗神。这个羽人长有人面，其头上有双角，两臂长双翅、兽爪，一爪踏跨在龛楣的龙形柱上，将护法勇猛与轻捷融合于一体，形象非常生动。有专家认为这身羽人像或受到道教“乘龙羽化”的影响。

敦煌彩塑的巅峰时刻

莫高窟发展到中期，就来到了隋唐，段文杰先生将这段时间定为敦煌的兴盛时期。隋唐时期的洞窟形制较多，像是殿堂窟、涅槃窟、七佛窟、大像窟、覆斗顶窟等，都是隋唐后莫高窟的主要窟形。

一般洞窟在方形佛殿内西壁的佛龛中，会塑主尊佛与两弟子迦叶、阿难，两菩萨观音和大势至，两天王，两力士的对称布局。还有一类是中央设塔型方盘，在三面墙壁上各开一龛，龛内塑佛、菩萨，如第 305 窟。也有洞窟中心设佛坛，坛上设一佛、二弟子、二菩萨、二供

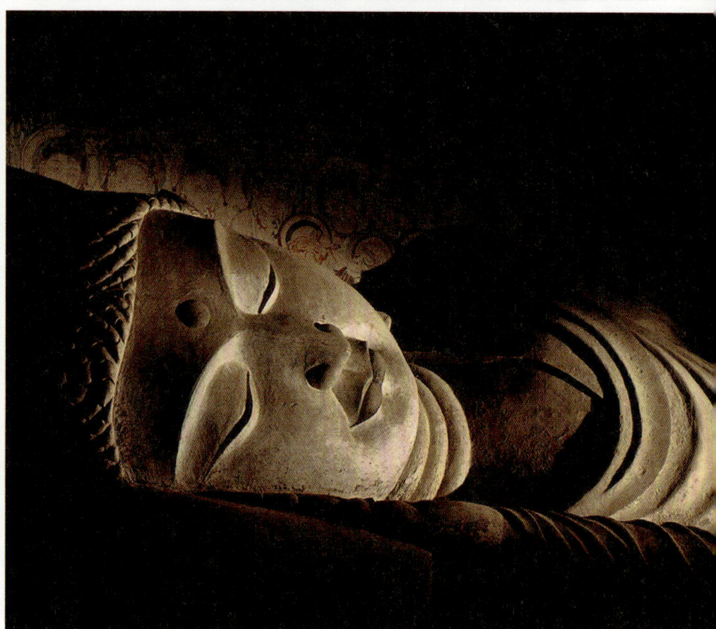

1 2
3 4

1 第 427 窟主室北壁南部

2 第 427 窟前室

3 第 305 窟中央设塔型方盘上的塑像群（隋代）

4 第 158 窟涅槃佛像（唐代）

什么是三身佛、三世佛、三方佛？

在佛教场所里，我们经常会看到三尊佛像在一起的样子，这样的三尊佛像可称为“三佛”。三佛的手印、标志等不同，又可具体分为所谓的三身佛、三世佛、三方佛。

三身，梵文 Trikāyāh，即法身、报身、应身三种佛身。“身”除指体貌外，亦有“聚积”之义，即由觉悟和聚积功德而成就佛体。《华严经》中的三身佛，中尊是法身佛毗卢遮那佛，左尊为报身佛卢舍那佛，右尊为应身佛释迦牟尼。

三世佛是大乘佛教的主要崇拜对象，俗称“三宝佛”，按空间和时间又可分为“横三世佛”和“纵三世佛”。“横三世佛”是按空间划分的，又称“三方佛”，指的是中央释迦牟尼佛，东方药师佛（另说是东方阿閦佛，又称“不动佛”），西方阿弥陀佛。“纵三世佛”是从时间尺度上划分的，指过去佛燃灯古佛，现在的释迦牟尼佛，未来佛弥勒佛。

养菩萨的，如第 205 窟、第 196 窟。隋代塑像有释迦牟尼佛、弥勒佛和接引佛，这一时期出现了三世佛，就是过去、现在、未来佛，还有三身佛，即法身、报身、应身佛。

隋代时，隋炀帝杨广在天台宗受戒后，推崇三身佛。这一时期，莫高窟的第 427 窟中，也出现了三身佛，主室中心柱和南北两壁共塑有三组一佛二菩萨，佛像均高达 4 米；前室塑了四大天王与金刚力士共六身，塑像高达 3 米，极具震撼力。第 427 窟是隋代规模最大、彩塑最多的代表洞窟。可以看到，佛教的兴旺与当时统治阶级的提倡有直接关系。

唐代洞窟最令人瞩目的是《莫高窟记》中记载的“北大像”和“南大像”。唐代，敦煌彩塑艺术发展到了顶峰，完全摆脱了早期贴在墙壁上的半浮雕形式，采用独立的圆雕形体，更加凸显出塑像在洞窟中的主体地位。这一时期唐代的洞窟大多是西壁造龛，内容题材相对统一。当时艺术大匠云集，在遵循《造像度量经》的前提下互相比美、相互竞技，力求在佛像、弟子、菩萨、天王与力士的艺术表现上发挥个性特征与独到创造，使这一时期的敦煌彩塑大放异彩，成为中国人在世界文化艺术史上创造的高峰。

敦煌晚期的艺术衰落

莫高窟的晚期，段文杰先生定为衰落期，即五代、宋、西夏、元。五代以后，由于河西走廊的政治、经济、文化、交通的变化，莫高窟日渐趋于衰败，尤其与唐代的莫高窟艺术相比，这种衰败是非常明显的。

五代、宋初的洞窟多在下层，遭到的自然破坏也较多，现存的塑像为数已不多了。第 55 窟有一铺完整的宋塑，有佛、菩萨、弟子、天王、力士十余身。西夏和元塑像极少，只有释迦多宝像和说法像。西夏时期的洞窟，有两身供养天女像，是在莫高窟窟前遗址发掘时发现的，其形象和衣着都具有西夏时代的特点。

总之，敦煌彩塑是中国雕塑史上的一朵奇葩，让人难以置信，以泥土为质地的敦煌彩塑竟然能够经历前后十六个世纪，色彩却依旧绚丽。这个奇迹，源于敦煌的岩层结构。敦煌的岩层是砂石，不宜做石刻，所以人们因地制宜，就地取材，因材施艺，成就了泥塑彩绘的巅峰之作；而西部干旱缺雨，气候干燥，由此，这些彩塑竟能保存一千六百余年之久，等来了盛世中华，也迎来了敦煌莫高窟世界文化遗产桂冠。

第 491 窟（西夏）主尊两侧的供养天女之一。发现于 1965 年考古发掘中，天女头部保存完好，躯干有较大残损，经修复后藏于敦煌陈列中心

2 用细节创造有灵魂的雕塑

触摸古代工匠的心跳

临摹是研究的基础，这是老一辈敦煌艺术家从临摹中得出来的至理名言。当艺术家静下心来去临摹、去观察、去发现、去思考、去追问，就一定能够发现古代雕塑家颇具个性而不同寻常的创造。

1962 年到 1974 年，我有幸被调到敦煌文物研究所，工作了十二年之久，在这期间我经历了忠实临摹与在临摹中研究这两个阶段。第一阶段是忠实临摹敦煌彩塑，我接受敦煌文物研究所的安排，先后临摹了唐代第 159 窟菩萨像、第 197 窟菩萨像、第 194 窟北侧天王像。在美术组工作时，要求临摹的作品要与洞窟原作一模一样，美术组成员每完成一件作品后，会由段文杰组长带领全体成员进行评定，按照甲级和甲上、乙级以及乙上的标准来评定摹品的等级。

到了第二阶段，在临摹时就不只用眼睛观察，还要开始用心观察了，由此竟有了意外的发现和收获。同时，也要通过临摹进入研究。那时，我又接受了临摹第 194 窟另一身天王的任务，第二次跨进这个洞窟，在休息时，无意中将这身天王和过去临摹的那一身天王对照着看了几个来回，偶然发现这两身天王有几处不同，这马上引起了我寻找两身天王变化的浓厚兴趣，没想到我一下竟发现两者的十三处不同。这一连串的发现使我激动不已，觉得自己几乎就能触摸到古代工匠的心跳了，这么精到的处理，肯定需要周密推敲、精心布局、慢工细作才能完成。那么，他们为什么要这样安排呢？几经思考，我找到了答案，在当时，工匠们只能在三个有限的前提下进行创作。

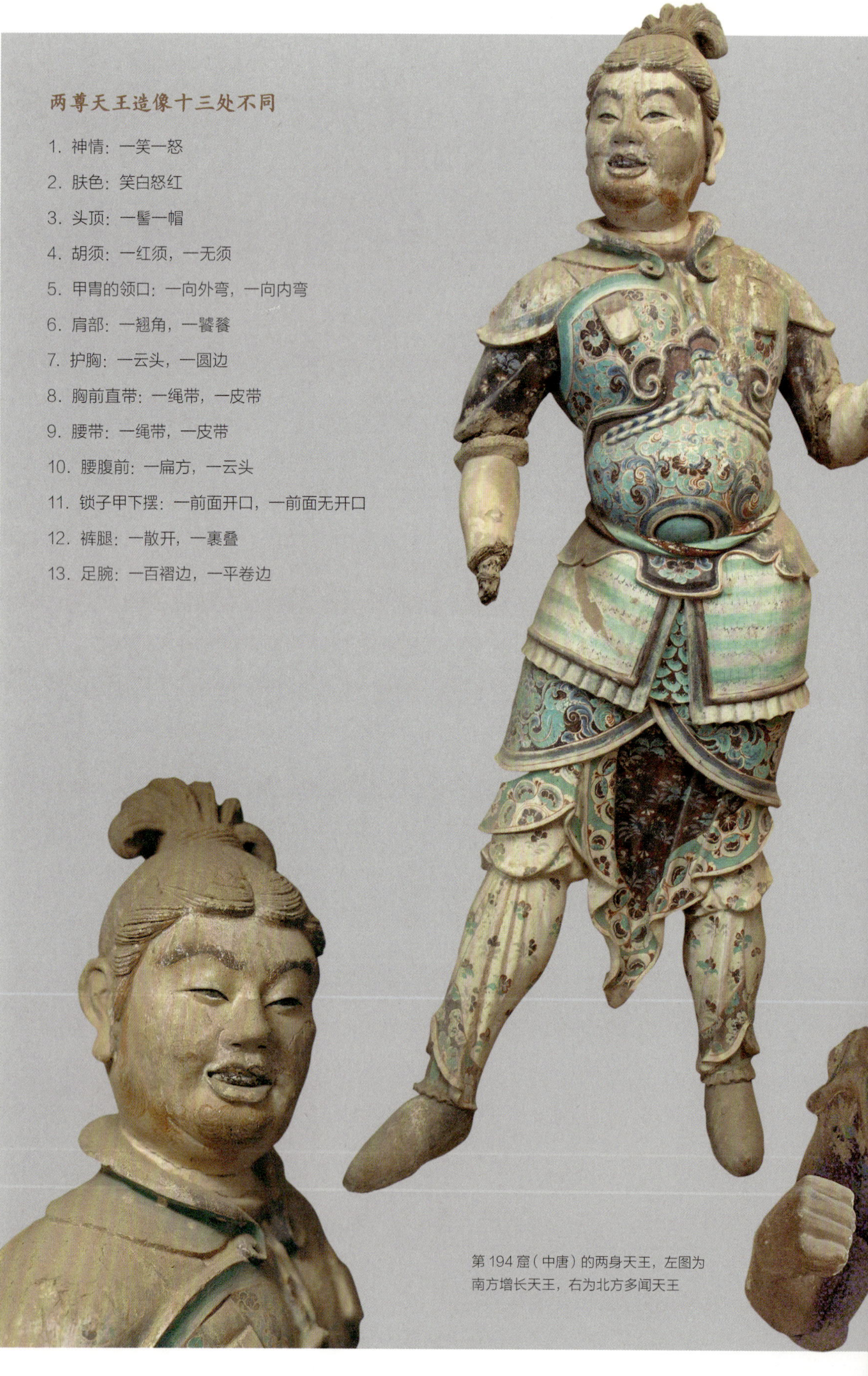

两尊天王造像十三处不同

1. 神情：一笑一怒
2. 肤色：笑白怒红
3. 头顶：一髻一帽
4. 胡须：一红须，一无须
5. 甲胄的领口：一向外弯，一向内弯
6. 肩部：一翘角，一饕餮
7. 护胸：一云头，一圆边
8. 胸前直带：一绳带，一皮带
9. 腰带：一绳带，一皮带
10. 腰腹前：一扁方，一云头
11. 锁子甲下摆：一前面开口，一前面无开口
12. 裤腿：一散开，一裹叠
13. 足腕：一百褶边，一平卷边

第 194 窟（中唐）的两身天王，左图为南方增长天王，右为北方多闻天王

第一个“有限”，就是在宗教规定的题材范围内；第二个“有限”，塑像只能置于有限的佛龛范围内；第三个“有限”，每身不同属性的佛、弟子、菩萨、天王必须在固定的位置上。这三方面的限制会给创作带来难以突破的束缚，但杰出的匠师正是在这些有限的制约里，施展出了自己巨大的智慧能量和高超的绝技。动态一致、相对而立、间距不到三米的两身天王像，竟然产生了类型不同、神情不同、个性不同的差异化魅力，艺术的感染力由此而生，令人拍手叫绝。

突破了对两身天王的比较，我意犹未尽，又对两身天王所在的唐代第 194 窟整铺塑像做了进一步的观察和分析。我注意到，雕塑大师从造像的安排、人物的处理，到色彩的变化、解剖的运用等，都有独特的创造。造像的安排上，有主有从，有动有静，形成起伏和对比。色彩变化上，人物肤色有红有白，相互衬托。解剖的运用上，会根据年龄、性格、动作、神态，来决定肌肉的夸张与否，有些部位在塑出肌肉感的同时，还会再加以色彩晕染，使肌肉更加突出。这每一处细节的变化，都极大地丰富了主体造像的感染力，而造像之间却仍能保持相当的协调感。这是由于每身塑像都不同程度地运用了赭红、石绿两种基调，从而把九身不同年龄、不同个性、不同神态的造像，非常自然和谐地统一在一个整体之中。

此窟整铺塑像的精妙之笔，还在于一尊有独一无二笑脸的天王和一尊作张嘴呼喊状的力士。那力士使你感到，他张开的嘴里正呼出一股股热气来。还有一身着绿彩衣裙的菩萨，他微张细眯的双眼，就像在与你对话，那塑出来的下垂的右手指，就像有血液在肌肤下流动。我们在后文还会详细分析这位绿衣菩萨，此处不再赘述。

用生命塑造雕像

在唐代优秀洞窟的代表中，我们可以选取第 328 窟与第 194 窟进行比较。两个洞窟中的雕塑同为宗教造像，又均以高超的技艺取胜，但对佛像题材的构思、艺术处理和整窟塑像的气氛，又有不同的偏重和各自独特的处理方法。所以这两个洞窟在雕塑匠师的营造下，各自形成了独特的艺术氛围。

唐代第328窟的塑像，由佛、弟子迦叶和阿难、两胁侍菩萨、四供养菩萨组成。进洞窟后，给人的第一个印象就是冷峻，气氛肃穆庄严。佛正中端坐，目光垂视；阿难虽年轻好动，但面部表情却认真严肃；迦叶双手合掌，浓眉紧皱，虔诚持重。两座胁侍菩萨呈游戏坐的姿态，形体较大，有1.87米之高，菩萨身着华丽彩裙，金光灿灿，一足下垂，

什么是“游戏坐”？

游戏坐是佛和菩萨的一种坐式，也叫半跏趺坐，即一腿盘坐仰覆莲台，一腿自然下垂，分“右舒式”和“左舒式”两种。

相比严肃庄重的结跏趺坐（又称金刚坐、禅定坐），这种姿态显得比较轻松、自然，除佛之外，只有地位较高的菩萨才能采用这种坐式。莫高窟这种姿态的菩萨造像很多，而第328窟的两身游戏坐菩萨是其中最为典型的代表。

第45窟的结跏趺坐佛像

第196窟的半跏趺坐菩萨像

第 328 窟造像群西壁全景

西壁内南侧呈游戏坐的右胁侍菩萨像

西壁内南侧阿难像

西壁内北侧迦叶像

莲花托足，安详而尊贵；那微微下垂的眼神，显得冷峻超凡。龛台内外，还有四身形体较小的供养菩萨（一身被华尔纳盗走），呈现出虔诚供养的神态，整个佛龛内的群像构成了一种神圣不可侵犯的、肃穆庄严的氛围。

而第 194 窟内，整窟造像的气氛则十分亲和。佛、菩萨、弟子、天王，大部分塑像都面容和善、微眯双眼，有的带着尚显稚气的微笑，有的则是文静的浅笑。站在这些雕像前，会觉得它们可以随时聆听你的烦恼、痛苦和欢乐，时刻等待着给你安慰和幸福，不禁让人流连忘返，这正是艺术家期盼达到的观者共鸣。

我在观察和临摹敦煌彩塑时，还常常假设挪动一下某处的衣纹、衣褶，最后总是以否定告终，那些绝代精品，的确达到了任何一处都不可改动的地步，只能说优美绝伦，无与伦比。从这些古代艺术精品中，可以感受到古代雕塑匠师的高超技艺，他们是在用生命塑造这些雕像，日日夜夜，岁岁年年，将自己的肉体和心灵一点一滴注入作品之中，生命消失了，艺术却永生了。

3 从彩塑看审美变迁

为了从微观上欣赏敦煌彩塑的艺术魅力，我在这里选取莫高窟北魏、隋、唐时期最有代表性的几身佛像、菩萨像、力士像来为大家讲解。

东方微笑：北魏第259窟佛像

第一件作品是北魏第259窟的佛像。这尊早期佛像在北壁下层的佛龛内结跏趺坐，身着通肩袈裟，紧裹身体。早期的衣纹是用阴刻线来表现的，线条非常流畅自然，佛像面部神态恬静安详，目光温和亲切，深凹的嘴角，使面部充满了善意的微笑。佛像双手交叠于腹部，袈裟两边对称，呈弧形下垂，下摆配有装饰边。佛像的坐姿呈三角形对称构图，庄严稳重，体现了佛教追求的禅定境界。这尊佛像因其含蓄庄重的东方微笑，成为敦煌早期彩塑的经典，由此博得了众多的赞美，被一些人冠以“中国的蒙娜丽莎”之名。

其实，当意大利文艺复兴三杰之一的达·芬奇于16世纪（1506年）完成举世闻名的《蒙娜丽莎》画像时，莫高窟的这尊佛像早已诞生了千年之久。当我们不经意地列举外国经典来说明自己的优秀文化时，恰恰是将老祖宗的杰出创造，无形中放在了从属地位，所以我主张大家不要轻易再引用“中国的蒙娜丽莎”“东方的维纳斯”等这样的说法。

第259窟这尊佛像，我认为有两点独到的艺术表现。第一是胸前的阴线刻出的衣纹，左边疏、右边密的设计，使这尊完全对称的塑像立刻活了起来，有了鲜明的变化。第二是佛像的颈部，被塑造成上小

第 259 窟北壁佛像
（北魏）

下大的八字形，脖颈一直下滑到胸部，与通肩式的袈裟圆领圆满对接。一般来说，当我们凝视佛像的面容之后，目光会顺颈部滑下来看整座禅定像，而这样一种特殊的艺术处理，会使人感到佛像颈部与胸部非常饱满、圆润、坦荡。如果按照解剖学的原理，将颈与胸的分界线强调出来，就会使颈部与领口之间又多一条隔断线，从而便会破坏视觉和谐。现在这一颈部的艺术处理，似不符合人体解剖原理，却有了艺术的奥妙展现。在这里，我们真正看到了艺术家大胆创造的魅力。

“菩萨如宫娃”：
隋唐第 416、194 窟菩萨像

下面介绍几尊敦煌彩塑的菩萨像。菩萨像在敦煌彩塑中占有重要的地位，数量也相对较多。菩萨在佛教中的属性是非男非女之神，早期古印度的菩萨多为男像、有胡须，隋唐以后的菩萨逐渐演变为女像，也走向了世俗化，但有些仍旧保留着胡子，这是因为，佛教思想需要通过形象化的艺术去感染众生。菩萨像渐渐中国化的过程，也是老百姓更加接受佛教的过程。古代雕塑大师也创造出了千变万化的各类菩萨像，我们可以在各个时代不同的菩萨像中，观察和领略审美观念的变迁。

1 第 416 窟南侧菩萨像（隋代）
2 第 194 窟龛内南侧菩萨像（唐代）

隋代第 416 窟南侧的菩萨，是莫高窟彩塑中一身素净至极的菩萨像，几乎没有任何华丽装饰，简约的头饰、中和裙子，从直觉来看，她就像一位朴素的“农村姑娘”，有着朴实无华的纯净，宽阔的额头，挺直的鼻梁，上唇嘟起，看到的第一眼就让人难以忘记。仔细观察这身菩萨像，可以感觉到塑像时工匠的手法，还能看到手指用力的压痕。菩萨拿拂尘的右手背上，也能够观察到用手指揉捏的痕迹，而且这个揉捏的动作应该是很快的。我甚至猜想，塑像的匠师一定是一位老实善良、性格内向、不张扬的平民匠师，所以像如其人，他塑造的形象也透露出了他内心的纯朴。

另一身是唐代第 194 窟龛内南侧的菩萨像。唐代流传有“宫娃如菩萨”的说法，其实应当说“菩萨如宫娃”。因为塑匠们在洞窟里塑像时，会把到寺

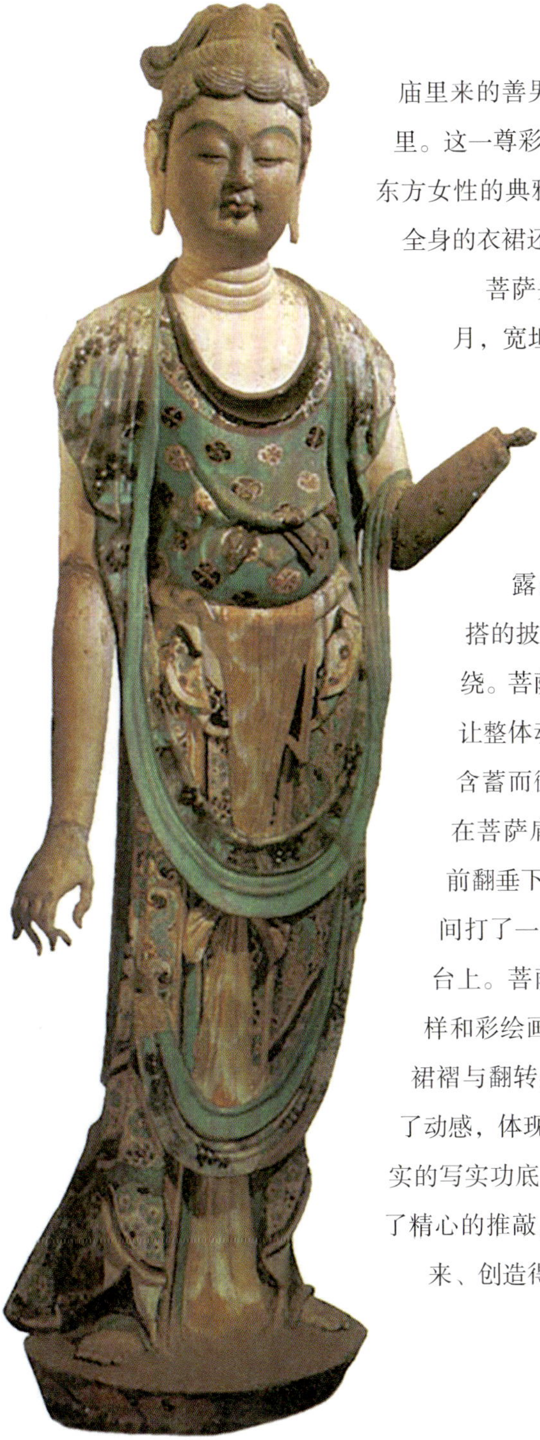

庙里来的善男信女中有特点的形象塑进菩萨像里。这一尊彩塑是敦煌菩萨中最令人瞩目的，集东方女性的典雅、娴静、妩媚于一身。而且，她全身的衣裙还完美体现了丝绸的质感。

菩萨头梳双环发髻，面形丰硕，圆如满月，宽坦的额头上柳眉高挑，细眯的双眼，含笑凝视，鼻梁挺直，犹如花瓣的双唇，轮廓清晰，嘴角深窝，抿含笑意。菩萨上身着无袖圆领绿衣，圆领口翻边，露出坦荡的颈胸，肩头圆润，双肩上搭的披巾垂至腿部，又在膝盖上下平行环绕。菩萨微微向左的面部和向右略斜的胯，让整体动作协调自然。这身雕像静中有动，含蓄而微妙，富有耐人寻味的表现力。搭在菩萨肩部的披巾还有折叠变化，而从腰前翻垂下来的长腰带，先宽后窄，在腿部中间打了一个双环结，再由窄到宽地下垂至莲台上。菩萨衣裙的色彩，以绿色调为主，纹样和彩绘画出了在丝绸上刺绣与印染的质感。裙褶与翻转叠压的裙裾，既有装饰性，又增强了动感，体现出古代雕塑大师细致的观察力与扎实的写实功底。上述这些考究的细节，必定经过了精心的推敲，只有对艺术痴迷的人才会想得出来、创造得出来。

呼之欲出的生命感：唐代第45窟菩萨像

如果要问，敦煌彩塑中的绝品是什么？答案无疑就是唐代第45窟龛内北侧的菩萨。在这身菩萨像上，能看到古代雕塑家别出心裁的想象力、表现力，还能领略到他们在精心布局之后，即兴发挥的创造力。

这身菩萨像在龛内北侧，全身呈S形动态，我们可以从三段的细节来理解这身塑像。首先，菩萨的头是向右偏的，眼神则看向左侧，身上彩带的走势则与之相呼应，左肩部的彩带环结向右腰下斜至右胯，再从右胯顺右腿直抵足部。左肩的彩带环结与小腹前的彩带环结均用了一个单环结的造型，每一个环结产生两个带头，这两组彩带头的处理也非常有意思：第一个彩带头，就是左肩上的环结带头，雕塑家将一个短带头做了下垂处理，将另一个长带头先顺左肩向上转到肩后，然后沿左臂向下，从腋后转至前面的腰部，呈垂弧形向上，掖到前胸斜披的彩带之下，以此作为终结。按常理，这条彩带掖入胸前斜披彩带后，理应再从斜披彩带上面甩出来，彩带头才不至于掉下来。我猜想，这位塑匠认为从上面再挂出来，总体上会破坏斜披彩带的大走势，所以他果断舍去了对这一细节的真实交代，用一种“不合理”的方式来服从总体S形大走势的合理性。同时，这一条彩带的出现，也使它与身体之间有了垂直的连接。

其次，我们来看小腹腰部绸带中间单环结的带头的处理。带头先向右垂弧再提至右侧腰胯处，紧紧掖入胯腰里。这一掖法在生活中极少看到，按常理会让两条带头都下垂，我想这位工匠是想加强全身S形在这里的弯弧力度，才设计了此彩带以垂弧形掖入胯腰，这一小弧形的出现，也使裙腰部分产生了丰富的变化。

最后，我们来看一个奇特的细节，就是这个腰间的单环结，竟然出现了三个彩带头，而不是两个。古代雕塑家在两个带头的正中间，

第 45 窟龛内北侧的大势至菩萨像（唐代）

无中生有地增加了第三条下垂的长带头。我推想，他是在近完工时出于整身雕塑的稳定感，才创造性地加入了这一条垂直的彩带头。说明匠师一边在塑，一边也在看、在琢磨，才会有这样独特的创意发挥。

再看一下这身菩萨全身的设计。菩萨的裙子没有系在腰上，而是在胯骨下面一些的部位、在小腹以下。我们正常人的两侧胯骨，一般与肚脐平行，而这尊像的胯骨好像在肚脐以下，匠师显然拉长了腰部的距离，所以从胯骨到大腿之间均饱满至极。好像从胯骨直接衔接到大腿，小腹没有显示出来，而我们居然能感觉到，衣裙里是有小腹的。再看其两腿，直达双足，只有圆柱体，没有突出的膝盖，没有正常人腿部左右前后的肌肉曲线，但我们却仍然觉得，该有的结构都在里面了。胯骨和两腿的形体看似极为“概括”，却非常有张力，有饱满度，真是妙不可言。的确如齐白石大师所讲，“妙在似与不似之间”。这身古代艺术巨匠创造出来的、独一无二的菩萨像所散发的永恒魅力，正是由上述所有这些因素汇聚生成的。

动态之力：
唐代第 194 窟力士像

下面再介绍一身唐代第 194 窟龛外北侧的力士像。这身力士像的动态感十足，像一张蓄势待发的满弦之弓，看上去就像是一个力量的“力”字，与京剧中的亮相动作有异曲同工之妙。力士的人体比例、骨骼、结构、肌肉都准确完美到夸张的程度，人物的面部神情极具个性气韵，又颇有温度感。泥土塑成的力士的身体里，仿佛有血液在流动着。

对人体解剖般的写实呈现，是这位古代雕塑家要表现的重点：头骨、锁骨、肩头三角肌、胸大肌、胸二头肌、手臂的肌肉和腿部的肌肉都与真实人体相吻合，但也做了夸张。此外，还有一些对跳动的肌肉团块的形塑，这身力士在肋骨、上臂、小腿肚周围，有几组团块状

第 194 窟龛外北侧的力士像（唐代）

的肌肉，这些团块肌肉和胸部平坦的胸大肌、腹部柔软的腹肌、腿部长条形的筋骨、脚面的长条趾骨形成了鲜明的对比，构成了丰富的补充，呈现了一个健美的人体。其肌肉时隐时现的跳动感，增强了人物静中有动的丰富变化，从内向外，散发出生命的强大冲击力。

这力士的头部也特别出彩，他下颌略向前凸，额头稍向后仰，头上的发结也顺势后弯，眉弓之上平坦宽厚，双眼圆睁，眼皮外沿上挑后再内回，颧骨饱满，两腮丰硕。脸部眉弓、颧骨、两腮、下颌骨几个骨点，格外突出。最令人关注的，是其张开的嘴，双唇开启处，可以见到一排上牙。因力士表情略带温和，所以张开的嘴部，总觉得有一股热气呼出。

再注意力士前屈的左臂，左手手背向上平伸，张开五指，大有运筹帷幄、掌控乾坤的架势。力士的衣摆用几组飘动的衣褶来呈现走势，均以人物动态的显现为基点，与之做了完美呼应，更加强了人物的灵动感。腹前翻出的一小组裙边和从两腿间向后甩去的衣裙，干净利落；两腿稳健而有力，作斩钉截铁、不可动摇的立姿。力士足下两组自然的云石形基座，也稳稳地拖住了双脚，大有跨云海、吞山河之气概。

可惜这身力士的右手已经毁损，但丝毫不会影响整座雕像灵动而阳刚的气势。

依照力士精彩而收放自如的艺术表现思路，我猜想他的左手已足够张放了，右手在伸臂的基础上应该是握拳收力的动作。因为这位古代大师的艺术处理总是非同寻常的，能留给后人无限的遐想。

或许，这些工匠的模特就是他们自己，他们不一定有我们现在的医学解剖知识，但他们知道仔细观察与分析总结，从而形成了不同的塑像口诀。同时，古代工匠地位很低，按照当时规定，这些工匠是不可能转行的，所以他们一代一代的子子孙孙，还会一直做这个工作，传承技艺，由此才能够练就非常纯熟的技术。

值得一提的是，1962—1974 年我在敦煌工作时，曾经修复过第 194 窟这一身力士像的右肩。当时力士右肩头部分的泥塑开裂了，泥块脱落，可以清楚看到里面的木骨架和捆骨架的麻绳。我受美术组段文杰组长的安排，为这身力士像已经有些开脱的肩部进行加固。经过仔细观察后，我决定在肩与臂两块原本相搭的木骨架上，拧一个木螺丝，将手臂与肩牢牢地固定住。我一点一点用改锥拧木螺丝时，目不转睛地看着力士右手臂的动向变化。做完以后，满头大汗，就像医生做了一次外科手术一样。待木螺丝上好之后，确定它十分牢固了，再用棉花泥仔细补塑好肩部的形体。记得那天，我一个人工作到很晚才从洞窟下来。

4 古代雕塑匠的工艺秘诀

从原料到颜料：彩塑的基本原理

赏析了这么多身绝妙的彩塑后，我们再来讲讲彩塑的具体工艺。

彩塑塑像的原料就是泥、麦草、麻、棉花、水和糯米水，搭骨架用的是木棒、木料、芨芨草和麻绳，敷彩使用的是天然矿物颜料。

彩塑的泥，用的是敦煌当地的澄板泥，就是河滩里经过大水漫过以后，表面的一层细泥，细泥干裂以后，一片片卷成板状就是所谓的澄板泥了。泥可分粗泥和细泥，粗泥是澄板泥和水后再加入切成一寸长的麦草，和匀了做成的草泥；澄板泥和水，再加切成一寸长的麻刀，均匀和成的叫麻泥。细泥就是澄板泥加水加棉花和匀，又叫棉花泥。

开始塑像的时候，先是在佛龛内确定所塑佛像的位置，根据其身体大小及动态，在龛台上竖立木桩，先立起腿部，然后在木桩上用小木条搭出人体骨架，再用芨芨草在骨架上扎出人物肌肉形体的大形，再开始上泥。泥有三种，就是我们上边介绍过的草泥、麻泥、棉花泥。先将草泥均匀地糊到芨芨草扎成的人物大形上，每上完一层泥，必须晾干，等水分挥发一些，再上二层泥。草泥大形出来以后，再加麻泥，也要一层一层地上，一边上泥一边就要开始注重塑像的形体了。上麻泥时，人物的动态、五官位置、四肢比例都要塑到比较准确的样子。麻泥干了一些后，开始上细泥，细泥里已经是加了棉花的，但还要在泥里加沙子，比例是七成泥加三成沙（加沙是为了减少泥的收缩量），棉花要撕成一层一层的薄片，铺压到泥里再和均匀，然后就可以精塑了，比如人物表层的五官神态、手指、衣纹细部等，直到塑像完成。

用木头搭建的雕塑的骨骼

敦煌彩塑用的颜料都是矿物颜料，如土红、石绿、石青、朱砂、朱磦等。早期洞窟塑像的色彩比较简单，主要用土红、石绿、石青、白、黑。佛像大多用土红，着通肩袈裟，菩萨像多用石青、石绿，着衣裙飘带，或用同类的、深浅有变化的色彩进行晕染。人物面部则会用白色或肉色，发结、眉毛、眼睛、胡须等部分，用石青、石青加黑白或赭红等色彩描绘。

隋代的彩塑中，出现了织锦的图案和瓔珞的装饰，说明当时已经有了织锦的丝绸，才会被绘制到佛像、菩萨像的服装上。唐代的彩塑，人物更加饱满富丽，色彩也更加丰富，还伴有贴金。有些天王像塑造时不塑胡须、盔甲，最后留给彩绘去完成。有些塑像身上的飘带一旦连接在墙壁或莲台上后就不塑了，改用彩绘去完成飘带的最后部分。五代、宋在彩绘上则逐渐趋向清新淡雅的风格。

1 三危山里发现的古代颜料矿石

2 敦煌常见色彩的原料

如何塑出 20 多米高的敦煌大像？

敦煌彩塑中超过 20 米的大像完全使用了另外一套制作流程与工艺，不再用木骨架，而是在开凿洞窟的时候，通过计算和设计在崖面上雕凿预留出佛像石胎大形，大形应小于完成的形象。然后在石胎上凿孔、插木桩，以便在石胎上挂底层草泥时能挂得更加牢固，在此基础上，依次用麻泥、棉花泥逐渐完成塑造。

唐代的第 96 窟“北大像”弥勒佛，高 35.5 米，大家熟知的敦煌九层楼就是为这尊大佛依山营建的。大佛依山而坐，面部圆满，五官对称，发纹呈波状，两腿向下垂，右手抬起施无畏印，表示解除众生痛苦；左手置于左腿上，示与愿印，表示满足众生的愿望。大佛身上的彩绘，是 1928 年重修窟檐时加的，右手是 1987 年由敦煌研究院组织专业人员修复的。根据《莫高窟记》记载，这个窟的创建时代是延载二年（695）。武则天是 690 年登基的，当时僧人薛怀义与僧人法明，伪造了《大云经疏》，在书中说武则天就是弥勒下世，武则天非常高兴。690 年她登基称帝，自称为“慈氏越古金轮圣神皇帝”，下令在全国颁行《大云经》和《大云经疏》，在全国各州县建造大云寺、造弥勒像。敦煌第 96 窟的“北大像”，就是在武则天称帝后的第五年建造的。这也可以看出，宗教与当时政治的关系相当密切。

塑造巨大的雕像时，掌控人物面部的五官比例，形体的宽度、厚度是一件非常不容易的事。难以想象古代建筑工程师与雕塑大师是用怎样一套严密的科学测量，来计算人物比例的，我们无法重现当时的情景，古人也没有留下任何文字记载，只能从作品中感受古代匠师与艺术家共同合作的大智慧与创造力了。

唐代的第 130 窟“南大像”也是弥勒像，高 26 米，建于唐代开元九年（721），是莫高窟第二大像。考古人员在大像前发现了遗址，证明窟前曾经有东西 16 米、南北 21 米的殿堂，这是目前发现的、莫高窟窟前殿堂遗址中规模最大的。这一尊弥勒像保存得相当完好，大

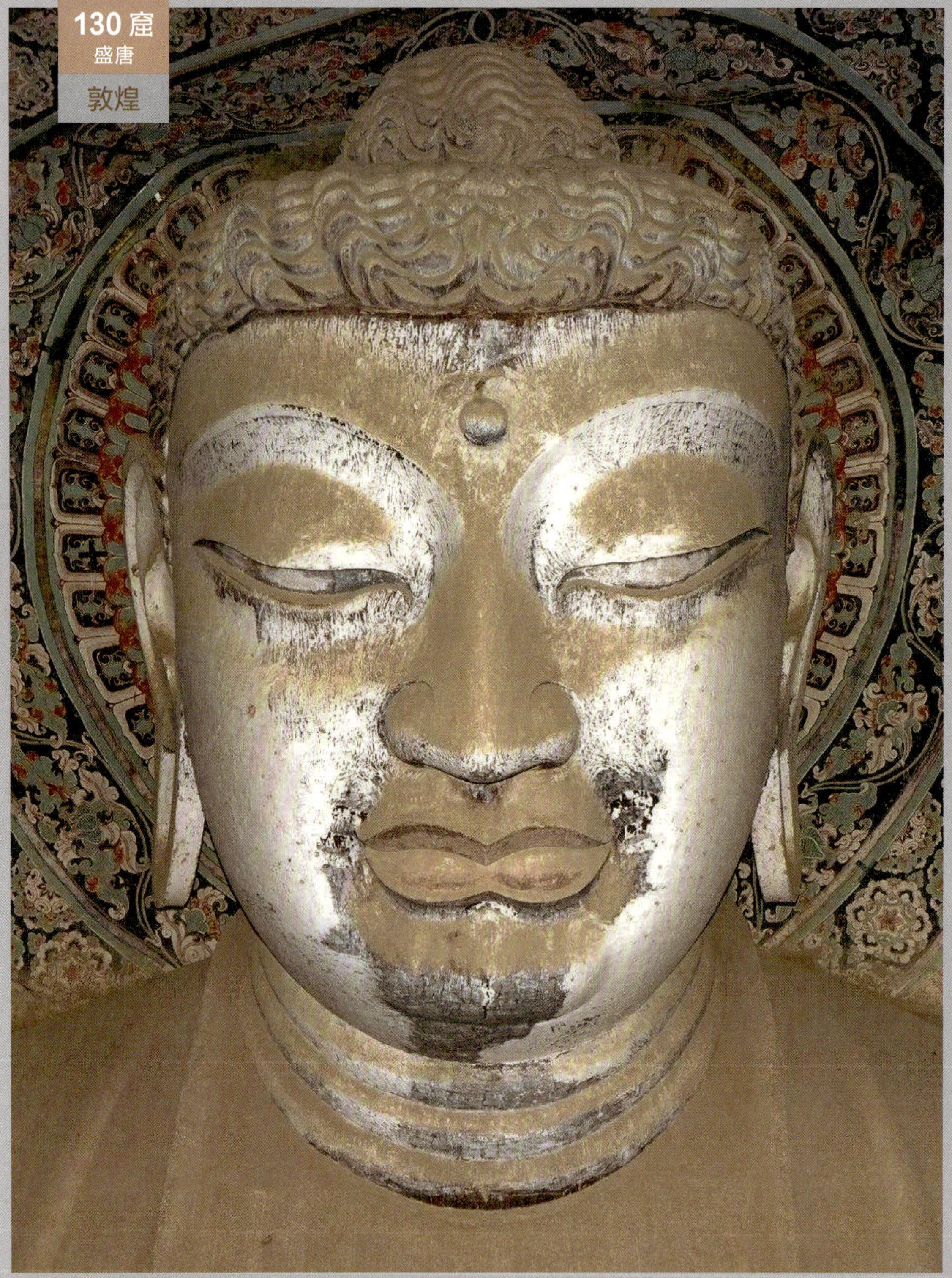

第 130 窟“南大像”面部细节

佛依山而坐，头部微微下俯，面相圆润饱满，双眼半张，慈眉善目，神情宽厚，双腿下垂，左手手心向下抚在左膝盖处，右手施无畏印，肘部依在右腿面的经书上。

请大家注意这尊佛像的比例。古代民间艺术家有个流传下来的口诀，“立七坐五盘三半”，意思是以头部的尺寸做比例标准，可算出全身的尺寸，这身大坐像总高 26 米，按照“坐五”的标准，这个坐像应该有 5 个头的高度，那么头部应该是约 5.2 米高，但这座大像头部却有 7 米之高，并不符合口诀所说的比例。为什么会这样处理？我认为，这是古代建筑师、雕塑家充分考虑到了观众从近距离仰视的直观效果而做的调整。

经过科学测量和运算，根据近大远小的透视原理，通过大胆的比例夸张和严密的实施，找到观者观赏佛像的最佳视觉效果。以至于今天我们从地面向上仰望大佛时，能够准确地领略和感觉到佛祖慈悲为怀、垂怜众生、庄严威仪的神圣感。

我在敦煌工作期间，适逢第 130 窟窟顶进行维修，当时研究所搭了近 30 米高的脚手架，院里的专业人员于是都抓住这难得的机会，爬上架去一睹佛像容颜。近距离观察大佛嘴角的深度，我发现佛的嘴几乎是从两颊直接转进嘴角去的，造型非常夸张。嘴唇的轮廓塑造异常清晰，在上下唇线内又增加了一个小的体面，使嘴唇远看更清晰。挺直的鼻梁比正常比例低许多，鼻头下面用了一个扁三角形的面，鼻孔塑得特别小，这是雕塑家精心安排的，根据人们仰视的心理需求减弱了鼻子的高度，缩小了鼻孔的比例，使人们仰望大佛时，能忽略鼻孔的存在感，首先观看到佛的慈眉善目。大佛的面部非常圆润，但垂肩的两耳却采用了有硬度的体面来塑造。正由于佛像面部非常圆润，所以耳朵必须刚硬，才能和面部形成方圆结合、刚柔相济的艺术效果——有硬度、棱角方硬的耳朵，仿佛将巨大圆润的面部整个向上提拿住了。设想大佛的耳朵如果按真实的柔软度做出来，巨大的圆脸就会显得软过了头，会有下坠的臃肿感。

赵僧子：五代时的敦煌塑匠

这一系列精巧的构思和对巨大造像工程的掌控力，让我们不禁会对古代艺术工匠充满敬意，然而当时在敦煌塑像的工匠都是什么样的人呢？敦煌藏经洞发现过一份文献《塑匠都料赵僧子典儿契》，这份真实的历史文书让我们有机会了解当时工匠的生存状态。

赵僧子是五代时期的一名塑匠，因为家里的院子被水淹了，不得已把年幼的儿子苟子典当给他人，这一典就是六年。这六年间，苟子成了供人使唤的奴婢。赵僧子依靠自己的努力及超群的技艺，已经做到了匠人队伍中最高级别的统领都料，即便如此，他的生活状况仍旧是贫困悲惨，“统领”尚如此，更何况其他工匠。敦煌文书中有一首诗，“工匠莫学巧，巧即他人使。身是自来奴，妻亦官人婢”，深切道出了古代工匠贫困的生存境况。

从马德先生的《敦煌工匠与敦煌石窟》一文，我们可以了解古代工匠的社会地位。工匠有四个级别：第一个级别是都料，第二个级别

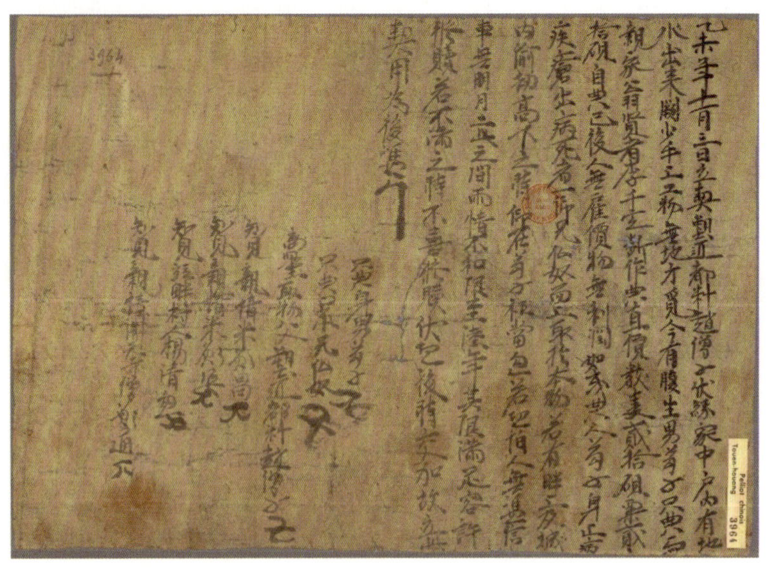

《塑匠都料赵僧子典儿契》(P. 3964)，现藏巴黎国家图书馆

是博士，也就是“把式”，第三个级别是匠，第四个级别是生，类似现在的学徒、学生。他们有的属于官府，有的属于寺院，有的是民间艺人，有些僧人也会从事工匠劳动。还有一些文书记录了工匠的饮食状况：“泥匠二人，早上馎饦，午时各胡饼两枚，供七日，食断。铁匠十人，早上馎饦，午时各胡饼两枚，供一日，食断，不包晚饭。木匠十人，每人每天早上领一升白面，中午各领两个胡饼。”由此可见，在封建社会，工匠属于劳苦大众，生活在底层。

虽然身份低下，但这些工匠在创作上却能拥有一定的“自由”，比如像释迦牟尼这样的主佛，匠人们须遵循《造像量度经》“三十二相好”的规范，然而在形象面容上亦可进行一定的自由发挥，这时技艺高超的塑匠，会极力把佛像塑造成自己理想的样子，正因如此，莫高窟每一时期的佛像才都不一样，同一时期的也会有变化，这是件非常奇妙的事。

5 在文化遗产中，寻找创造的密码

艺术的生命在于创造

根据莫高窟唐代碑文的记载，乐僔和尚在366年云游到此地，当他面对三危山参禅入定时，忽见金光万道，状有千佛。虔诚的乐僔认定这里是一处圣地，于是开凿了莫高窟的第一个洞窟。自此之后的千年，莫高窟经历了不断的开凿、建窟、造像，成为我们今天看到的、誉满全球的世界文化遗产。

乐僔见到的金光应该不是幻觉。我曾在敦煌十二年，的确见到过一次金光,这是一种奇妙的地理景观现象。空气、湿度、夕阳、晚霞、地气，在一定条件的碰撞下，整个三危山山脉就会呈现出一条金色的带，壮观极了。

带着对千年莫高窟辉煌的赞叹，我创作了一座乐僔像。我把乐僔定位为一个平凡的、年轻的和尚，因为青年永远是最有活力、最有创见、最有勇气、敢闯敢干的。

如今，我离开敦煌已近半个世纪，但敦煌艺术给予我的无尽创造力依然在生命中燃烧，催我奋发觉醒的，正是这些历代无名巨匠的智慧结晶。

传统是前人的创造，老祖宗留给我们宝贵遗产的精髓，就是“创造”两个字。我想这也正是中华民族五千年文明得以生生不息的法宝。我很幸运，有这样的机遇，根植于民族文化的沃土，由此孕育了我创造的生机。

何鄂作品“乐僔”，高1.6米

敦煌的熏陶与“黄河母亲”

可以说，没有在敦煌十二年的熏陶与顿悟，我就不可能创造出“黄河母亲”这件作品，更不可能有一个现在的、全新的自我。1982年，我正在西安电影制片厂为甘肃的《丝路花雨》舞剧艺术片做一铺七身的敦煌彩塑道具，突然间我意识到，这些灿烂文明的光辉永远属于古人，竟然产生了对自己的极度不满，我问责自己：你生活在这个时代，难道对你身边的人和事没有一点点感动吗？我在对自己的极度不满中，寻找着失落的自己，也寻找着自己的感动、自己的创造，最终落足到寻找我们这个时代的创造上。

我把这一次心灵的震动称之为“顿悟”，感恩古代工匠的艺术精品，激活了我创造的基因。那一阵，我耳旁总有一个声音，“要做事，要做事”，于是构思了“黄河儿女”这样的主题。我本想通过一个西部汉子，一个黄河母亲，一个幼儿，一家人，来表现黄河与甘肃人民结下的不解之缘。设计稿出来之后，我又想到儿女是一代代更替的，可母亲却是永恒的，于是减去了西部汉子，成就了今天大家看到的“黄河母亲”像。“黄河母亲”城雕的创作，归功于古代灿烂文明的推动，我正是在灿烂文明光辉的照耀下，努力前行在中国文艺大军的队列之中。

3—2

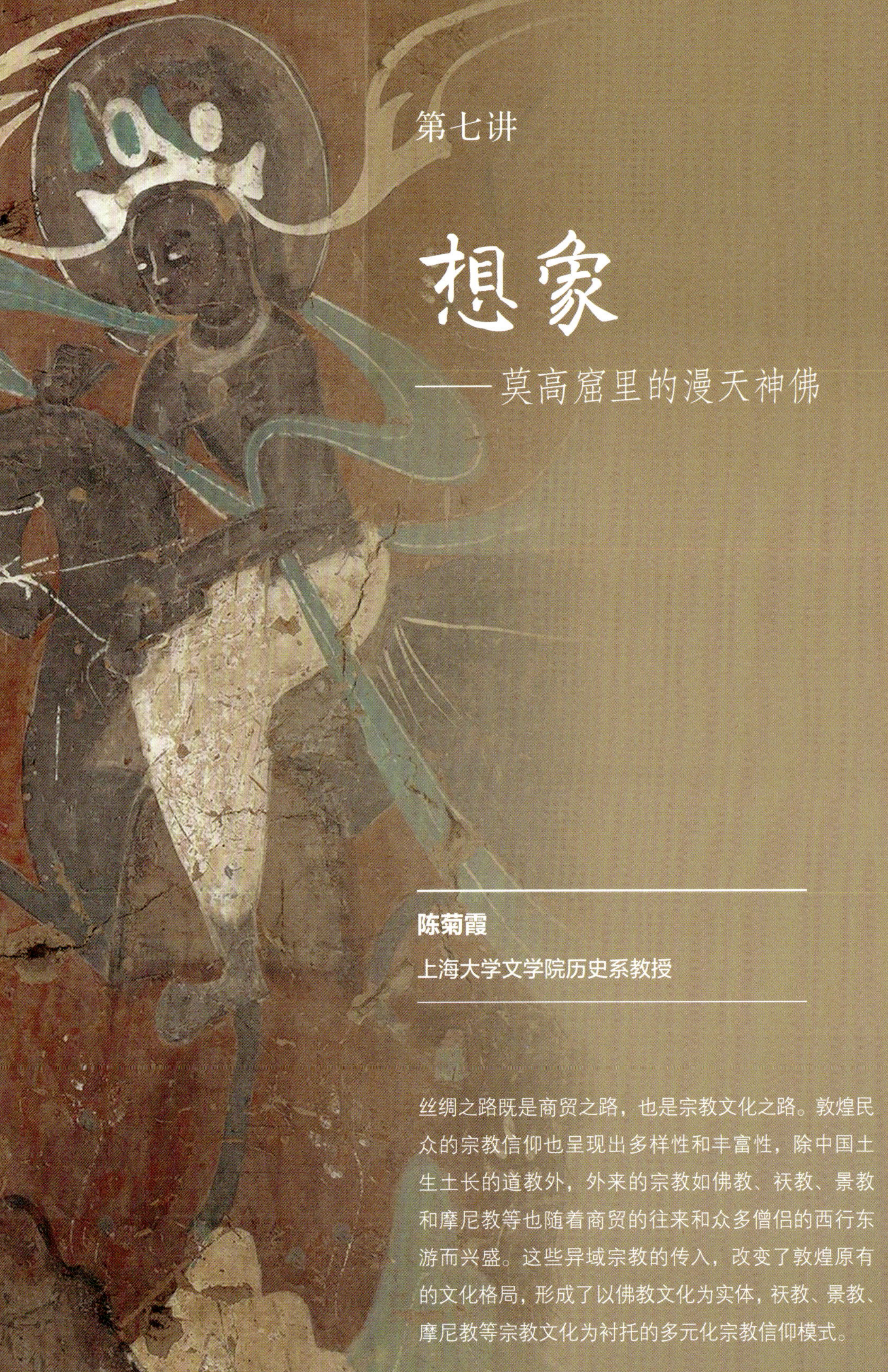

第七讲

想象

——莫高窟里的漫天神佛

陈菊霞

上海大学文学院历史系教授

丝绸之路既是商贸之路，也是宗教文化之路。敦煌民众的宗教信仰也呈现出多样性和丰富性，除中国土生土长的道教外，外来的宗教如佛教、祆教、景教和摩尼教等也随着商贸的往来和众多僧侣的西行东游而兴盛。这些异域宗教的传入，改变了敦煌原有的文化格局，形成了以佛教文化为实体，祆教、景教、摩尼教等宗教文化为衬托的多元化宗教信仰模式。

1 敦煌何以成为“众神的乐园”？

多元化的宗教信仰模式

位于甘肃省河西走廊最西端的敦煌，自张骞凿空西域后，便成为古代丝绸之路上的咽喉要地。它既是中国通向世界的门户，也是世界走进中国的关口。从这里西行,经现在的新疆地区,再翻越帕米尔高原,可到达中亚、西亚、南亚；向东行，经河西走廊可抵达长安或洛阳。

丝绸之路既是商贸之路，也是宗教文化之路。作为边陲重镇和丝路要道的敦煌，始终以开放的胸襟吸纳着东西方的各种宗教文化。其民众的宗教信仰呈现出多样性和丰富性，除中国土生土长的道教外，外来的宗教如佛教、祆教、景教和摩尼教等也随着商贸的往来和众多僧侣的西行东游而兴盛。这些异域宗教的传入，不仅促进了敦煌文化的发展，同时也改变了敦煌原有的文化格局，形成了以儒家文化为核心，佛教文化为实体，祆教、景教、摩尼教等宗教文化为衬托的多元化宗教信仰模式。

祆教、景教和摩尼教分别源于古波斯的琐罗亚斯德教、摩尼教和总部设于叙利亚的基督教之聂斯脱利派，因这三个教派均经中亚地区传入我国，属于外来宗教，所以又被统称为“三夷教”。

虽然祆教、景教和摩尼教都曾在敦煌的历史文化舞台上发挥过积极作用，然而，它们的生命力远远没有佛教那样顽强，随着自身的发展和各宗教间的相互融合，“三夷教”在敦煌逐渐形成依附于佛教或民间信仰发展的形势。

藏经洞里的娜娜女神：祆教在敦煌

祆教由波斯人琐罗亚斯德于公元前6至前5世纪创立。《阿维斯陀经》是其根本经典，宣称宇宙万物分为善恶两大类，分别为善神阿胡拉·玛兹达和恶神安格拉·曼纽所创造。祆教号召信徒唯善神是尊是从，跟随善神以最后征服恶神。该教视圣火为其最高最善神之化身，以礼拜圣火作为主要宗教礼仪，故又被称为拜火教。因祆教信徒拜火又拜日月星辰，中国人以其拜天，故名之为火祆教、祆教。

大约在226年前后，祆教被波斯定为国教，在其境内风靡流行。而粟特地区与波斯毗邻，且萨珊波斯曾占据过粟特，这使得祆教在粟特也得到广泛传播。粟特地区指位于中亚阿姆河和锡尔河之间的河谷绿洲，即今乌兹别克斯坦和塔吉克斯坦境内，其民族善于经商，粟特商人的足迹遍布欧亚大陆，在东西方物质文化交流和传播中起中介作用。

敦煌因地处丝绸之路要道，所以很早就有粟特人在这里活动。1907年，英国考古学家斯坦因在敦煌长城烽燧下发现了4世纪的粟特文信札，它是在中国经商的粟特商人写给他在中亚撒马尔罕的主人和亲属的。信中说，由于洛阳被匈奴人烧毁，他们现在敦煌、酒泉、武威一带经商。

到了初盛唐，敦煌还形成了粟特人的族聚乡——从化乡。据敦煌藏经洞出土的《天宝十载敦煌县差科簿》记载，从化乡的绝大多数居民都是康、安、石、曹、何、米、史等昭武九姓胡人，而粟特人又被称作“昭武九姓人”。在隋唐五代宋，敦煌仍定居着大量的粟特人。敦煌的粟特人大多住在城东一里的安城。城中有一所祆祠，里面开凿了二十个龛，每个龛中都绘制有祆神，粟特人以此为据点来开展他们的宗教活动。

敦煌藏经洞出土过一幅祆教女神图像，应该是粟特人信仰的产物。图中有二女相对而坐，其中一女坐于莲花台座，左手托盘，盘中有一只小犬。另一女坐于大犬上，此女有四臂四手，各执日、月、蛇、蝎。

1 藏经洞出土的娜娜女神画像

2 四条手臂的娜娜女神形象

学者考证这二位女神分别为祆教的达埃纳神和娜娜女神。达埃纳神是祆教神话中在分别之桥上迎候死者的女神。祆教认为，人死后，灵魂会从肉体分离，三日后由达埃纳神接去“分别之桥”接受审判。如果亡者生前是善人，达埃纳女神会现貌美之相，接引他升入天堂；若亡者生前是恶人，则以女妖之貌接引，将其押入地狱。娜娜女神崇拜起源于美索不达米亚，先后与希腊的阿尔忒弥斯、瑞亚-库柏勒，伊朗的阿纳希塔、阿尔迈提，印度的朵尔加等各种类似神祇的崇拜相混同。在萨珊波斯时期（226—651），娜娜女神开始融入祆教系统，与祈求保护动植物的丰饶有关，作为大地神灵受到崇拜，她也是家畜、耕地的守护神。在粟特地区，娜娜女神崇拜又与葬礼和王朝崇拜有联系。

然而，在吐蕃占领敦煌后，从化乡的部分居民相继沦为寺户，还有一些居民远逃他乡，很快，敦煌的粟特聚落就趋于消亡，从化乡也随之废弃。祆教在缺乏信仰主体的前提下开始与中国民俗相融合，如在官府祈雨的祭祀、除夕的大傩礼及赛祆活动中，都能看到它的影子。

繁盛在唐朝：景教在敦煌

景教是古代基督教中的聂斯脱利派。聂斯脱利为东罗马帝国君士坦丁堡主教，主张基督有神、人“二性二位”，即强调保持基督的神性和人性两方面各自的完整性。这种主张在东罗马被视为异端，遂受到迫害。其一部分追随者逃至波斯，并得到波斯国王的保护，成立独立教会。唐贞观九年（635），以阿罗本为团长的大秦景教宣教团来到长安，景教开始传入中国。贞观十二年（638），唐太宗下令在长安义宁坊修建大秦寺，度僧二十一人，许其传教。唐高宗时，诏令各州建景寺。唐代宗、德宗亦弘护景教，当时景教教会已遍布全国，在德宗建中年间，更立《大秦景教流行中国碑》，记述景教在中国的流行情况。唐武宗会昌年间，朝廷实行灭佛政策，这一法难也波及景教，景教自此逐渐衰落。

1 2
3

1《大秦景教流行中国碑》

此碑于唐建中二年（781）由一个名叫景净的波斯传教士撰刻并竖立，吕秀岩书并题额，立于大秦寺院中，正面刻“大秦景教流行中国碑”及颂文，上有楷书 32 行，行书 62 字。高 279 厘米，宽 99 厘米，共 1780 个汉字和数十个叙利亚文。碑额上部，是由吉祥云环绕的十字架，下为典型的佛教莲花瓣朵，显示出景教开的是中土佛教之“花”，结的是基督教之“果”

2《大秦景教三威蒙度赞》（P.3847）局部

3 莫高窟北区 B105 窟发现的青铜铸造十字架

到了元朝，景教再度在中国传播起来，但主要是在蒙古人和色目人中流行，因得到了元代统治者的推崇，曾兴盛一时。

在唐代，景教也传入了敦煌。1906—1908年，英国考古学家斯坦因在莫高窟发现了一幅景教画像，该画像的头冠上有景教的十字架，胸前有景教的十字纹。有学者据此推断，敦煌很可能在八九世纪存在景教寺院。1988—1995年，考古专家彭金章先生带领敦煌研究院考古工作人员对莫高窟北区进行了系统考古发掘，不仅弄清了北区的石窟功能及其内涵，还发现了大批珍贵文物，其中就有反映景教信仰的铜十字架和叙利亚文《圣经》。此外，敦煌藏经洞还出土了七件与景教有关的文书，如《大秦景教三威蒙度赞》《尊经》《志玄安乐经》等，其中《大秦景教三威蒙度赞》还是叙利亚文本的汉译本。所谓“三威”指圣父、圣子、圣灵“三位一体”的威严；“蒙度”是得蒙救赎之意。全经有七言诗四十四句，系教会举行宗教仪式时诵唱用的赞美诗，相当于拉丁文本的《荣归上帝颂》。《志玄安乐经》是波斯教士景净编撰的一本宗教小册子，它通过基督与弟子的对话，宣讲景教“无欲、无为、无德、无证”的教义，训诫教徒以“十善”生活，是为安乐之道。以上文物不仅丰富了景教研究的内容，也表明敦煌在中唐至元代一直有景教存在。

波斯人的宗教：摩尼教

摩尼教是公元3世纪中叶由波斯人摩尼创立的宗教。摩尼把明暗二宗，当作世界的本原，把光明和黑暗说成是两个相邻的王国，认为这两个王国自始就存在着，并非由谁所创造。

摩尼教自创立后便迅速东传，公元3世纪末叶已进入中亚地区，尔后便在该地区广为传播。武则天延载元年（694）以前，摩尼教已沿着丝绸之路传入中国，延载元年时，波斯摩尼僧献给武则天《二宗经》，摩尼教正式得到唐王朝（武周）的承认，开始公开传播。由于漠北回

1《摩尼光佛教法仪略》（S.3969）局部

2 浮屠简

1991年敦煌悬泉置遗址出土的东汉以“浮屠里”作为地名的简牍

鹘汗国定摩尼教为国教，且回鹘在安史之乱时助唐平乱有功，摩尼教也便借回鹘之力，得以在华迅速传播。在会昌初年，漠北回鹘连遭大雪，发生瘟疫，且被黠戛斯攻破，最后不得已大举西迁。唐武宗乘机查禁了摩尼教，摩尼教在中国内地遭到了毁灭性的打击。自此之后，中国内地的摩尼教徒便与中亚摩尼教团失去了组织上的联系，只是独立地自生自灭。

在唐代，摩尼教也传到了敦煌，敦煌藏经洞出土了有关摩尼教的文书：《摩尼教残经》《摩尼光佛教法仪略》《下部赞》。其中，《摩尼光佛教法仪略》是唐玄宗时代在华摩尼传教师奉诏撰写的一部解释性文件。主要介绍了教主摩尼创教的历史、描述了摩尼的神圣光辉形象、列举了摩尼教的主要典籍、叙述了教团的组织结构和寺院制度等，是研究古代摩尼教，特别是8世纪中国内地摩尼教的一篇重要文献。《下部赞》是中国摩尼教徒举行宗教仪式时用的赞美诗，是研究摩尼教教义、宗教仪式及其在中国变化的重要资料。

中亚胡人所信奉的祆教，无论是在北朝，还是在唐代，都没有以一个完整的宗教体系来向中国人进行推介，所以其流行范围实际上只局限在胡人移民中。而景教和摩尼教则不同，它们的来华僧侣都不遗余力地把本教的经典传译成汉文，向中国的朝廷与百姓宣传，以最大程度争取汉人成为它们的信徒。

2 佛教在敦煌如何传播与发展？

佛教如何融入敦煌百姓的日常？

“三夷教”之外，敦煌最重要的宗教当然就是佛教了。

佛教起源于印度，由释迦牟尼于公元前6世纪至前5世纪创立，后经中亚沿丝绸之路传入我国。因敦煌地接西域，所以佛教传入敦煌的时间也较早。敦煌悬泉置遗址出土的一枚汉简记载：“少酒薄乐。弟子谭堂再拜请！会月十三日，小浮屠里七门西人。”这枚汉简有些像我们今天的请柬。据专家研究，此简的书写年代约在58—108年。“浮屠”本是佛塔之意，既然此时敦煌地区已经用“小浮屠”作为里名，就说明早在东汉时期，佛教已经彻底融入了敦煌当地居民的日常生活。

十六国北朝时期，敦煌先后归属于前凉、前秦、后凉、西凉、北凉、北魏、西魏、北周等政权。而这一时期正是五胡乱华、社会动乱、干戈不休的大分裂期。由于大多数政权都由少数民族建立，作为外来“戎神”的佛教，更能适应“胡人”的心理需求和民族情感，由此，佛教得到了一些汉化程度较高的“胡族”统治者的信奉，并成了他们精神统治的支柱。

据《魏书·释老志》记载：“凉州自张轨后，世信佛教。敦煌地接西域，道俗交得其旧式，村坞相属，多有塔寺。”这反映出佛教在河西走廊的兴盛局面。孝昌元年（525），北魏以皇室元荣出任瓜州刺史，元荣后又被封为东阳王。元荣统治敦煌长达二十年，他曾出资写经十余部，有数百卷之多，又在莫高窟开凿一座大窟。俗话说上行下效，在东阳王元荣等统治阶层的大力推动和信奉下，敦煌佛教得到快速发展。

至隋唐、五代、宋，佛教日益成为敦煌民众的主流文化。这一时期，在帝王将相和地方官员的极力推崇和倡导下，佛教得到空前发展，上至达官贵人，下至平民百姓，无不狂热佞佛。敦煌文献形容曰："君臣缔构而兴隆，道俗镌妆而信仰。"由此，敦煌一地的寺院和僧尼人数大大增多，而且佛教也逐渐融入民众的日常生活。僧俗吏庶不仅热衷投身于各种佛事活动和积极举办各类斋会，还醉心于抄经、写经、转经、建窟、修塔、造幡等功德事业。仅在这一时期，敦煌民众就在莫高窟兴建和重修了数百个洞窟。

东来弘道和西行求法的高僧更促进了佛法的东传和流布。比如高僧竺法护，有"敦煌菩萨"之称誉，其祖先是月氏人，后世居敦煌。法护在八岁时出家，受学于外国沙门竺高座，曾随师游历西域诸国，遍学三十六种语言，还携带大量梵文佛典东归，并与弟子在敦煌译经、传教。法护还多次前往长安、洛阳从事译经和传教活动。他一生共翻译佛经一百六十五部，为佛法在东土的流传做出了重要贡献。

沿丝路东来传教的西域高僧有安世高、迦叶摩腾、竺法兰、支娄迦谶、支谦、康僧会、鸠摩罗什等，西行求法的中国高僧有朱士行、法显、宋云、玄奘等，他们都是经敦煌前往西域、中亚、印度，或东来中国的。在敦煌石窟中，西行求法名僧刘萨诃、赴西天取经的唐玄奘，以及东来传教的著名僧人安世高、康僧会、佛图澄等人的故事和事迹多有出现。这些来往于丝路的高僧，不仅传播了丰富的佛教典籍，而且在敦煌和内地潜心翻译，大大推动了佛教在中国的流行。

规模庞大的佛教寺院

仁寿元年（601），隋炀帝下诏，令各州兴建佛塔供养舍利。当时，静法寺的僧人智嶷被派遣到敦煌，奉诏修建了崇教寺。唐代，敦煌当地的世家豪族，像翟氏、李氏、阴氏等家族都不断出资兴建石窟。吐蕃统治敦煌时期，吐蕃尚书令、都元帅尚绮心儿出资兴建了圣光寺。

在帝王将相的倡导以及敦煌地方官员的扶植下，敦煌佛教日益兴盛，敦煌一地的寺院规模也进一步扩大，其数量由16寺增至18寺。除了官方佛寺外，敦煌还有一些分布于乡、坊、巷的私家小型佛寺。这些佛寺被时人称为“兰若”。

随着时间的变迁，隋唐时期建于敦煌城内的寺院因战乱等原因而全被毁坏，而离城较远的莫高窟却保存下了200多座唐代石窟，特别是其中有高达35.5米和26米的大佛，以及长达16米的卧佛，留下来的遗迹尚且有如此规模，足以体现唐代佛教发达的盛况。

敦煌僧尼人数也随着时间呈现出递增趋势。吐蕃占领敦煌时，敦煌仅有僧尼310人。后来，随着吐蕃统治者对佛教的重视和推崇，出家的僧尼人数日渐增多,在800年前后,敦煌的僧尼人数发展至406人。而至归义军时期，僧尼人数则增至1000人以上。

庄严隆重的佛教节日

公元8—11世纪，敦煌一地的佛教空前发展，每逢佛教节日都要举办隆重的佛事活动。这些节日有燃灯节、佛诞节、行像节、盂兰盆节、佛浴节等。

我们以行像节为例，为大家呈现一下敦煌佛教节日的盛况。

佛教徒们将二月八日这天定为释迦出家日，每年举行隆重的行像活动以示纪念。什么是“行像”？就是奉佛像而游行的活动。通过行像活动来宣传佛教思想，扩大佛教的影响。

众僧和行像社人吃完丰盛的斋饭后，便开始行像活动。行像场面极为壮观，最前面是庄严肃穆的佛像队伍，前有金刚力士导引，后有高大的佛像群。与中原不同的是，敦煌的佛像并不是用车载着的，而是由行像社人擎举着，佛像有木刻佛、彩画佛或夹纻佛。中间是欢快热闹的音乐歌舞，有舞动的狮子，有鼓钹铃梵、法曲赞呗，以及苏幕

莫高窟第 329 窟西壁龛顶“乘象入胎”“夜半逾城”

“苏幕遮”的起源

熟悉宋词的朋友大概都读过范仲淹的一首《苏幕遮·怀旧》，里边有一句“碧云天，黄叶地，秋色连波，波上寒烟翠”，用秋景写出了羁旅思乡之情，令人印象深刻。然而作为词牌名的“苏幕遮”，怎么会出现在西域敦煌的乐舞中呢？

其实，“苏幕遮”原本就是一个来自西域的音译词，又可作“苏莫遮”“飒磨遮”，指龟兹国的一种乐舞。龟兹人有个节日叫祈寒节，由祈求冬天寒冷、天降大雪而来。在这个节日期间，老百姓喜欢跳一种叫“婆罗遮”的舞蹈，“婆罗遮”就是“苏幕遮”的别称。跳舞的人头戴假面，裸露着身体，互相泼水，这大概也是世界上最古老的假面舞了。隋唐时，以龟兹乐舞为代表的西域乐舞大量进入中原；至唐玄宗时期，“苏幕遮”已然由戏曲歌舞名发展成为教坊曲名。

遮假面舞蹈。最后面是持香花的官僚僧俗。行像的场面，真可谓佛像灿然，乐声铿锵，舞姿翩跹，梵呗盈空。行像队伍幡花招展、浩浩荡荡、出游四门，直至游遍全城。

行像结束后，僧俗又要赶赴二月八日的道场法会。这场法会异常隆重，不仅道俗二众倾城出动，而且节度使等上层人物也常会偕同夫人眷属及官僚亲临现场。法会以讲经为主，为了避免单一的说教，要增加节日气氛以感染群众情绪，法会便会用讲唱形式赞颂释迦成佛的全过程，如开讲《八相变》《太子成道经》《破魔变文》等。

其中太子成道的故事也常见于敦煌壁画，莫高窟第 329 窟西壁龛顶就描绘了太子出家时的场景。画面彩云飘飘，天花乱坠，太子骑高大骏马，双手紧握缰绳，四天神手托马蹄，骏马在乘虎天人的引导下，奔驰前行。画面动感较强，表现出太子夜半逾城、一心出家的急切心情。

3 佛教故事画：斑斓的艺术表现

了解敦煌佛教后，我们就可切入敦煌壁画中的宗教内容了。在北朝时期，最典型的壁画内容就是佛教故事画。

故事画是敦煌北朝洞窟的主要题材，它将佛教经典中许多生动的故事，以通俗易懂的绘画形式表现出来，以达到宣传佛教思想和教化民众的意图。敦煌北朝故事画现存约二十种，近三十幅。主要分为佛传故事、本生故事和因缘故事。

佛传故事：释迦牟尼的生平

佛传故事是宣扬释迦牟尼生平事迹的故事，包括释迦入胎、降生、求学、出家、成道、涅槃等一系列生平经历。像莫高窟第275窟南壁的“太子出游四门”、第254窟南壁的“降魔变”都是此类的代表之作。

第275窟南壁的“太子出游四门”是敦煌留存下来最早的佛传故事画。现存三个场景，能清楚辨认的是悉达多太子出东门和北门分别遇见老人和比丘的故事情节。据佛经记载，悉达多太子是因出游四门分别遇见“生老病死”而感悟到人生无常，最后决意出家修行的。值得关注的是，太子出游之门均画成了汉式的阙形门，这是敦煌较早用中式建筑元素表现印度故事内容的例证。

第290窟的佛传故事画是北周连环故事画的杰出代表。它从窟顶前部人字披的东披上段南端绘起，共三段，以S形相连接，再以同样形式绘到西披下段南端，并转接平顶，总长度27.5米，故事情节多达87个。这幅故事画主要依据《修行本起经》绘制，第一部分以大

1
2
3

1 第290窟佛传故事画

2 第290窟佛传故事细节之“树下诞生”，描绘了悉达多太子的诞生，摩耶夫人手攀树枝，太子便从其右胁下生出

3 第290窟佛传故事细节之“细雨泽香”，描绘了悉达多太子诞生所产生的祥瑞景象

量画幅表现释迦降生时的种种祥瑞，以显示释迦的非凡事迹；第二部分着重表现释迦看破红尘、决意出家的行为；第三部分描绘释迦修行成道、初转法轮和度化比丘的故事。整幅故事画规模宏大、内容丰富、结构合理，仅画面人物就达二百多个，而且他们的服饰多为汉装，如给印度的净饭王和摩耶夫人（佛陀的父母）分别穿上了中国皇帝和汉晋后妃的服装；还有太子还宫时，乘上了与顾恺之《洛神赋图》中相似的云车。这些都是印度佛教故事逐渐中国化的表现。这幅鸿篇巨制的连环故事画，在中国美术史上，乃至世界佛教美术史上都堪称稀世珍品。

教化与说法：本生故事和因缘故事

本生故事是宣扬释迦牟尼前世教化众生、普行六度事迹的故事。本生，是梵语阇陀伽（Jataka）的意译。佛教相信轮回转生，认为一切生命，都处在永无止息的轮回转生之中。释迦牟尼在成佛以前，也没有跳出生死轮回，他必须经过无数次的转生，才成为佛。这无数次的转生经历，便是佛本生故事。

莫高窟第285窟因缘故事画之“五百强盗成佛”局部

佛本生故事的主要题材有：萨埵那太子、尸毗王、九色鹿、须达拿、须阇提、睒子等本生。这些故事主要宣扬佛祖前世的种种善行，强调善恶因果关系。北凉时期的第 275 窟北壁，依次画出了毗楞竭梨王本生、虔阇尼婆梨王本生、尸毗王本生、月光王本生和快目王本生的故事。这些都是表现释迦牟尼在前世作为国王时，为听闻正法或救助众生，甘愿忍受屈辱与痛苦，并自我牺牲的故事。如月光王和快目王是为实现承诺而甘愿施舍自己的头和眼，尸毗王则为了救助一只鸽子而不惜割下自己的肉。这些表现忍辱、救助和牺牲的故事，符合佛教宣扬的“六度”思想，是佛教徒修行所追求的最高境界。

因缘故事则是记述释迦牟尼成佛后说法教化的各种事迹，主要内容有沙弥守戒自杀、微妙比丘尼因缘、须摩提女因缘等故事。如莫高窟第 285 窟南壁的“五百强盗成佛”是北朝因缘画的代表之一，它描绘了五百强盗犯罪后，国王派军队镇压他们，双方展开激烈战斗，强盗战败后，被挖了双眼，流放至森林，他们痛苦哀嚎，求佛拯救，最终皈依佛门。整铺壁画气势宏大，构图合理，人物形象十分生动。观者在欣赏画面时，仿佛能感受到强盗们被施刑时的痛苦和他们获佛祖之助而得眼后的喜悦，完全彰显了“放下屠刀，立地成佛”的意境和皈依佛门便能得救的教义。

1 第275窟北壁的“毗楞竭梨王本生”

2 第254窟南壁的“萨埵那太子舍身饲虎”

故事画的构图形式

莫高窟北朝故事画的构图形式大致分为三类。

第一类，一图一景式，即只表现最具代表性的场景。如第 275 窟北壁的“毗楞竭梨王本生”，着重突出了镇定而坐的毗楞竭梨王和正在向他扬手钉千钉的劳度叉这一情节。二人一站一坐，一动一静，表现出毗楞竭梨王为闻正法而宁愿牺牲的无畏精神。

第二类，一图多景式，即将故事发生的多个情节在同一画面中进行表现。如北魏第 254 窟南壁的“萨埵那太子本生”，讲述了萨埵那太子牺牲自己的生命来拯救一只饥饿的老虎。萨埵那太子就是释迦牟尼的前世。画面上方中部的发愿，右上侧的刺颈与跳崖，右下方的饲虎，和左侧的亲人哀痛、起塔供养等发生在不同时间场合的故事在同一画面中表现了出来。这种紧凑、繁而不乱的构图布局将佛教倡导的悲壮献身表现得淋漓尽致。

第三类，横卷式，即将多幅单情节画面连贯平列，使它们组成一卷完整的画面。接下来我们就以“九色鹿本生”为例来仔细分析。

九色鹿的故事

莫高窟北魏第 257 窟西壁下方的“九色鹿本生”是本生故事的经典之作。曾因被上海美术电影制片厂改编为动画片而家喻户晓。

九色鹿故事画的依据可能有二：一是三国支谦翻译的《佛说九色鹿经》，二是三国康僧会翻译的《六度集经》中的《修凡鹿王本生》。

这是一幅横卷式连环画，其构思布局极具匠心，其叙事采取从两端向中央推进的方式。故事先从南端开始，依次呈现出九色鹿不顾自己安危跳入河中搭救溺水人，溺水人向九色鹿叩头谢恩，并答应保守九色鹿行踪秘密等画面。

接着，故事又从北端讲起，表现了王后在宫殿中向国王讲述夜梦九色鹿，并希望获其皮毛做衣服的愿望，随后便是国王下令悬赏捉拿九色鹿，和溺水人带领国王一行人前往追捕九色鹿等场景。

最后，故事的高潮部分聚拢到了画面中央，突出表现了昂首挺胸的九色鹿向国王陈述它如何救起溺水人，而溺水人却忘恩负义的经过。国王被九色鹿的英勇和善行所感动，不但没有捉拿它，还下令予以保护。就在此时，溺水人因违背誓言遭到报应，身上长满了疮。

这里的九色鹿不是普通的动物，它是佛教创始人释迦牟尼的前生。整幅画面造型质朴，线条粗放流畅，生动描绘了九色鹿富有人格化的神态，表现了九色鹿不向邪恶屈服的倔强性格。另外，对王后形象的刻画也极具表现力，她依偎着国王，并将右臂搭在国王肩头，那翘起的食指似乎正在打着节拍，长裙下的脚趾也随节拍在轻轻晃动。由此，王后虚荣、贪婪的性格便一目了然。

这幅画所表达的是佛教的慈悲仁爱和因果报应思想，由此试图劝化瞻仰者要胸怀慈悲，及时行善。

鹿王本生故事在印度早期美术中就出现过了。如巴尔胡特佛塔的围栏雕刻有圆形的“鹿王本生”，其雕刻时间是公元前 2 世纪，其构图与莫高窟第 257 窟的“鹿王本生”截然不同，采用的是一图数景的形式，将鹿王水中救人、溺水人告密、国王弯弓欲射鹿王、鹿王控诉等

九色鹿向国王陈述事实

因违背誓言身上
长满疮的溺水人

宫殿中的国王和王后

莫高窟第 257 窟西壁的“九色鹿本生”

1 公元前 2 世纪印度巴尔胡特佛塔上的“鹿王本生”（印度加尔各答印度博物馆藏）

2 克孜尔第 38 窟菱格本生中的“鹿王”

在不同时间和地点发生的情节表现在同一画面中。不过，该图也将鹿王与国王相遇的场景布置在了画面中央。总体来看，这幅圆雕结构紧凑，主题突出，手法简练，展示了素朴的印度装饰风格。

鹿王本生故事画还出现在印度阿旃陀石窟、犍陀罗地区和龟兹地区的石窟中。像克孜尔石窟中的鹿王故事，主要绘制在窟顶的菱形方格中，采用单情节画面来表现，如只绘制溺水人向鹿王跪谢，或者是鹿王跪伏在国王面前的情节。

相同的“鹿王本生”经文故事，在从印度沿丝绸之路向东传播的过程中，因所经地域的文化差异，其构图呈现出明显的变化，这正是艺术创新和发展的体现。第 257 窟正是运用汉画传统的构图方式，将西来的“鹿王本生”故事画加以改造和丰富，最终创造出富有中国民族特色的新的艺术表现形式。

4 营建与重塑：充满戏剧性的第 220 窟

在秦汉时期，敦煌先后居住着乌孙、月氏和匈奴等少数民族部落。汉武帝即位时，汉朝经过数十年的休养生息，国力日渐增强，汉武帝遂发动了对匈奴的三大反攻战役，即河南之战、河西之战和漠北之战。其中的河西战役在天才小将霍去病的指挥下彻底摧垮和消灭了浑邪王和休屠王的势力，所降四万部众被安置在陇西的塞外。自此，河西走廊归入中原王朝版图。中原王朝不断派官员、从内地移民到包括敦煌在内的河西地区，这些官宦人家和迁徙人户慢慢在河西一带定居下来。在敦煌当地，也由此形成了像张氏、索氏、令狐氏、李氏、翟氏、曹氏等豪强大族。

什么是“家窟”？

敦煌官宦人家在莫高窟营建洞窟的历史由来已久。东阳王元荣和建平公于义在任瓜州刺史时，便在莫高窟各建了一个大窟，有学者推测即为西魏第 285 窟和北周第 428 窟。其实，285 和 428 这两个洞窟还不能算是真正意义上的家族窟，因为第 285 窟北壁的供养人题记说明，营建此窟的还有阴氏、滑氏等家族。第 285 窟应该是由东阳王元荣主导，阴氏、滑氏等家族共同参与营建的洞窟。至于第 428 窟，其四壁下方分三排共绘制了一千余身供养人画像，其中僧侣居多，既有敦煌的僧人，也有敦煌以外的僧人，说明第 428 窟是在建平公于义的主导下，由僧团和社会各界人士共同参与营建的。

进入唐代，莫高窟迎来了世族营建“家窟”的活跃期和高峰期。

什么是“家窟”？就是指由同一家族建造的洞窟。在莫高窟，凡是规模宏大、内容丰富、艺术精美的洞窟多为世家大族所建，这些世族往往一家一窟，或一族数窟，且形成父子相继、祖创孙修的营建传统。可以说，世家大族营建的家族窟为莫高窟之千年营建史增添了浓墨重彩的一笔。

第 220 窟是莫高窟家族窟的典型代表，其主室西龛下方明确写着“翟家窟”三个字。这个洞窟始建于初唐，由时任“乡贡明经授朝议郎行敦煌郡博士”的翟通主持兴修，但未等完成，他先已去世。之后，他的儿子、时任伊吾郡司马的翟直又继续带领家族成员完成了营建事宜。第 220 窟的修建时间长达二三十年，至贞观十六年（642）时，至少已完成东壁和北壁的绘制工作，而到了龙朔二年（662），才全部竣工。

第 220 窟呈平面方形，覆斗顶，西壁开平顶敞口龛，龛内塑一佛、二弟子、二菩萨，但这些唐时的塑像均在清代重修过。龛外南北两侧分别画普贤、文殊赴会图。

净土世界中的西方与东方

第 220 窟南壁通壁画《无量寿经变》，它是佛教为世人描绘的一幅“无有众苦，但受诸乐”的西方极乐净土世界。其中央巨型七宝池中，是泛出层层涟漪的八功德水，其清净香洁，味如甘露，能“开神悦体，荡除心垢”。无量寿佛（阿弥陀佛）和其上座菩萨——观音和大势至都坐在七宝池的莲座上，众多菩萨或立或坐，簇拥于佛的周围听法。莲池中有同茎所长的九枝莲花，莲花内各有一化生童子，他们是西方极乐净土的各种往生者。莲池左右两侧各有两重楼阁，表现佛国天人所居住的舍宅和宫殿，其高低大小可“随意所欲，因念即至”。无量寿佛说法时，天空中“十方诸佛”驾云前来赞叹“安乐国”的庄严，此时，飞天曼舞，彩云飞翔，箜篌、琵琶等各种乐器也在空中飞翔，“不鼓自鸣”。七宝池前的宝地上站立的孔雀和共命鸟发出和鸣声，以示赞佛。在由十六乐伎组成的乐队伴奏下，两名舞伎挥动长巾，翩翩起舞。整个经变布局合理、错落有致，给人较强的空间感。可谓圣佛庄严宣教、菩萨摄心聆听、空中乐器不鼓自鸣、地下舞伎翩跹，一幅宏大、热闹的精美场景可谓美不胜收。

北壁通壁画《药师经变》，主要依据隋达摩笈多翻译的《佛说药师如来本愿经》而绘制。该经宣传了东方世界由近而远的七个佛国，其中最远的第七个世界是净琉璃世界，其国土与西方净土世界一样，都是美好的极乐世界，教主是药师佛。所谓“药师”，就是我们今天说的医生，承担救苦救难的职责。药师佛曾许下十二大愿以拯救世人脱离苦海。

第220窟北壁描绘的就是佛土清净、极乐美好的东方药师净土世界。其中央莲台上站立着一字排开的七身佛像，他们手执钵、锡杖、宝珠、念珠等。其中左手托钵、右手作说法印者为药师佛。七佛左右均有胁侍菩萨，宝台两侧分别有四身圣众和六身神将，神将身着甲胄，头戴宝冠，宝冠上饰以动物肖像，现在能看到的有蛇、兔、虎等动物，这是以十二生肖对应十二神将。佛像头顶上方各有一双树华盖，其垂幔环绕，极为精美。

宝台下方众伎乐手执各种乐器，聚神演奏，中间两对舞伎飞旋而舞,这就是有名的“胡旋舞”。正如白居易《胡旋女》诗所写“胡旋女，胡旋女，心应弦，手应鼓。弦鼓一声双袖举，回雪飘飘转蓬舞，左旋右转不知疲”。舞伎间有三座高大的灯轮，七层灯架上放置着燃灯，其灯盏数目远远超过经文规定的四十九盏。而且两侧的灯架旁还有菩萨正忙着点灯和摆放小灯。在敦煌，每年的正月十五日会举行大型的燃灯活动，时人记曰：“初入三春，新逢十五。灯笼火树，争燃九陌；舞席歌筵，大启千灯之夜。”可谓是火树银花台，九陌连灯影，歌舞助兴，筵席作乐。此外，佛教信众还“年驰妙供于仙岩，大设馨香于万室”，

第 220 窟南壁的《无量寿经变》

《无量寿经变》莲池中的菩萨和童子

《药师经变》的七身佛像细节

药师佛一手结说法印、一手持钵，手势优美。佛陀头上悬有多层五彩华盖，垂有网幔、璎珞与流苏。华盖后面，掩映双树，树叶葱茏；下面还有芭蕉叶

第 220 窟南立面、西立面、北立面示意图

《药师经变》里
倚栏而坐的供养菩萨

《药师经变》里的“燃灯”图像

《药师经变》呈
现的胡旋舞

此处的“仙岩”是莫高窟的别称，可见，这一天信众们要远赴莫高窟，在所有洞窟燃灯、烧香，以供养诸佛。

这铺《药师经变》构图新颖、气势宏大、色彩艳丽，画面中横空飞舞的神幡、灯火通明的灯轮、刚劲有力的胡旋舞等，既表现了药师信仰的供奉形式，又体现了净土世界的祥和欢乐，是莫高窟难得的艺术佳品。

第 220 窟南壁和北壁所描绘的西方极乐净土世界和东方药师琉璃净土世界使我们深刻感受到了这两个佛国世界的美妙、庄严和安乐。其实，整个第 220 窟也俨然是一个大的佛国世界。在这个世界里，释迦牟尼佛、无量寿佛、药师佛、弥勒佛，乃至十方三世佛都和平共处，各自讲说教义，而文殊、普贤、观音、大势至等菩萨与老成持重的迦叶和博闻强识的阿难都侍立佛旁，聆听圣言。自由翱翔的天神和翩然起舞的乐伎则使美妙的佛国世界更显祥和与欢乐。

第 220 窟是莫高窟艺术史上的一座里程碑。无论从壁画的构图气势，还是绘画风格来说，它较以往的敦煌壁画都有重大的突破。这种场面宏大、构思新颖、技法精湛、色彩瑰丽的新画风应来源于中原。因为自唐太宗发兵平定高昌以后，丝绸之路又恢复畅通，这时，流行于中原的一些画风和画派开始传入敦煌，并与传统的敦煌画风相融合，最终酝酿出了第 220 窟的“新风貌”。

历经四次重修

第 220 窟建成后，敦煌浔阳翟氏家族在之后的三百多年中又先后对其进行过四次重修，分别发生在中唐、晚唐、五代和宋。

前三次重修规模都较小，主要针对甬道而开展。第一次和第二次都重修了甬道南壁。先在甬道南壁中央开凿坐南向北的方形龛，在龛内的东、南、西三壁分别绘制释迦牟尼、药师和弥勒说法图。其中西

第 220 窟甬道南壁上的方形壁龛

壁的《弥勒说法图》中有三身供养人像，一身女供养人着唐服，另两位男供养人着吐蕃装，这表明此龛壁画绘制于吐蕃占领敦煌时期。之后，又在此龛的上方画了一组表现过去、现在和未来的三世佛组合造像，还在龛下绘制了卢舍那佛。

翟氏家族对甬道南壁进行了两次重修，从重修的题材和内容来看，这些组合造像与敦煌藏经洞出土的《药师道场（文）》（B. 8719V）所启请和礼忏的重要佛圣相同，说明第 220 窟甬道南壁的画作与药师礼忏活动有关。很可能翟氏家族会经常在自己的家族窟中择机举办药师斋会。

《药师经》为何流行？

《药师经》自东晋被汉译后，其信仰便开始在我国萌生和发展。南北朝时期，战争迭起，社会动荡，人民生活在水深火热之中。作为“致福消灾之要法”的《药师经》极具现实意义，很快得到了上迄王公下至贫民的一致信奉。这种高涨的信仰风潮使得社会中开始出现并流行“药师斋忏”。

陈文帝所撰写的《药师斋忏文》就详细描写了药师佛所能发挥的诸多力量，如“药师如来有大誓愿，接引万物，救护众生……随从世俗，使得安乐”。“药师斋忏”的出现，是药师信仰普及的一个标志。至隋唐时期，佛教和道教在激烈的争斗中开始走向融合，《药师经》所倡导的“续命法”迎合了道教的长生之风，由此得到民众的广泛信仰。这一时期，净土思想也得到了极大传播，往生净土的观念已渐渐深入民心，作为东方净土琉璃世界教主的药师佛更加受到人们的尊奉。此外，从一些佛经的题记可知，抄写《药师经》和绘制药师佛像还可以为亡者追福，这一现实功用更为药师信仰锦上添花。

药师信仰之风也波及敦煌。敦煌在北朝时期就流行《药师经》。隋代开始出现药师图像。吐蕃攻占敦煌后，身处异族统治的敦煌人民愈发信奉能化解灾厄、延年益寿的《药师经》，这一时期，以九种横死、十二大愿为主要内容的《药师经变》广为流行。药师图像的绘制一直延续至西夏时期。敦煌藏经洞出土的很多佛经都有关于抄写《药师经》的记载。敦煌壁画和纸画中，共为我们留下一百多铺《药师经变》、几百幅药师单尊像。另外，敦煌遗书中还有三件《药师经变》榜题底稿和约三百件的《药师经》写本。

什么是净土思想？

净土，是佛教专有名词，广义来说，净土是相对秽土而言，指佛所居住的无污染的清净世界，如弥勒在兜率内院的天界净土、普贤菩萨的毛孔净土，当然也包括诸佛净土。狭义上的净土，专指西方阿弥陀佛的极乐世界等。这是因为在中国、韩国、日本有比较深厚的“弥陀思想”，由此以“弥陀思想”为核心的净土宗也便在中、韩、日三国的佛教史上有比较高的地位。

“新样文殊”的出现

到了五代同光三年（925），翟通的八代曾孙翟奉达又组织重修了第220窟的甬道北壁。翟奉达是敦煌当地著名的历法家，他主持编撰敦煌历日长达三十年之久，还撰写过《寿昌县地境》，这部“地境”已成为学者研究敦煌古代历史和地理不可或缺的史料文书。

这次重修，翟奉达组织绘制了“新样文殊”。所谓的“新样”，究竟新在哪里呢？一是将原来文殊图像中牵狮的昆仑奴变为于阗国王。二是这铺“文殊图”是依据五台山流行的“贫女化文殊”故事而绘制的。据这个故事记载，五台山下的灵鹫寺于每年春天设无遮大会，有一贫女携儿抱子，还牵一条狗来参加斋会。快到开斋饭的时候，主僧给了她和两个孩子共三份饭，贫女又为她的狗讨了一份，接着还要为她腹中的孩儿再讨一份。此时，主僧起了嗔心，斥其贪得无厌。瞬间，贫女涌现虚空，化作文殊，狗变成金毛狮子，两个儿子分别变为善财童子和于阗王。

1 第220窟甬道北壁五代时期的新样文殊菩萨图与供养人画像

2 第220窟甬道北壁新样文殊菩萨图中的于阗王

画面正中绘制的文殊菩萨，端坐于狮背莲花座上，其右侧驭狮者为于阗国王，左侧是屈身合十做礼拜的善财童子，显然与五台山流行的“贫女化文殊”的故事人物相符。第 220 窟第一次出现“新样文殊”图像，应是五台山文殊信仰影响敦煌的结果。

重层壁画的发现

到了 10 世纪末期，翟氏家族再次对第 220 窟进行了大规模重修。除主室西龛内的绘塑作品外，几乎将其余壁画全部抹泥加以重绘。在 1908 年法国人伯希和与 1914 年俄国鄂登堡探险队所拍摄的第 220 窟照片中，我们看到的都是宋代的表层壁画。

然而，第 220 窟是莫高窟窟群中一个充满戏剧性的洞窟。它不仅被一次次重修，且大部分壁画还经后世剥离才露出“庐山真面目”。1944 年，敦煌艺术研究所所长常书鸿先生与工人窦占彪一道对第 220 窟的重层壁画实施了剥离。当表层的宋代壁画被剥去后，露出的底层壁画全为初唐之作。当时因条件所限，没有继续对甬道和窟顶壁画进行剥离。直到 1975 年，敦煌文物研究所保护组的工作人员又对甬道进行了整体搬迁，将甬道表层宋代壁画整体剥离后，将其向东推移至甬道口的位置，再进行固定。这样，甬道底层的壁画就全部展现了出来。其实最底层还有初唐时的甬道，目前尚未经历剥离工作。

第 220 窟作为“翟家窟”，被翟氏家族精心“呵护”了几百年，并先后四次重修。由于先前绘制在洞窟中的供养人会成为后人的先祖，所以家族窟也就具备了家庙的性质。中唐、晚唐和五代的翟氏族人还将一些亡故的家人画像作为供养人绘制在洞窟中，并择机举办斋会，一方面是为“造窟亡灵”和过往亲人祈福，希望他们勿落三途之灾、神生净生；另一方面又希望将造窟功德回向给健在的亲人，使他们“无诸灾障”。

1 1908 年伯希和拍摄的第 220 窟南壁，当时宋代表层壁画还在

2 1943 年罗寄梅拍摄的第 220 窟南壁，可以明显看到表层宋代壁画已经被剥离了一半

5 北大像：敦煌民众的精神寄托

莫高窟是沙漠戈壁中的一抹绿洲，在它横亘千米的崖面上巍峨耸立着一座楼阁建筑，这就是莫高窟标志性的建筑——九层楼。或许有朋友会注意到，敦煌研究院的 LOGO 正是依据此建筑而设计。

“北大像”的营建史

九层楼是莫高窟第 96 窟的窟前建筑，窟内有高达 35.5 米的倚坐弥勒像，是国内现存最大的室内佛像。因第 96 窟位处莫高窟南区北端，当地民众又称它为“北大像”。北大像和窟前楼阁都始建于初唐，在之后的千年时光中，它们经历着岁月的磨蚀和风雨的洗礼，经常会出现这样或那样的一些“问题”。不过，敦煌民众始终对其精心守护，多次加以重修和复建，才有了今天这样雄伟的新颜。北大像与其窟前楼阁千百年来的营建史，既体现了敦煌民众虔诚的宗教热情，也反映出北大像已成为敦煌民众的精神支柱和信仰寄托。

北大像的凿建，与武则天称帝这一历史背景有关，也顺应了当时全国大造弥勒大像的风气。武则天想要借弥勒下生之说，为自己的夺权寻找宗教依据，于是就在莫高窟开凿弥勒大像一座，即北大像。

北大像建成于唐武周证圣元年（695），主持建造的是禅师灵隐和居士阴祖等人。敦煌阴氏在武周造势的浪潮中一直表现活跃，早在武周天授二年（691），沙州刺史李无亏向武则天表奏了四件祥瑞之兆，其中两件都与阴氏有关。他表奏的第一件瑞应是，阴嗣鉴在敦煌平康乡的武孝通园内，发现了一群非同寻常的鸟，这些鸟头上长冠，红嘴红足，翅尾是青、黄、赤、白、黑五色。州里的官员和百姓听说此事后都纷纷赶来观看，而这些五色鸟不但不惊恐，反而会跟随他们前行。另一件瑞应是，阴守忠上状称，有一只狼经常到他的庄边来，令他惊奇的是，这只狼毛色雪白，见到小孩和牲畜也不加伤害。这两件瑞应都拿阴氏之“阴”来代指“母道”和“臣道”，以阴嗣鉴和阴守忠的“鉴”和“守忠”之名告诫天下：武周政权要昌明，臣民们要为则天陛下守忠、效力。武则天是女性，她称帝后，敦煌阴氏频见瑞应，象征着由武则天这位女性建立的武周政权将会繁荣昌盛。

阴祖之子阴守忠和阴稠之子阴嗣鉴各献祥瑞来响应武周政权的“受命于天”，这一意图是非常有政治意味的。武则天时期所造的《大云经疏》中有一则五字谶言：“陇头一丛李，枝叶欲雕疏，风吹几欲倒，赖逢鹦鹉扶。”用鹦鹉之“鹉”比拟武则天，寓意李唐王朝已像即将掉落的枝叶，摇摇欲坠，要靠武则天来扶持。阴嗣鉴所献祥瑞正是头上有冠的五色鸟，刚好与“鹦鹉”相对应。更巧的是，五色鸟被发现的地方恰是一户姓武人家的庄园，刺史李无亏又将阴氏之姓“阴”解释为“母道”，这就把阴氏、武氏、圣母巧妙地联系在了一起。而阴守忠献的祥瑞是一头白狼，这可与周宣王见白狼降服犬戎的典故相比附，以示武皇之仁明。

不难看出，武则天为自己造势的目的相当明确，敦煌阴氏借势的想法也很明显，阴祖等人开凿第 96 窟所起的作用，和阴嗣鉴、阴守忠献祥瑞的性质和功能是相同的，都意在为武周政权摇旗助威。

据《莫高窟记》记载，北大像建成后高“一百卌尺”。唐代的度量衡有大、小两种规制，大制沿用隋开皇官尺，一尺约为 29.5 厘米；小制乃隋大业官尺，一尺约为 23.6 厘米。按专家推断，唐代佛像制作依小制，故一百四十尺合为 33 米。1999 年敦煌研究院对第 96 窟窟内地面进行清理发掘时，通过科学的手段测定北大像的实际高度为 35.5 米，可见《莫高窟记》并没有夸大。

莫高窟的地标性建筑

北大像及其窟前建筑自建成以后，逐渐成为莫高窟地标性的建筑，日益受到敦煌统治者的重视与青睐，由此，也树立了它在莫高窟的中心地位。唐乾符二年至乾符六年（875—879），归义军节度使张淮深看到北大像“栋梁摧毁”，对其进行了翻修改建，并将原有的“四级”楼阁扩建为五层，使其“对危峰而争耸”，更显壮观。此处的“危峰”指与北大像相对的三危山。不久，张淮深又将自己的功德窟修在北大像的北边，即第 94 窟。

到了曹氏归义军时期，其首任节度使曹议金也将自己的功德窟——第 98 窟，开在北大像的南侧；其夫人回鹘天公主的功德窟——第 100 窟也选在距北大像不远的地方。

宋乾德四年（966），节度使曹元忠与夫人翟氏来莫高窟持斋避暑时，看到历时几百年的北大像窟前楼阁下层撑木有损坏，遂“诱谕”僧俗、官吏对其进行重修。这次重修具体由都僧统钢惠等人负责，费时十天，僧人、木匠和泥匠数百人参与其中。夫人翟氏还亲自揽衣入厨，为施工僧俗操炊调膳，树立了极具亲和力的形象。这次修建工程从技术上讲应该具有一定的难度，但仅在短短十天之内就能完工，这无疑反映出敦煌僧俗对北大像的敬畏，以及对曹元忠夫妇的敬重和支持。

从“五层楼”到“九层楼”

1999 年，敦煌研究院的考古工作人员对第 96 窟窟前及窟内进行了考古发掘工作，共清理出初唐、西夏、元、清四个时代的洞窟地面。这说明西夏和元代时也重修过北大像，但因缺失相关记载，这两次重修的详情我们不得而知。

光绪二十四年（1898），北大像前的殿堂楼阁因年久而多有损坏，

1925 年美国哈佛艺术博物馆中国考察队拍下的当时的“北大像”

致使大佛暴露在外，敦煌商人戴奉钰发起倡议与集资，对五层楼进行了为期长达六年的断断续续的修复。在 1907 年斯坦因考察队所拍摄的莫高窟全景图中，我们已看到修复完工的五层楼。虽然这次重修的资金一度出现短缺，但以戴奉钰为首的敦煌民众还是想尽办法，费时多年，最终完成了修复工程，并在一层殿堂挂上了“大雄宝殿”之木匾。从这次艰辛的修复工程，我们能感受到北大像在敦煌民众中的超然地位。

然而，清末复建的五层楼因“材木细小”，不经风雨，在十余年后又开始损坏。在 1924 年美国人兰登・华尔纳所拍摄的照片中，我们看到，因顶层楼阁损毁，大佛头部又暴露在外面了。

风吹日晒的大佛令敦煌民众忧心难安。从民国十六年（1927）至民国二十四年（1935），在敦煌商人刘骥德的倡议下，集合敦煌官绅农商各界力量，通过募捐方式完成了对大佛的重新妆扮，还将原五层楼扩建为九层楼。这是北大像窟前楼阁第一次以“九层楼”的面貌示人。

1986 年，敦煌研究院发现窟檐第 8 层横梁断裂，有坍塌的危险，便拆除第 8、9 层进行维修。这次重修在更换了第 8 层的梁木后，又将九层楼恢复原貌，同时对各层的脊瓦做了揭换，并用红色涂料刷新了各层梁柱、廊檐，并沿第 8 层的外围在崖体上修筑了保护墙。2013 年，敦煌研究院又在遵循“不改变文物原状”原则的基础上，通过技术手段对北大像及九层楼进行了修缮，使其更加稳定。至此，北大像结束了有史以来的全部修建工程。

如何分辨一张敦煌佛教壁画的类型？

（一）故事画

呈现释迦牟尼及其弟子信众前世今生诸多故事的画作。可分三类。

1 佛传故事

表现佛教创始人释迦牟尼生平事迹的绘画。释迦牟尼出生在古印度的迦毗罗卫国，他是该国的王子。29 岁时他舍去了王室生活，35 岁感悟成佛、创立佛教，80 岁去世涅槃。佛传故事表现的就是释迦牟尼作为太子这一生的经历。敦煌较典型的佛传故事画有北周第 290 窟的连环佛传故事画，描绘了释迦牟尼从降生到成佛的事迹。

佛传故事画中，有很多典型主题，比如乘象入胎、九龙灌顶、出游四门、夜半逾城、树下坐禅、降魔除妖、释迦涅槃，等等。

莫高窟第 254 窟的“降魔除妖”，呈现魔王率领众魔攻击在菩提树下坐禅的释迦牟尼，释迦牟尼从容应对的场景

2 因缘故事

因缘故事讲述的是释迦牟尼成佛后化度众生的事，以及佛门诸多弟子、信男善女的前世今生。因缘故事种类极多，内容往往颇具戏剧性，比如“五百强盗成佛”。

莫高窟第 257 窟“须摩提女请佛因缘图”局部

3 本生故事

佛教讲究生死轮回，认为释迦牟尼在成佛那一世前，已累积有世代的善行。本生故事便描绘了释迦牟尼前生的种种善事。比较典型的有“尸毗王本生”“萨埵那太子本生”“鹿王本生”“月光王本生”等。

莫高窟第 275 窟的“尸毗王本生之割肉贸鸽”

（二）经变画

经变画是以佛经内容为依据创作的绘画，如“法华经变”是依据《法华经》的内容所作的画。经变画一般有两种表现方式：一是叙事性的经变图，即用连环故事画的形式来表现佛经内容；一是净土图式的经变图，亦称“净土变”，这种画作往往恢宏壮观，能占满一整面墙壁。莫高窟的经变画，最早出现于隋，后盛行于唐。

莫高窟第 303 窟的《法华经变》之局部，观音向多宝塔献璎珞与无尽意菩萨供养观音

（三）说法图

以佛说法为主图，左右或有胁侍菩萨、弟子、天龙八部围绕着听法。

榆林第 4 窟北壁释迦多宝说法图

（四）尊像画

指各类佛像，以及各类菩萨、弟子、诸天护法神将的画像，有单尊也有群像，在敦煌壁画中很常见，尤其是佛像和菩萨像。

莫高窟第 57 窟的观音菩萨像

（五）佛教史迹图

佛教史迹图是表现佛教传说与佛教传播历史的绘画。多出现在莫高窟中晚唐和五代、宋时期的洞窟中。取材来自《法显传》《大唐西域记》《西域传》等相关记载，具体又可分为三类。

1 佛教历史画

表现佛教传播的历史画面，最典型的便是莫高窟第 323 窟南北壁壁画。其中不仅有经典的“张骞出使西域图”，还有“高僧来东土”“汉武帝礼拜金像”“阿育王拜塔”等内容。

莫高窟第 323 窟北壁的“阿育王拜塔”

2 通感故事画

以神异、灵变和感应的所谓事迹，弘扬佛教的绘画，如第 323 窟的“吴淞江石佛浮江”。

3 瑞像图

常绘于佛龛盝顶或甬道顶部，表现天竺、中原、河西等地传说“圣迹”的绘画，多为单幅、单身的小型图，如“于阗国牛头山瑞像”等。

莫高窟第 454 窟“于阗国牛头山瑞像”

第八讲

聆听

——溢出洞窟的妙音

顾春芳

北京大学艺术学院教授

古代敦煌的音乐虽然消失在了遥远的历史中，但它却以视觉的形态沉淀在空间之中，存现于壁画图像里。从中国美学角度来看，敦煌艺术最突出的特点是“在有限的空间中的无限的时间性的想象和呈现”，这种时间性的想象和呈现的载体之一，就是音乐性图像。通过大量的音乐性图像，敦煌的艺术空间被赋予了流动的时间感，遥远的乐舞图像由此成为永远的现在时。

1 迦陵频伽的妙音：敦煌美学的另一重维度

艺术空间中的音声和情境

以往对敦煌艺术美学的研究，大多集中于可视的造型和技法，而研究敦煌艺术之美，还有一个非常重要的维度，那就是音声和情境。

在敦煌壁画中有大量的音乐性图像，比如手持乐器的飞天、飘在天上的天宫伎乐，在如《阿弥陀经变》《观无量寿经变》《弥勒经变》《药师经变》等题材中，也随处可见大型乐舞和演奏。一些佛传故事画会出现伎乐，如“乘象入胎”“夜半逾城”等，另外在表现文殊、普贤菩萨时，菩萨两旁也经常设有乐队。这些图像充满了音乐和节奏感，让观看者从洞窟有限的物理空间，进入到一个无限的佛国世界，从定格于墙上的静止画面，进入到一个永恒的灵境。

当我们步出莫高窟的洞窟时，视觉的景象消失，耳边却依然会萦绕着美丽的迦陵频伽的妙音、杖击羯鼓传出的雨点般的节奏，还有那遥远天籁一般的排箫、幽怨清凄的筚篥、悦耳动听的方响、庄严浑厚的法螺、余音缭绕的琵琶和阮咸，以及那些飞翔在空中不鼓自鸣的乐器。

迦陵频伽

迦陵频伽是一种人首鸟身的神鸟，是印度神话中的美音鸟，《正法念经》曰：“山谷旷野，多有迦陵频伽，出妙声音。如是美音，若天若人，紧那罗等无能及者。”下图为敦煌藏经洞出土的迦陵频伽画像。

正是那些摄人心魄的妙音，让原本只是静止的图像，在活泼的情境中灵动了起来，从而创造出生意盎然的净土世界。特别是唐代壁画

中的大型乐舞图像，诗歌、音乐和舞蹈相互融合，以总体艺术的情境创造出一个臻于圆熟的审美境界，展现了大唐的气象，也展现了如美学家宗白华先生所说的“一个伟大的艺术热情的时代”。

从中国美学角度来看，敦煌艺术最突出的特点是“在有限的空间中的无限的时间性的想象和呈现”。这种时间性的想象和呈现的载体之一，就是敦煌艺术中的音乐性图像。通过大量的音乐性图像，敦煌的艺术空间被赋予了流动的时间感，遥远的乐舞图像由此成为永远的现在时。

壁画上的“古代乐器展”

在敦煌早期洞窟里，就已经出现了伎乐演奏的图像，比如北凉时期的第272窟，它的藻井和洞窟上部就有伎乐图，窟顶中央的方形藻井四周绘制了一周天宫伎乐。到了北魏和西魏时期，图像中的乐队编制，也随着窟室空间的扩大而逐渐扩编，乐器的种类也越来越多，经过了汉代百戏以及南北朝中外乐舞的融合，隋唐时期壁画中的乐舞演出形式，已经相当完善了。

伴随着中西文化的交流、中原音乐和西域音乐的融合，乐队的规模和编制也日益扩大，乐队规模和乐器种类在唐代达到了鼎盛，许多经变画中出现了规模非常宏大的乐舞场面。最典型的就是莫高窟第220窟，这座初唐时期的洞窟，北壁有一铺《药师经变》的舞乐图，乐队规模非常庞大，大约有28人，呈八字形，两组摆开，场面盛大，气势恢宏，而且乐伎表情的刻画也非常传神和动人。

乐队中的乐器种类丰富多样，有腰鼓、横笛、筚篥、排箫、阮咸、琵琶、箜篌、筝、方响、拍板和笙。旁边还有表演胡旋舞的两组乐伎，踩着音乐的节奏翩然起舞。据统计，描绘乐舞的莫高窟洞窟有200多个，共绘有各种乐器4000余件，各种乐伎3000余身，还有不同类型的乐

1 莫高窟第 272 窟窟顶，其方形藻井四周绘制了天宫伎乐

2 莫高窟第 220 窟北壁《药师经变》中盛大的乐队

3 榆林第 10 窟窟顶西披拉胡琴的伎乐天

这组乐队共十三人，坐花毡上。其中一人抛起铜钹，放声歌唱。而那位调试五弦的乐伎，一手转动弦柱，一手拨动琴弦，凝神谛听，十分传神

队大约 500 组，以及乐器大约 44 种。

就乐器类别来说，第一类是打击乐器，第二类是吹奏乐器，第三类是弹拨类乐器。而弓弦类乐器在敦煌并不多见，仅在榆林窟第 10 窟（西夏）西壁的飞天乐伎像中，发现过一件弓弦类乐器——胡琴，因为这把“胡琴”的发现,吹、弹、拉、打四大类乐器在敦煌壁画中就齐全了。另外也有学者研究发现，在东千佛洞第 7 窟《药师经变》中，也有四类乐器俱全的乐队组合。

敦煌乐谱中的古音清乐

古代敦煌的音乐虽然消失在了遥远的历史中，但它却以视觉的形态沉淀在了空间之中，有的存现于壁画图像里，有的存现于音乐的文献资料里。在敦煌藏经洞的写卷中，就留下了许多与音乐相关的珍贵文献。藏经洞发现的敦煌乐谱有编号 P.3539、P.3719、P.3080 三种。

P.3539 乐谱在《佛本行集经・忧婆离品次》经卷的背面，经学者考证，这个乐谱是演奏琵琶的谱子。因为琵琶有四根弦，还有四个相,乐谱当中有“散打四声”“次指四声”“中指四声”“名指四声”“小指四声”，一共大概有二十个谱字，俗称“二十谱字”。还有一卷是编号为 P.3719 的敦煌乐谱，曲名是《浣溪沙》，不过这件乐谱是个残谱，只留有一个曲名。最重要的敦煌乐谱，也是学界研究最多的是 P.3808 号文书，上面总共抄写了约 25 首乐曲。此外，敦煌写卷中留下的敦煌歌词，也向我们透露着中古时期河西地区的音乐生态与文化。

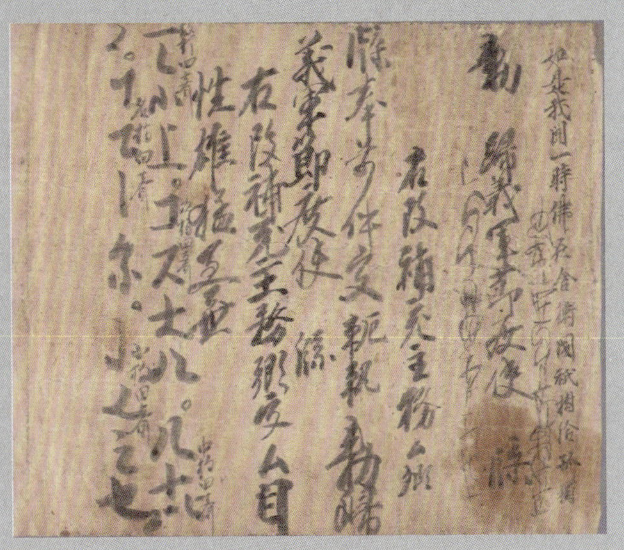

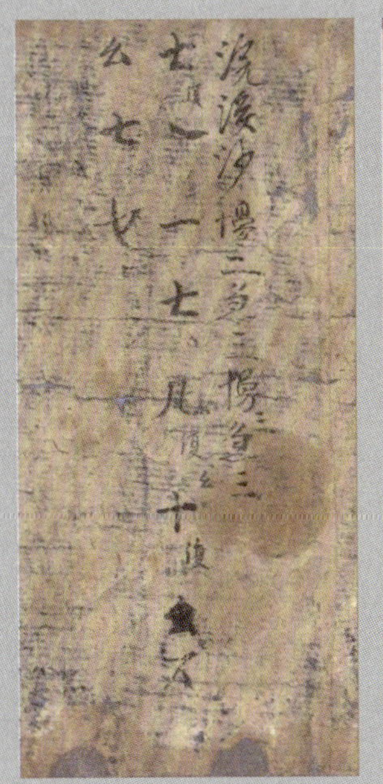

1 敦煌曲谱之“二十谱字”（P.3539背面，左侧）

2 敦煌曲谱之“浣溪沙”（P.3719）

3 敦煌曲谱全谱（P.3808）之局部

什么是字谱？

字谱就是古代乐谱的一种记谱法。我国早期的古琴谱为文字谱，即用文句详细叙述每个音符的弹奏法。唐朝时，开始出现减字谱和工尺谱。敦煌文书中出现的这些唐代乐谱，就属于工尺谱体系。

敦煌曲谱的谱字，用的是汉字中笔画最少的字，其中大多类似于部首，如“一、丨、七、八、匕、几、乙、厶”等，也有学者称之为“省文”“半字符号”。这种曲谱一般还有辅助性的标记符号，以提示节拍、速度、调式等。

2 信仰世界和世俗愿景的交融

敦煌艺术中的“两个世界”

敦煌艺术以佛教艺术为主，其中存在着非常鲜明的两个世界，即信仰的世界和世俗的世界。

信仰世界的终极图景是以世俗人生追求的终极愿望为基础的，在追求人类终极理想和幸福时，宗教和世俗相遇了。这两个世界在音乐性图像中各以天乐和俗乐为其表征：信仰世界的音乐形态，主要体现在天宫、飞天、化生、药叉，以及经变这类图像上；世俗世界的音乐形态，主要体现在供养人、宴饮、歌舞，以及出行、百戏等展现中古时期老百姓生活的图像中。

敦煌壁画中的乐伎类别，有伎乐天和伎乐人两种，分属天乐和俗乐，也分别照应着天界和人间。伎乐天主要有天宫乐伎、飞天乐伎、经变画乐伎、化生乐伎、护法神乐伎、雷公乐伎以及迦陵频伽等；伎乐人主要有供养人乐伎、出行图乐伎、嫁娶图乐伎、宴饮图乐伎等。音乐性图像中的伎乐人也被称为供养乐伎，这类图像是非常有价值的，这些伎乐人展现了当时的一种职业，礼佛和供佛当然要把人间最美好的音乐和歌舞作为供养。

莫高窟的第 275 窟、第 248 窟以及第 85 窟，都是非常有代表性的洞窟，也都出现了这两个世界的音乐性图像。比如第 275 窟和第 248 窟里，呈现了北魏时期的菩萨乐伎和供养人乐伎。第 390 窟呈现的是隋代的飞天乐伎和供养乐伎，还有八人组的供养乐伎，其身形高挑、修长，腰带高束，衣袂飘飘，潇洒自如。晚唐时期的第 85 窟，绘有飞天乐伎、经变乐伎、故事画乐伎以及大量的自鸣乐器，无不呈现

1 第248窟北壁东侧上方人字坡上的飞天乐伎

2 第390窟南壁底部的供养人乐伎，表现了方响、箜篌、琵琶、排箫、横笛等乐器

出对信仰世界的瑰丽想象以及世俗世界的人间情趣。天上人间的美好，在敦煌壁画的信仰世界和世俗世界当中交相辉映。

信仰世界的佛国盛景

敦煌壁画中的音乐性图像所呈现的信仰世界盛景，是以世俗世界的终极愿景为基础和参照的。经变画中大量出现的伎乐，表现的是极乐世界和西方净土，但图像中的伎乐形象则来自现实生活。艺术家摄取现世人生的图景，并在这个基础上做了大胆想象，别开生面地展现了古代乐舞的生动场面。

比如莫高窟盛唐时代的第 225 窟，其南壁正中佛龛龛顶绘有《阿弥陀经变》：观音、大势至合掌对坐，周围环绕着听法的菩萨——法相庄严、娴静美好；空中彩云遍布，箜篌、古琴、排箫、琵琶、鸡娄鼓等乐器在空中和鸣飞舞，还有白鹤、孔雀、鹦鹉以及迦陵频伽展翅飞翔，呈现了令人向往的广明净土。

再比如莫高窟第 329 窟南壁也绘有一铺《阿弥陀经变》，这铺壁画大约绘于唐贞观年间，突出呈现了绿水环绕、碧波荡漾的水域，还有两进结构的水上建筑空间。第一进是并列的三座平台，平台之间有桥相连，主尊和胁侍菩萨、供养菩萨在中间的平台上，左右两平台站立着观音菩萨、大势至菩萨以及其他诸菩萨。第二进也有三座平台，中间平台上是巍峨的大殿和左右两座楼阁，还有七重行树，这是极乐国土的宝树。《佛说阿弥陀经》里讲“极乐国土，七重栏循，七重罗网，七重行树，皆是四宝，周匝围绕，是故彼国名为极乐”，宝树有七重，故曰“七重行树”，由此营造出风吹宝树、法音遍布的佛国世界。

莫高窟第 329 窟南壁《阿弥陀经变》

古代的乐舞仪仗队

敦煌最为著名的供养人乐伎，出现在第156窟的《张议潮出行图》。《张议潮出行图》当中的乐舞仪仗队特别突出。我们知道，张议潮是晚唐沙州归义军的节度使，张议潮的父亲张谦逸是个虔诚的佛教徒，张议潮受他父亲的影响，从小就在寺院接受寺学的教育，在国家图书馆（北图）编号为59号的《无量寿宗要经》以及斯坦因编号为S.5835的《大乘稻芉经释》里，都可以看到张议潮本人亲自抄写并署名的佛经写本，他担任归义军节度使期间，和当时的僧团关系也非常密切，尤其与洪辩、悟真、法成等高僧交游甚密。

唐天宝十四载（755），安禄山叛乱，西北的边防被削弱，吐蕃趁机攻唐，并在贞元二年（786）控制了敦煌，切断了河西和中原地区的联系，敦煌自此进入了吐蕃统治的时期。张家是沙州大族，张议潮率军在唐大中二年（848），攻克了吐蕃控制的地区，并东征西讨，收复了大量唐朝的失地，驱逐了吐蕃的统治者，结束了吐蕃对沙州长达六十多年的统治。后来，张议潮的侄子张淮深修建了第156窟功德窟，在唐咸通六年（865）前后，于主室南北两壁下部，绘制了《河西节度使检校司空兼御史大夫张议潮统军□除吐蕃收复河西一道（出）行图》，人们一般都简称此图作《张议潮出行图》。

在这个壁画的长卷上，有奏乐和舞蹈的场面。画面里旌旗舞动，鼓角争鸣。在号角和大鼓开道的军乐声中，是获得了唐王嘉奖之后的张议潮，他意气风发，正带着军队浩浩荡荡返回故乡。走在队伍最前方的，是手握旌幡的骑兵，画幅中部是服饰统一、舞姿一致的八人舞队，舞队分成两排，翩翩起舞。壁画还展现了庄严整肃的骑兵乐队和仪仗队。《张议潮出行图》反映的是晚唐张氏归义军时期最具有历史纪念意义的时刻，而壁画中的音乐性增加了庆典的庄严感和仪式感。

信仰世界和世俗愿景在音乐性图像中的融合，一方面反映了佛教图像的现实依据，另一方面也反映出敦煌地区佛教和政治间千丝万缕

第 156 窟《张议潮出行图》中的奏乐舞蹈场面

的关系。因此也有学者认为，第 156 窟的《张议潮出行图》包含着政治和宗教的互渗结构，透露了现实的政治追求和信仰体系的内在关系。政治和宗教的关系、地方统治的紧张感，全部潜藏在了歌舞升平的景致之中。

作为“禁忌”的声色，如何进入宗教图像？

佛教的教义，要求去除眼、耳、鼻、舌、身、意的妄念；而在壁画中，我们可以看到敦煌艺术会不遗余力传达视觉、听觉、嗅觉、味觉等肉身的感觉。一些大型经变画中的设乐供养，特别是在《弥勒经变》中，反映了人间对于净土世界、对于兜率天宫这类空间的向往。所以这类图像也希望用人间最美好的供养，特别是音乐和歌舞来供养三宝，以表明自己的虔诚。盛唐第445窟南壁的《阿弥陀经变》，中唐第159窟的《观无量寿经变》都是以音声供养的典型神圣图像。

为什么作为佛教禁忌的声色歌舞，可以在敦煌壁画中作为极乐世界的象征？佛家弟子的修行，首先就是要破除美色淫声的诱惑，有“不得歌咏作唱伎。若有音乐不得观听”的戒律。为了消除这样的“二律背反”，音声供养会被冠以净土世界的“法音”之名，“法音”不同于“凡音”，是指超越世间一切音声的最美的声音形态，它具有清、唱、哀、亮、微、妙、和、雅等美的特质，众生能闻法音而悟道解脱。佛经中也充满了对极乐世界的种种描绘。至于“净土变”中出现的佛国世界的自然、植物和动物的声音，也和现实生活中我们所听到的声音不同，它同样要符合妙音的最高要求。比如鸟鸣声要声震九皋，树音声要随风演妙，水流声要尽显妙意。由是，作为禁忌的声色歌舞，便可转变为佛教明听和妙悟的精神介质。

莫高窟第159窟，西壁佛龛北侧乐队，一人打串板，一人吹横笛，一人吹笙，三位乐人眉目清秀，生动传神

音声供养不仅是礼佛的内容，也是当时乐户的职责。这一类乐户也被称为“寺属音声人”，他们的职能和寺庙的佛教仪式密切相关，但他们并不会离开世俗生活。因此，这些乐户就成了连接和沟通神圣世界与世俗世界的桥梁，他们将风俗文化和世俗愿景植入了宗教图像。比如在《龙兴寺毗沙门天王灵验记》（S.0318）中，就有关于民间寒食节社乐的记载；后唐《清泰三年六月沙州傢司教授福集等状》（P.2638），记载了在寺院举行的社乐活动；《某寺破历》（P.4542），还

出现了以音声替代税赋的事情。

敦煌文献证明，“寺属音声人”这类职业人，一方面要参与寺院的宗教仪式活动，同时也会参与民间的节庆活动。在边远地区是这样，在权力中心也是这样。唐代，长安宫太常寺音声九部乐，不仅供皇帝御用，也会时常参与到皇室的礼佛活动中。世俗的声乐由此便作为帝王的音声供养，出现在了佛教的仪典中，并且逐步成为宗教文化的一部分。

世俗的音乐性图像渗入佛国世界之后，便在美学上建构了不同层次和境界，被创造的佛国世界的妙音，溢出了物理空间意义上的洞窟，溢出了现实的世界，成为绝对的精神性空间的感召，也成为绝对的美的一种象征。这正是世俗和神圣在艺术中相互转化的内在张力。

所以，极乐世界是将帝王的生活加以神化，佛前的乐舞是人间歌舞的传移模写，画工们对现实生活的乐舞形式和舞蹈姿态进行了大胆的想象，并运用到了壁画的创作中。本来献身于帝王之家的至高享乐，由此逾越了严格的宗教戒律，展现在经变画的乐舞图像中，创构出净土世界、极乐世界的理想之境。世俗的、物质的、现世的土壤里，由此生长出了神圣的、超越的、精神性的果实。这是敦煌艺术现实与超越并存的文化形态的在场呈现。

3 飞天：浪漫的精神意象

点缀敦煌的“精灵”

在敦煌的音乐性壁画中，最动人和传神的形象就是飞天。飞天是石窟里最优美的艺术形象之一，他们翱翔于洞窟顶部藻井平棋的岔角里，又闪现在经变画、佛像的背光以及说法图的周围；他们或是散花或是舞蹈，无忧无虑，飞来飞去，自由自在地往来于极乐世界。飞天作为中国人自由想象的一个极致，一改佛教艺术过于严肃的印象，为佛教艺术创造了一种非常灵动有趣的精神性意象。

敦煌石窟中出现的飞天，据学者统计大概有 4500 余身，最大的达到 2.5 米，最小的不足 5 厘米。他们用飞动的身形、婀娜的舞姿、飘渺的仙乐以及芬芳的香花，生动形象地向世人和众生展示了佛国世界的盛景，展示了五音繁会的世界及鲜花盛开的阆苑仙境。

飞天和印度佛教的关联

伎乐天中最主要的形象就是飞天伎乐。飞天伎乐这个词，最早出自《洛阳伽蓝记》卷二：“石桥南道，有景兴尼寺，亦阉官等所共立也，有金像辇，去地三尺，施宝盖，四面垂金铃七宝珠，飞天伎乐，望之云表。”佛经里也有记载，当佛说法的时候，常常有天人、天女在空中散花，或用歌舞供养，比如《大庄严论经》里讲到，“虚空诸天女，散花满地中”。在天龙八部中，乾闼婆和紧那罗是主管音乐舞蹈的天人，他们的形象大多都表现为飞天。

佛教从印度传来，敦煌的飞天和古代印度的佛教艺术有没有关系？这是一个非常重要的话题。在古印度的壁画和雕塑里确实有不少天人和天女的传说，印度最古老的史诗《罗摩衍那》里就塑造了天女阿卜娑罗（Apsara）的形象，表现了她的爱情故事。印度的桑奇大塔及阿旃陀石窟中也雕刻或描绘了飞天形象。

但印度飞天常以裸体形象呈现，这与敦煌飞天是截然不同的。敦煌飞天，尤其是西魏以后的飞天，大多呈现的是中原风格，符合中国人的审美。敦煌艺术里出现的飞天，体态上非常自然，姿态上含蓄娴静，很少有像印度飞天那样的裸体性征。在形式上，敦煌的飞天常作奏乐或散花状，姿态富有韵律，体现了中国画所追求的流动和飘逸之美。这种流动和飘逸之美很显然与印度飞天有较大差异，而更符合中国美学精神。

莫高窟第217窟中的飞天拖着飘带，蜿蜒穿过钟楼，极具东方美学特色

流动和飘逸：中国飞天的美感形成

在中国古代的文学作品里，有不少关于神仙的传说，神仙的典型特征就是会飞。天上、山里、水中都住着仙人。在古代中国，成仙的思想是深入人心的，人们认为死后最好的归宿就是升天，最好的生活也是神仙般的生活。在《太平御览》里就有“飞行云中，神话轻举，以为天仙，亦云飞仙”的记载。庄子《逍遥游》里提到，列子可以御风而行；屈原在《离骚》里也描写了像神仙一样在空中自由翱翔、驾龙驭凤、载云逾水的人物。汉画像石中也有大量人与动物飞翔的图像。这些既成的中华美学观念，对于敦煌飞天的美感形成，产生了一定的影响。

魏晋南北朝时期的文学和艺术，对神仙也有独特的表现。曹植的《洛神赋》描绘了洛神“翩若惊鸿、婉若游龙”的美好姿态。南朝画像石中，不乏飞翔着的仙人和灵兽。在唐代，“诗仙”李白那首《梦游天姥吟留别》中，有“霓为衣兮风为马，云之君兮纷纷而来下”这样的诗句，充分地体现了天人自由自在的姿态。

1 莫高窟第249窟窟顶西王母出行图

2 莫高窟第249窟南壁说法图中的飞天

敦煌壁画在线描画上的艺术成就，最为突出地体现在飞天的造型上。在西魏第 249 窟的窟顶，出现了中国传统的神仙东王公和西王母，以及相关的朱雀玄武、雷公电母的形象。画在南披的西王母的凤辇前后，各有一身飞天、一身乘鸾的仙人，画面上仙人、神兽，还有祥云和飞花，充满了飞动的神韵，以此烘托仙境的场面。

同样在第 249 窟，南壁的说法图中，佛的两侧画了四身飞天，下部的飞天身体比较强壮，上身半裸，下着长裙，身体弯曲成了圆弧形，这样的飞天很显然还带有西域风格，而上面的飞天则穿着宽大的长袍，身材非常清瘦，显示了中原“秀骨清像”的特征。在同一个洞窟里，呈现了在风格上略有差异的飞天形象，也是西域和中原风格在敦煌交融并存的明证。

不同信仰的相遇：第 285 窟

类似这样的图像，在西魏第 285 窟的窟顶有类似的表现。第 285 窟是最早有确切纪年的洞窟，是非常重要的洞窟，此窟北壁两幅说法图的发愿文中，有明确的“大代大魏大统四年岁次戊午八月中旬造”“大代大魏大统五年五月廿一日造讫”的纪年文字，表明第 285 窟建造于 538、539 年前后，是北魏王族东阳王元荣任瓜州刺史时所建的洞窟。

第 285 窟的内容异常丰富，壁画的内容主要有尊像画、本生故事画、

1 第 285 窟窟顶

2 第 285 窟主室西壁

3 第 285 窟主室东壁

因缘故事画，有中国本土传统的神仙，有早期的无量寿佛信仰，也有供养人的发愿文题记、纪年，还有小禅室的龛楣图案画。

除了内容极其丰富外，该洞窟最大的特点就是不同文化和信仰出现在了同一个空间，这一窟既有印度教的神像、有道教的神像，也有佛教的造像；主题和思想也不是单一的，呈现出了多种思想和多种文化的交融。或是佛禅和道学的结合，或是西域菩萨和中原神仙的结合，有佛教飞天和道教飞仙的共处，也有印度的诸天和中国的神怪。可以说，第 285 窟就好像是不同信仰众神的汇聚之地，其艺术表现超越了信仰和地域的阻隔，体现了中原汉文化和西方文化的相遇。

这一窟的覆斗形窟顶是道家神像和佛教天人图像相融合的核心区域，中心方井画华盖式的藻井，四披壁画象征的是天地宇宙。上端四周的四个角，有华美的垂帐悬铃装饰，类似于古代帝王出行的华盖，其绘制也非常有特点，画出了风吹拂华盖的动态。在洞窟上部的粉白底色上，画的是传统神话的诸神，比如伏羲、女娲、雷神，还有朱雀、三皇、乌获、开明等，也绘有佛教的飞天。众神仙、飞天或是腾跃翱翔在空中，或是昂首奔驰于流云中，整个天空也是天花飞旋、祥云飘动，画工以非常神奇的想象和精湛的手法，描画出了满壁风动的效果。窟顶南披还有十二身飞天，她们梳着双髻，柔美清秀、矜持娴雅，有的弹奏着箜篌，有的吹着横笛，在绘画风格上也呈现了魏晋“秀骨清像”的特征。

从这些壁画，我们可以看出，佛教的飞天和中国传统的神仙完美地结合在了一起，共同表现出对天国的向往。也可以看出，敦煌壁画中的飞天，从早期的西域式——上身半裸、宝冠长裙，到晚期中原式的“秀骨清像”“褒衣博带”，一步步被改造为符合中国人审美的形象。

有金像辇，去地三丈，上施宝盖，
四面垂金铃、七宝珠，
飞天伎乐，望之云表。
——《洛阳伽蓝记》

素手把芙蓉，虚步蹑太清。
霓裳曳广带，飘拂升天行。
——李白《古风·其十九》

要说敦煌莫高窟中，哪位天人的“刷新率”最高？那一定是飞天了，这个几乎窟窟都有的形象，是敦煌最灵动的存在，被称为“敦煌壁画的灵魂”。那么，飞天的形象怎样产生？为什么又会出现在莫高窟之中，这就需要我们往前去追溯飞天的演变史。

一 飞天的形象，最早源自印度

飞天源自印度佛教，经常出现在印度早期的石刻艺术中，最早的飞天还没有跟羽人的形象分开，所以是有带着翅膀的飞天；而后便出现了我们熟悉的身着飘带的、没有翅膀的飞天。印度的飞天形象圆润而敦厚，有不少飞天裸着上身，下身系着布条，装束明显是印度风格。

印度马图拉石刻上方的两身飞天

莫高窟第249窟的飞天

二 飞天进入中国，形成西域风格

源自印度的飞天，经过中亚地区进入我国新疆龟兹石窟后，形象便发生了变化，这期间也受到了犍陀罗艺术的一些影响。龟兹石窟壁画中的飞天，圆脸秀眼、上身赤裸、身体短粗、姿态朴拙——这就是典型的西域风格。

敦煌早期的飞天也呈现出浓厚的西域风格，他们上体半裸，姿态显得比较生硬，整体身形常呈V字形或U字形，上色采用西域的晕染方式，而晕染的颜料会随着时间变色，也让早期敦煌飞天的脸呈现为一种“小字脸”的样子。

新疆克孜尔第198窟的飞天

莫高窟第 285 窟的飞天

三　飞天中国化，融入东方样式

北魏时期的飞天基本上是西域式的，但也开始发生一些变化，这种变化明显受中原东方式美学的影响。到了西魏至隋代，敦煌的飞天有了全新的发展，中原式飞天开始出现。这种飞天采用线描的方法，不用西域那种厚重的晕染，人物从而呈现出秀骨清像的样貌，其身材也从短粗变成修长；衣着方面，除了不变的飘带，更多飞天开始穿上宽大的长袍，即所谓“褒衣博带”，而对长袍和飘带的勾画，也能更好地凸显飞天在空中的飘荡感。隋代的敦煌飞天中，还有不少介于西域与中原风格之间，是将二者的特点糅合在了一起。

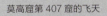

莫高窟第 407 窟的飞天

冷知识：

· 敦煌最小的飞天
　在第 237 窟，长度 3 厘米
　敦煌卷烟标志就是这个小飞天

· 敦煌最大的飞天
　在盛唐第 130 窟，长度 2.5 米

莫高窟第 39 窟的飞天，采用工笔仕女画的方式来勾勒，其服饰华丽而飘逸，尽显盛唐风范

四　飞天在盛唐，完全的中国化

到了唐代，飞天的艺术形象达到了最成熟的阶段，也更具象化。在各式各样的佛国世界中，飞天们身姿各异、风情万种。对飞天的描画，仿照了工笔仕女画的方式，更融入了唐代的审美，所以这一时段的飞天虽然身形也是修长的，但体态却是丰润的，加上华丽而飘逸的服饰，更加凸显出雍容典雅的美感。

4 “飘带精神”——中国艺术的精髓

西方绘画也有天使和天人，比如西方宗教壁画中绘有长着翅膀的天使。隋唐以前的敦煌壁画，也有一部分天人是有羽翼的，我们称之为“羽人”。羽人的形象很早就出现于汉代的画像石上，呈现的是羽化升天的那一类仙人；隋唐以后，就很少出现带有翅膀的天人了。敦煌最有代表性的是“无羽而飞”的飞天，飞天的飞翔并不依靠翅膀，而是依靠迎风招展的几根彩带，用线条表现出飞舞，通过缠绕在手臂上的轻盈飘带，呈现飞翔的姿态和动态。

飘带：中国人想象飞翔的形式

隋代飞天多以群体的形式出现。在隋代一些洞窟中，飞天不是单个的，而是一群一群的，其画法是西域式画法和中原式画法的融合，既有中国画的线描特征，又把色彩晕染的技法发挥到了极致。隋代的工匠非常喜欢表现飞天，在佛龛、藻井和四壁，画满了成群结队的飞天。比如开凿于隋开皇五年的莫高窟第305窟，窟顶西披有一群飞天，她们簇拥在东王公和西王母前后，有的侧身飞翔，有的左顾右盼，神情生动活泼，身后流光溢彩的飘带飞舞在云气之中。

隋代的画工们有意地突出飞天身后长长的飘带，增强了凌空飞翔的动感和韵律。飞天动态的飞翔，在唐代音乐性壁画中得到了更为成熟和极致的表达。在莫高窟第39窟西壁龛顶，一共有五身非常可爱、传神的飞天，她们手托鲜花，从天而降，身姿体现出飞速而下的动势，特别是在龛顶中央的一身飞天，在一团祥云中呈四十五度直落下来，长长的飘带拖曳在身后，与下坠的身体形成了巨大的张力，展现了直落云天的速度。画工为了突出急速下落的状态，在空中描绘了差不多两倍于飞天长度的飘带，并且让飘带突破了画框的边界，造就出自由洒脱的意境。

飘摇九霄外，下视望仙宫

初唐第 329 窟西壁佛龛龛顶两侧，分别画了佛传故事里的“乘象入胎”和“夜半逾城”。画中的悉达多太子一心要出家，太子的前面有仙人引导，还有四身飞天欢快地歌舞着，有的手中横握琵琶，有的托举箜篌，有的手捧香花，身后也是飘着青、绿、蓝、黄、红五色的飘带。在她们后面还有风神和雷神，以及两身持花供养、体态轻盈的飞天跟随着太子。

在第 321 窟西壁佛龛顶部深蓝色的苍穹中，沿着天宫栏杆，绘有一群体态婀娜的天人，她们的表情姿态富有个性，有的默然静观，有的凭栏远眺，有的播撒香花，有的好奇地垂望下面的人间世界，正好勾画出了唐诗所写的“飘飖九霄外，下视望仙宫”的意境。靠近佛头光的地方，也有两身非常可爱的飞天，其飘带舞动在晴空下，右侧的飞天手托着花蕾，左侧的飞天轻柔地作散花状。在第 172 窟西壁佛龛顶部，也画有两身飞天，右侧的一身头枕双手，体态放松舒展，浮游于高空，另一身则手托香花悠悠而下。这些飞天的形象，营造了一种自由自在的氛围，映射出佛国世界美好和谐的意境。

敦煌飞天是一个非常重要的研究专题，过去一些日本学者如长广敏雄等，认为敦煌飞天的形象里有印度神话乾闼婆、紧那罗的影子，乾闼婆和紧那罗是帝释天的乐神。也有学者认为，敦煌飞天里有中国神话中西王母、女娲、瑶姬的影子。由于飞天图像产生的历史原因很复杂，历来受到学界的关注。需要强调的是，以美学角度看，敦煌的

莫高窟第 321 窟西壁龛顶凭栏
的天人与散花的飞天

飞天艺术承载的是中国人对于精神自由的一种追求。“飞”的欲望作为一种精神性的冲动和世俗的羁绊形成了巨大的张力。

何谓“飘带精神”？

飞天中最突出的，就是以音乐、歌舞供养佛的那一类，即自由自在飞行在天空里的伎乐。不过敦煌壁画中的飞天，其实也包括了不执乐器的形象。

从美学角度来说，飞天飘扬的飘带，给人以一种浪漫的天国想象。中国现代思想家、新儒家的代表人物唐君毅先生就曾指出飞天所蕴含的“飘带精神”是中国艺术的精髓，是中国艺术最为典型的呈现，是中国艺术最高意境的生动展现。飘带之美，在其能游、能飘，似虚似实而回旋自在。

飞天形象的民族风格，主要体现在绘画的线描艺术上。飞天，尤其是敦煌飞天的舞姿，是理想和现实、浪漫和想象的产物。飞天艺术的灵魂在于飞，在于对飞翔动感的表现，这是画工刻画飞天的关键。佛国世界的离尘拔俗主要通过自由的飞翔来体现。美学家宗白华先生认为：“敦煌艺术在中国整个艺术史上的特点和价值，是在它的对象以人物为中心……而敦煌人像，全是在飞腾的舞姿中（连立像、坐像的躯体也是在扭曲的舞姿中）；人像的着重点不在体积而在那克服了地心引力的飞动旋律……而敦煌人像却系融化在线纹的旋律里。”这段话以美学角度揭示了飞天的特质。

宗白华先生认为：飞天所体现的“舞”的精神，是最高度的韵律、节奏、秩序、理性，同时是最高度的生命、旋动、力、热情。它不仅是一切艺术表现的究极状态，且是宇宙创化过程的象征，正所谓“若非穷玄妙于意表，安能合神变乎天机”（唐代张彦远论画语），“是有真宰，与之浮沉”（司空图《诗品》语）。在这时，只有“舞”，这最紧密

戴爱莲根据敦煌飞天创造的长绸双人舞《飞天》

的律法和最热烈的旋动，能使这深不可测的玄冥境界具象化、肉身化。

在飞天的舞动中，天国的庄重和世俗的污浊被消解了，佛说法的严肃持重被中和了，佛教宣传人生苦难的内容被淡化了，神秘的来世变得生动和轻快。飞天作为人的飞舞，用自身的灵动点缀着佛国世界的严肃和庄重，使中国人追求自由的精神，得到了具象化的呈现。

线条所体现的神韵是一个方面，我认为飞天艺术的特点还在于从听觉和嗅觉两个方面，创造了极乐净土最有感召力的美妙氛围，他们就好像是古希腊戏剧中的合唱队，通过音乐创造了一种精神性的背景。

值得一提的是后人运用敦煌飞天所进行的艺术创造，最早有京剧表演大师梅兰芳，他的《奔月》《葬花》《天女散花》都脱胎于绘画中的艺术形象，尤其是《天女散花》，为了表现天女飞翔的轻灵和超越，梅兰芳创造出了表演难度极高的绸带舞，并参考了敦煌飞天的姿态，由此成就了一出经典的剧目。20 世纪 50 年代，著名舞蹈家戴爱莲的作品《飞天》，则是新中国第一部取材于敦煌壁画的双人舞。

5 时空交融的总体艺术观念

通过对敦煌艺术中音乐性图像的研究和分析，我们可以发现，中国的艺术精神中包含着时空交融的审美品格。而敦煌壁画对伎乐的表现，则是融诗歌、音乐和舞蹈为一体的总体艺术的呈现。

活动的图像：第 112 窟反弹琵琶

敦煌艺术中的这种“总体艺术”式的理想和追求，体现在艺术家对于空间和时间的双重感悟中。正是时空综合的特性，让敦煌壁画超越了瞬间性的静态画面，而成为一种“活动”的图像，成为在时间中不断展开的动态画面。最集中的体现，就是莫高窟第 112 窟的反弹琵琶伎乐图，作为敦煌壁画万千美妙的凝结，也作为大唐文化的永恒符号，第 112 窟的反弹琵琶伎乐图淋漓尽致地展现着时空交融的总体艺术观念。

第 112 窟的反弹琵琶伎乐是《观无量寿经变》的一部分。壁画中央的伎乐天神，悠闲雍容、落落大方，她一举足一顿地，一个出胯旋身，凌空跃起，使出了反弹琵琶的绝技，胳膊上的臂钏、手上的腕钏叮当作响的声音，仿佛都能从壁画里渗透出来。这一刻被天才的画工永远定格在了墙壁上，整个大唐盛世也好像被定格在了这一刻，成为中国艺术中一个不可替代的永恒瞬间。“反弹琵琶”的构图和造型，具有一种有意味的形式，让我们能够在有限的空间中体验无限的时间的流动感。

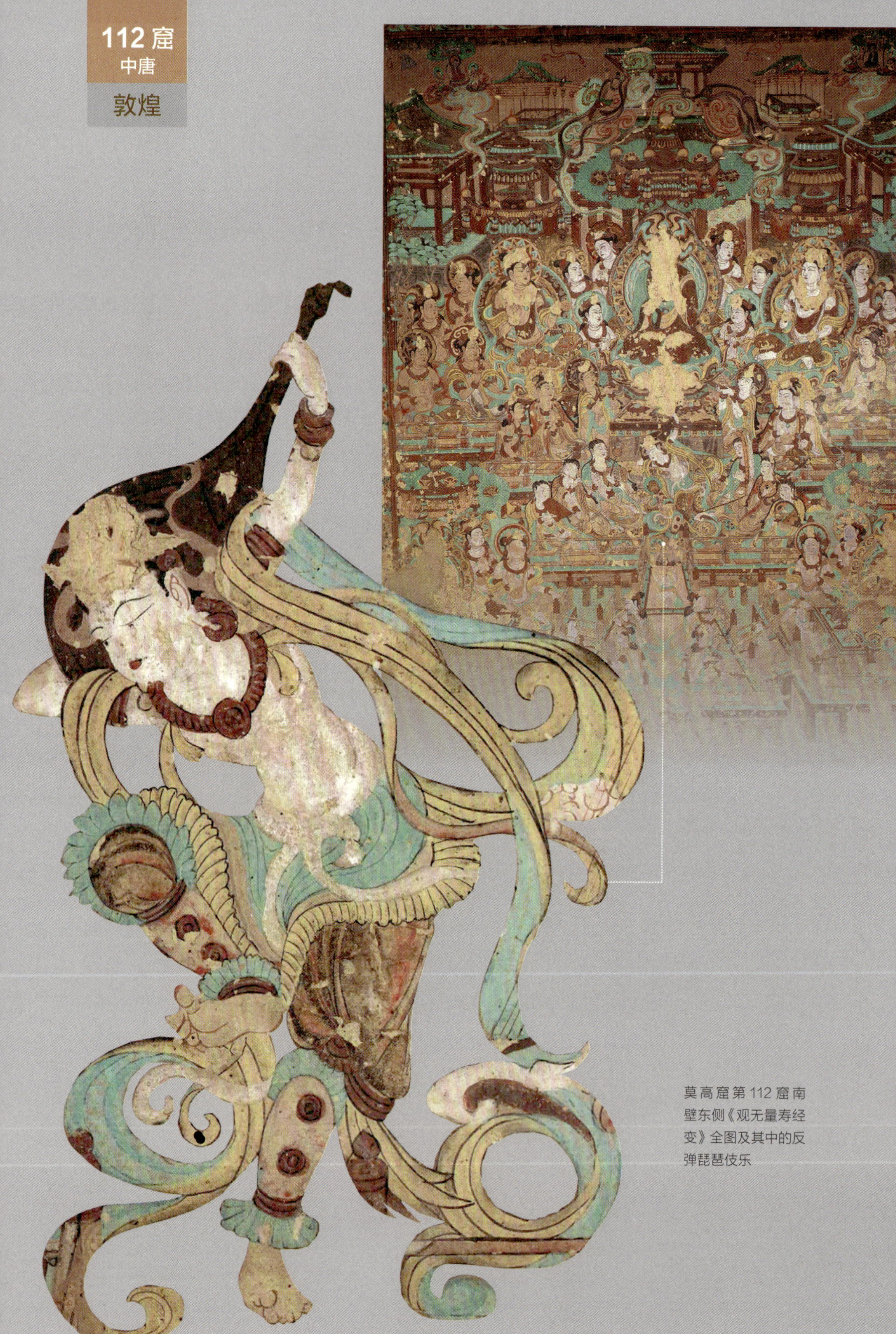

莫高窟第 112 窟南壁东侧《观无量寿经变》全图及其中的反弹琵琶伎乐

十方世界的妙音：第 220 窟

莫高窟第 220 窟南壁的通壁大画《无量寿经变》是敦煌此类壁画中的代表作，呈现了安乐国种种令人向往的美妙图景。《无量寿经》被誉为净土的群经之首，是公认的净土教的根本佛典。净土信仰自宋之后就成为与禅并驾齐驱的两大佛教思潮之一，到近代更是出现了“家家阿弥陀，户户观世音”的景象，《无量寿经》影响深远。其内容大意是过去世法藏菩萨历劫修行成无量寿佛的经过，以及西方极乐世界的种种殊胜。敦煌莫高窟的《无量寿经变》类画作始于初唐，而终于西夏。

在这幅《无量寿经变》里，可以看到飞舞着的乐器，代表了十方世界的妙音，琴瑟、箜篌等乐器，不鼓而皆自作五音。极乐世界的精舍、宫殿、楼宇、树木、池水皆为七宝庄严自然化成，营造了“复吹七宝林树，飘华成聚。种种色光遍满佛土”的胜境。在最重要的无量寿佛说法的场景中，所有天人都置身于碧波荡漾的、象征着八功德水的七宝池中。“岸边无数旃檀香树，吉祥果树，华果恒芳，光明照耀。修条密叶，交覆于池。出种种香，世无能喻。随风散馥，沿水流芬”，佛经中佛说法的殊胜被悉数展现。无量寿佛居中，左右两尊胁侍菩萨坐于莲台，周围还有三十三位菩萨。极乐世界的八功德水可以顺应人的心意，自然调和冷暖；如想吃饭，七宝钵器则会自然出现，百味饮食自然盈满，一切欲念皆可应念而至。而七宝池中九朵含苞待放的莲花上，还能看见活泼可爱的化生童子。

超越了宗教性的艺术

总体艺术的情境营造不仅让观者无法从梦幻泡影般的幻象中走出，更使观者沉醉于这无限美好的佛国世界盛景。艺术好像是为宗教服务的，但是艺术又超越了宗教。随着时间的推移，艺术则越来越能

25 窟
中唐
榆林

榆林窟第 25 窟南壁
的《观无量寿经变》

确证自己的意义和价值。

榆林窟中唐第25窟作为中国石窟寺艺术的杰作，窟中的《弥勒经变》和《观无量寿经变》是敦煌石窟经变画中的妙品。北壁的《弥勒经变》是一铺构思精密的鸿篇巨制，壁画内容根据《佛说弥勒下生成佛经》绘制而成。

南壁《观无量寿经变》中部表现的佛国建筑空间里，继承了盛唐宫廷建筑的结构布局，展现出了豪华壮丽、歌舞升平的繁华景象。七宝池中有化生童子，七宝池上有曲栏平台，平台中央是端坐于莲花宝座上的无量寿佛，观音、大势至菩萨分列左右，罗汉、菩萨、天人作向心结构，呈现了一个统一和谐的图式。而超越现世的极乐境界，依然通过乐舞来展现。正中的舞伎挥臂击鼓，踏脚而舞，秀带飞旋，形象洒脱自在。海螺、竖笛、琵琶、笙、横笛、排箫和拍板的合奏弥漫在空气之中，迦陵频伽也参与到恢宏的乐舞中，手挥琵琶、载歌载舞。经变画与时空交融的总体艺术形式，通过豪华壮丽的宫廷和歌舞升平的稀有景象，想象并建构了佛国世界的光明遍照。

敦煌壁画中的音乐性图像是以总体艺术的形式来展开想象的，这充分体现了中国的美学精神。这些在总体艺术观念中展开的叙事想象，仿佛构建了关于信仰的天上人间的大戏。在这出大戏中，神圣的宗教叙事、宏大的政治叙事和丰富多彩的世俗叙事，都结合在了壁画和雕塑主导的空间叙事里，从而创造出了关于信仰的空间造境。

总体艺术的观念，让绘画和雕塑作为“不可显相的显相”，创造出了有情有景的戏剧，创造出了活色生香的景致，也创造出了远离疾苦、明曜显赫、佛光普照、令人神往的彼岸。

敦煌壁画艺术中的音乐性图像，不仅为我们提供了研究中古时期音乐史、乐器史的珍贵信息，更从中国美学的角度，让定格在壁画上的图像，有了时间性的延展，有了超越静默的动态，从而使存在于各种故事情节、宗教场景中的信仰和世俗的图像，获得了神韵和姿色。

第九讲

穿越

——壁画里的丝路生活

张元林

敦煌研究院副院长

敦煌壁画虽然是佛教思想、佛教信仰的载体，但它的画面却是中古时代丝绸之路沿线各族人民现实生活场景的写照。欣赏敦煌艺术，一方面可以了解其宗教思想背景，但同时，也更可以“外在于”宗教，来观察壁画所呈现的“人间情怀”。

1 如何在敦煌“日常生活”——衣食住行

敦煌是古代丝绸之路上的重要节点，既是道路交通的“咽喉之地”，又是东西方贸易中货物、人员的集散地和中转站，同时也是丝路多元文化的荟萃之地。在敦煌壁画中，反映古代丝路社会生活的场景非常丰富。虽说敦煌以佛教信仰为主体，但其艺术所呈现的诸多元素是当时丝绸之路沿线不同文明、不同信仰、不同种族、不同民族日常生活的点点滴滴的反映。

“民以食为天”：胡食入中原

“民以食为天”，敦煌壁画中有大量描绘日常饮食生活的画面。在经变画里有许多的《斋僧图》，表现了重大佛教节日给僧人提供供养的画面，其中能发现蒸馒头的场景；在《维摩诘经变》里，维摩诘到各种场合去“方便说法”，其中就有在酒肆里喝酒作乐的场景；在敦煌藏经洞发现的文献里，也记载有大量的胡食。张骞通西域时，曾把中亚好多经济作物，比如胡萝卜、苜蓿、胡麻、葡萄等引进河西、中原来。

敦煌是西域饮食文化进入中原的第一站，在藏经洞文献里，有大量反映西域饮食的资料，比如胡饼、胡麦，还有来自中亚、印度的各种香料。有一个经卷里记载了各种各样的香料，非常详细，今天我们看这些香料的名称，虽然不知道它们具体是哪些香，但是很显然在古代，它们是被敦煌当地人使用的。

农业生活与起居交通

敦煌有许多反映农业生活场景的画面，像盛唐第23窟《法华经变》中的“方便品”“药草喻品”，是用譬喻故事来宣扬佛教教义，但画面中有春天耕种、秋天收获的场景，还有孩子们堆沙、一家在田园地头小憩的场景。抛开宗教外衣，我们能在此处看到中国古代农业经济下人们对恬静富足的田园生活的向往。

而在《弥勒下生经变》表现的弥勒净土世界“一种七收”的场景里，也会看到“二牛抬杠”的耕种景象，以及秋天打场、扬场、汇报收成的生活光景。看到这些画面，特别是在北方地区生活的人们，会有一种穿越感和亲近感。千年前的古人生活，跟今天北方农村的生活似乎并没有太大的距离。

在敦煌文献《俗务要名林·饮食部》（P.2609、S.617）中，提到了许多粮食做成的面食，主食主要有煎饼、馄饨、恰饼、哗锣等，还有用谷物做的粥等。在敦煌壁画中也表现了制作这些食物的过程，非常有生活气息。

莫高窟第23窟北壁《法华经变》中的农耕场景

当然，除了日常生活的饮食，起居交通也少不了。敦煌壁画中有大量表现交通工具的画面，既有北方地区常见的车，也可以看到南方的舟、船。中国古代封建社会讲礼制，不同阶层的人，甚至官员在乘车等级上有严格限制，我们在敦煌壁画的经变画、供养人画面中，会看到有牛拉的车，还有人抬的舆，甚至还有南亚地区大象拉的象舆。比如《法华经变》里描绘的譬喻故事“火宅喻”，讲述一个长者为了诱使他的幼子们从着火的宅子里出来，就在宅门外准备了羊车、鹿车、牛车，还有大白牛车。这些车子都装饰得非常华丽，肯定依据了现实生活中的车的具体装饰；还有在供养人像里，身份高的供养人的车一般带有敞篷，还有专属马夫。甚至今天很流行的一种小孩童车、小推车，在唐代敦煌壁画中就已经出现了，给人非常时髦的感觉。

复刻长安：壁画中的古代建筑

敦煌壁画中有大量的建筑，有一部分是天国世界的建筑。盛唐时期表现西方净土世界画面中的城墙、宫殿很可能取材于唐代长安城的宫城建筑。比如盛唐第 217 窟北壁的《观无量寿经变》，用气派雄伟的建筑描绘了净土世界的宏阔场面，作为背景的建筑非常有立体感。当时的画家应该对唐代宫廷建筑有切身的把握，才能绘出这样的图样。

除了净土世界的建筑以外，在其他经变画里，也有大量的建筑，有的作为背景，有的作为人物活动的具体场景，既有城墙、城楼，也有民居、小院，还有豪宅，各个阶层、各种用途的建筑都可以看到。甚至还可以看到很多西域式的建筑，比较典型的就是穹窿顶，与汉式亭阁建筑有较大的不同。初唐第 323 窟的佛教史迹画中，同时出现了两种不同风格的建筑：在表现汉武帝把两身立佛置于甘泉宫的画面中，甘泉宫的样式是汉式的庭院建筑；而在另一场景中，张骞到大夏国看到的城墙则是西域式的城郭建筑。同样，第217窟南壁的《佛顶尊胜陀罗尼经变》，表现了佛陀波利往来于罽宾国与中原的事迹：罽宾国那里是西域式的城郭建筑，回到长安城，就能看到汉式的宫墙建筑，而在表现佛陀波利于长安西明寺译经的场景中，则又会看到汉式的佛教建筑。

五代时期第61窟西壁所绘《五台山图》描绘了各种各样的中原寺庙建筑、民居建筑，以及客栈等，内容非常丰富。著名建筑学家梁思成先生也是看了这幅《五台山图》的照片后，才在五台山实地找到了唐代寺院建筑遗址。这说明敦煌壁画中的建筑不仅仅是想象，而且可能来源于生活。甚至可以说《五台山图》还有一定的地图功能。

1 | 2

1 莫高窟第156窟前室顶部《父母恩重经变》中的小儿车

2 莫高窟第217窟南壁“佛陀波利史迹画”中寺僧译经场景

第 61 窟主室中心佛坛和背屏

第 61 窟西壁《五台山图》文殊赴会画面

第 61 窟西壁《五台山图》，全图长 13.4 米，高 3.4 米，据说是莫高窟最大的壁画

大佛光寺

敦煌壁画中的古代建筑

中国的古代建筑有着悠久的历史，但留存下来的古建筑实物实在是太少了。唐代的木构建筑便几乎非常稀见，而隋代以前的木构建筑，至今未有出土发现。可贵的是，敦煌壁画为我们留下了很多中国中古时期建筑的面貌，堪称这一时期古代建筑的“百科全书”，充分弥补了没有实物的遗憾。

在敦煌壁画中，我们能看到与古人生活密切相关的各类建筑——宫殿、佛寺、城阙、佛塔、城垣、住宅、草庵、桥梁，等等；而一些大型壁画，虽然是对佛国世界的描绘，但却完整呈现了当时建筑组群的布局方式。下面我们就来看看，敦煌壁画中呈现的各色古代建筑。

殿堂

莫高窟第 148 窟的五开间正殿建筑，屋顶采用了歇山顶

榆林窟第 3 窟重檐殿阁细节，柱子之间有很厚的方木相连，斗拱结构清晰可见。殿阁坐落在水中架设的平座上，由于柱子很多，流水激起的浪花也很大

楼阁

榆林窟第 3 窟净土寺院的楼阁

寺院

莫高窟第 61 窟《五台山图》中的大佛光寺

莫高窟第 323 窟壁画中一座即将竣工的寺院

城门

莫高窟第 172 窟的城门与城门上的城楼

城

莫高窟第 217 窟中西域风格的城，所有建筑顶均有拱券形结构，与中原建筑风格完全不同，被建筑学家梁思成称为“西域城”

塔

塔虽然是从印度而来的，但传入中国后却又创造出了符合华夏民族审美的新形态

莫高窟第 186 窟的窣堵波塔（原印度塔的形式）

莫高窟第 148 窟的单檐木塔（中国塔的形式）

桥

敦煌壁画中的桥，多为木造，桥面微微拱起，两旁护以栏杆

莫高窟第 148 窟经变画中连接各建筑物的虹桥

院落

莫高窟第 12 窟的院落，图中为一个学堂，学生正在向老师作揖

茅庐

榆林窟第 3 窟的三开间草堂，穹窿式顶上覆茅草

草庵

莫高窟第 61 窟供人苦修用的草庵

敦煌的潮流风尚

除了建筑还有服饰。敦煌壁画呈现了各种各样的人物形象，这些人物的服饰衣着既有天国世界人物的天衣，比如菩萨、飞天的天衣，还有佛的金装袈裟等。当然，有一部分服饰是想象出来的，但还有好多表现具体人物情景的画面，描绘了取材于现实生活的真实服饰，集中体现在供养人的服饰上。而且不仅仅是汉族的，各民族的服饰都有呈现。比如西魏第285窟的北壁绘了七幅说法图，每幅说法图下都绘有男女供养人形象。其中最西边一位女供养人，头梳双髻，上身穿对襟大襦、下身着东晋时期贵族妇女非常流行的间色长裙，曳地款款而行，腰间系有蔽膝，就是类似围裙的一种服饰，用来遮住裙裾。这是古代贵族妇女礼制的反映，也是身份的象征。这位供养人的身后衣袖飘扬，让我们想起顾恺之《洛神赋图》中的洛神，气质非常华贵。

还有唐代供养人，特别是盛唐时期的，常常是双鬟包面、以丰肥为美，其服装也很有特色，有的是高腰长裙，隐藏住宽大的对襟，宽袖大襦包裹住丰腴的身材。在初唐第329窟里，绘有一位很清新的少女供养人，她穿的是一种圆领露胸的窄袖衣衫，质地很薄，把身材曲

线勾勒得非常明显，这其实是唐代仕女的新时装，称“胡服”。说明敦煌壁画常用写实的笔触。除了汉族人，敦煌壁画还反映了各少数民族的形象，比如于阗人、回鹘人、西夏党项人、蒙古人，同时我们还会看到中亚、印度服饰的影响，有的洞窟的供养人衣裙衣纹细密，体现出佛教造型装饰对当时世俗服饰的影响。

还有女着男装的情况，比如第 130 窟《都督夫人礼佛图》里，有几身侍女着的是男装。还有一些画面中，女性穿的是大方领。盛唐第 445 窟《弥勒下生经变》的婚礼图中，还有女子剃度的场景，里边就有写实的方领胡服。这些都是对当时生活在丝路沿线各个民族的服饰样式的真实反映。

在敦煌服饰文化中，最引人入胜的就是儿童服饰，有中国传统小儿穿的肚兜，也有受外来风格影响的服饰。比如在初唐第 220 窟南壁有一些莲花上的化生童子，他们的穿着就很有意思。其中在水池里的一片荷叶上，站着一个穿波斯背带裤的童子，两条背带从肩膀绕过，系在下面的裤子上，裤脚还是小口的，童子背上又站了一个童子，其

1 2 | 3 4

1 第 285 窟北壁西侧的女供养人，其衣着学名为“飞襳垂髾”。襳，为袿衣之长带也。髾，谓燕尾之属

2 第 329 窟中穿“胡服”的女供养人

3 第 220 窟南壁上的莲花化生童子

4 第 85 窟中着团花袍服的胡商

敦煌纹样之莲花灵鸟纹

服饰也很有特色，是小短裤加 V 字形开口半臂的搭配，这些都是受外来风格影响的服饰。再比如盛唐时期第 217 窟叠罗汉场景中的几身童子，上身有的穿背褡小背心，脚上穿短腰靴子，非常可爱，跟今天小孩穿的无二。这种小皮靴的出现应该也是受中亚服饰影响的结果。

服饰上还有大量的装饰图案，敦煌石窟是一个装饰图案的王国，除了主体的佛、菩萨等佛国世界的形象外，洞窟的每一个角落几乎都不留白，绘制了各种各样的装饰图案，有的是为了配合画面场景，有的则纯粹是装饰性的。

大量的装饰图案是植物纹饰，比如忍冬、卷草，都是莲茎、莲花的各种变形，也有中国传统的牡丹等其他花卉图案。还有动物类图案，比如鹦鹉、孔雀、水鸟等，有时是动物和植物图案相互交织在一起，充满了变化，又富有韵律感，是敦煌艺术重要的组成部分。除了中国传统的植物花纹和动物花纹，还有西域的联珠纹等，说明了西亚、中亚、波斯文化对敦煌的影响。

敦煌有哪些节假日?

敦煌壁画和经卷中反映的古代丝绸之路沿线民俗生活，既有世俗大众的生活习俗，也有佛教的文化习俗。

比如农历四月八日释迦牟尼诞生时的“浴佛节”。传说释迦牟尼出生以后七步生莲、九龙灌顶，这在敦煌壁画中都有相应的体现，第 290 窟的佛传故事画中就有，藏经洞出土的唐代绢本画幡也有表现。直到今天，四月八日已成为敦煌岁时文化中很重要的节日。这一天，敦煌当地的老百姓会汇集到莫高窟，在九层楼广场上载歌载舞，举办各种文艺活动，这也是从佛教习俗里延伸发展出的民间岁时文化。

还有正月十五的元宵节。元宵灯会来源自佛教的节日习俗——元宵节时要燃灯，燃灯后来也成为供奉佛的一种方式。在敦煌藏经洞里发现的五代时期的经卷提到在农历腊八的时候，敦煌的社人要在洞窟里燃灯，就是“腊八燃灯”，每个人都会被分配任务，这既是供奉佛的功德行为，也是岁时文化中重要的活动之一。

另外还有七月十五的“盂兰盆节”，是纪念故去之人的节日，所以又称“鬼节”。从敦煌文献看，“盂兰盆节”也非常受重视。这是由生者对亡灵的祭祀演化而成的民间节日。还有除夕驱傩，驱傩是中国年终或立春时节驱鬼迎神的赛会活动；驱傩的时候，台上会有各种鬼神、大神，祆神等非佛教神灵也会参与进去，展现了佛教和其他宗教的融合。这也是多元文化交流、交融在敦煌岁时文化中的表现。

2 记录丝绸之路上的经济贸易

壁画除了大量描绘日常生活衣食住行的场景外，还有许多描绘社会经济生活的画面，比如农耕、手工业、商贸，以及丝绸之路贸易往来的情况。

把“春种秋收”画在墙壁上

莫高窟盛唐时期的《法华经变》《弥勒经变》等都有耕种的场景。比如盛唐时期开凿的第23窟，在北壁描绘了《法华经》的“药草喻品”。画面中，天空乌云笼罩，乌云下的场景是头戴斗笠的农夫，正驱赶着牛在耕地，紧邻这个场景，一个农夫双肩挑着麦垛，表现了秋天的收获，这是把春种秋收放在一个画面里表现，其背景中还有茂密的庄稼和各种树木。特别有意思的是，在耕作图中，有一家子围坐在一起，正在小憩，有人在吃干粮。北方农村是日出而作、日落而息，大概在上午9点到10点左右，要吃一次“腰食”，而此画面就是田间地头小憩时吃腰食的场景，非常有生活情趣。

古人是一日两餐。所谓腰食，就是除了中午饭和晚饭以外的吃食。是古代劳动人民的一种生活习惯。“腰”在人体的中间，而“腰食”中的“腰”也取中间的意思。

莫高窟第23窟北壁《法华经变》的耕牛和三人田间就餐场景

另一幅反映农业生产的场景在榆林窟第25窟。该窟是中唐吐蕃占领敦煌时开凿的洞窟，这个洞窟里的《弥勒下生经变》，对研究古代农业生产、寺院经济极富参考价值。画面描绘了弥勒下生世界的“一种七收”，即种一次收七次，当然这是一种美好愿望，但是画面表现出的场景，确是当时农耕生活的真实反映。在画面最下端，一对青年农村夫妻，正在耕作，前面的丈夫牵着两头牛拉着一个犁铧，正在耕地，后面的妻子拿着盘子，里面应该是种子，正在撒种，画面表现得非常生动。

在耕作图的上方，也是一对青年夫妇，男的拿一个扬场用的耙，正在把麦粒扬起来，麦粒在空中颗颗分明，妻子拿大扫把正在扫麦堆上的麦壳。在北方农村生活过的人，都熟悉这个场景。他们旁边有一个身着袈裟的寺院僧人，他坐在毯子上，面前是头戴软脚幞头的男子，正双手合掌作胡跪状，似乎正在向僧人汇报收成。有的学者认为，这反映了中古时期寺院经济的情形。当时的寺院是有田场的。类似的画面在敦煌壁画中有很多，所以研究中国古代科技史的学者李约瑟博士曾说，要找中国的“二牛抬杠”，那就到敦煌壁画中去找，他自己也曾经实地在敦煌壁画中调查过科技史料。

榆林窟第 25 窟北壁《弥勒下生经变》之“一种七收”

敦煌文书中的商业广告

除了反映农业耕作，敦煌壁画也有描绘中古时期手工业生活和商贸生活的场景。比如五代第 85 窟窟顶东披绘有一幅表现肉铺卖肉的场景，画面非常写实：门面是一个三间开的店铺，里面绘了两三张几案，旁边还有架子，挂着一块一块的猪肉。户外一个屠户挽起双手正在剁案子上的肉。有意思的是，在另一个放着已被屠宰过的小猪崽的案子下，两只狗正等着屠夫丢给它们剔下来的骨头。

除了壁画，敦煌藏经洞的文献里，还发现了数件“商业广告”文书，上边吆喝的词很有意思。比如 P.3644 文书就是广告词，上说：“厶乙铺上新卖货，要者相问不须过。市关交易任平章，卖［买］物之人但且坐。厶乙铺上有：秸皮胡桃穰［瓤］，栀子高良姜，陆路呵黎勒，大腹及槟榔。亦有莳萝筚拨，芜荑大黄；油麻椒粒，河藕弗香；甜干枣，酸石榴；绢帽子，罗襆头……”最后还说，“沙糖吃时牙齿美，饧糖咬时舌头甜”，既有韵味，又有点俏皮，不输今人的一些商业广告。

除了商铺，敦煌壁画还会描绘手工作坊，比如西夏时期的榆林窟第 3 窟里，就有打铁、酿酒的画面。有研究者认为，画面所呈现的是当时一种蒸馏酒的制作过程。

晚唐时期敦煌写本《王梵志诗》中写道，“兴生市郭儿，从头市内坐。例有百余千，火下三五个。行行皆有铺，铺里有杂货”，说明敦煌当时的手工业经济非常繁盛。

丝路贸易的硬通货是什么？

我们都知道，敦煌是丝绸之路上重要的交通要冲，也是东西方贸易人员、货物的集散地。丝绸之路不仅仅贩卖丝绸，还有中亚的经济作物，比如胡麻、胡萝卜、苜蓿，以及马匹——汗血宝马，还有西亚波斯的银器，甚至罗马的金银器。在丝路沿线曾发现过金币，在敦煌莫高窟也发现了波斯银币。中国传统的四大发明不用说，像铁器的制作、养蚕术等也是通过这条道路传出去的，为世界文明的进步做出了巨大的贡献。

在敦煌附近的汉长城遗址，发现过西汉时代的织锦残片，还有西凉时期的蓝色绞缬，从残片来看，其制作工艺已经很高了，特别是蓝色绞缬质地非常精良，图案设计也极为精妙。从敦煌发现的丝绸来看，至迟从西晋十六国到北朝时期，在纺织技术和图案上，已经有中国和外来两种技术和艺术图案互用的情况。

在莫高窟北区发现的波斯银币，银币正面是波斯卑路斯国王的头像，背面是琐罗亚斯德教（拜火教）的火坛和祭司。

藏经洞发现以后，英国探险家斯坦因也来到了敦煌，他不但拿了藏经洞的文献，而且在敦煌周边做了多次发掘。1907 年，他在敦煌周边的一个长城烽燧发掘出八份粟特文文书。其中有一封谈到了粟特人在敦煌、酒泉、姑臧（今武威）、金城（今兰州），一直到长安、洛阳等地的经商情况。里面提到了樟脑、胡椒粉、麝香、小麦、丝绸等货物的名称，这些文书为丝路贸易研究者们提供了珍贵的第一手史料。

12 | 34

1 莫高窟第 85 窟窟顶的肉肆图

2 榆林窟第 3 窟的酿酒图

3 敦煌佛爷庙湾墓群出土蓝色绞缬残片

4 莫高窟北区 B222 窟出土的波斯银币

胡商的身影

在敦煌壁画中也还有反映丝路商队的画面，比如北周时期的第296窟窟顶北披绘有一幅《福田经变》,佛教讲做功德,也即“广种福田”,要修桥、铺路、打井、盖寺院等，其中就讲到一个人做功德，修好一座桥，以供往来商旅通行。在敦煌壁画中，桥的一边是骑着马、驮着货物、头扎方巾的汉族商人，对面过来的是身穿圆领窄袖胡服、牵着毛驴驮着货物的西域商人。汉族商队和西域胡人商队就在这座桥上相遇了。画工撷取的这个相遇的画面，很有代表意义。

盛唐时期第45窟南壁所绘的《观音经变》，也有表现丝路胡商形象的场景。《法华经》第二十五品《观世音菩萨普门品》中，观音菩萨作为救苦救难的代言人，不但能随时化现，为不同的人“方便说法”，还可以救诸难，即“七难八难”。其中就有“盗贼难”。当人们碰到盗贼的时候，双手合十，这时盗贼手里拿的刀就会断成几截，人们就能得救。第45窟《观音经变》中就描绘了一胡人商队在山里碰到头扎方巾、手拿刀剑的强盗。画面中的胡人头戴虚顶高帽，深目高鼻，络腮胡子，明显是中亚少数民族的形象。需要特别注意的是，在他们脚下有一捆货物，一卷一卷的，有学者认为这可能就是当时的丝绸、绢。当时丝路往来并不是一帆风顺的，既有天灾也有人祸，但是商人们还是不畏困难，在中西之间往来奔走，开拓繁盛的丝路贸易。

类似的商队在其他画面中也有，北周第296窟的《善事太子入海品》中，就有一个规模宏大的商队，还有隋代第420窟窟顶东披描绘的“观音救难”，整个窟顶上方的一层画面都用来表现商队行进的场景，道路的险峻、马匹的失足，都被描画了出来，为我们了解古代丝路商贸的真实情景，提供了形象的资料。

强盗排成两列，双手合十，似欲悔过

胡人商队仓促应战

全副武装的强盗

商主跪地祈祷

第 420 窟的西域商队遇盗场景

此图是《法华经·观世音菩萨普门品》变相故事，十分生动而具体地反映了商队旅程的艰难。行进在丝绸之路上不仅要走过茫茫沙漠，也要翻山越岭，有时还要履冰踏雪，历尽艰险。此画后半段，商队遇到了更艰难的一关——遭全副武装的强盗抢劫。最后观音显灵，拯救了他们也让强盗悔过。

强盗监押商人令其奉上财物

驼队在陡峭的山路上攀登行进

驼队出发

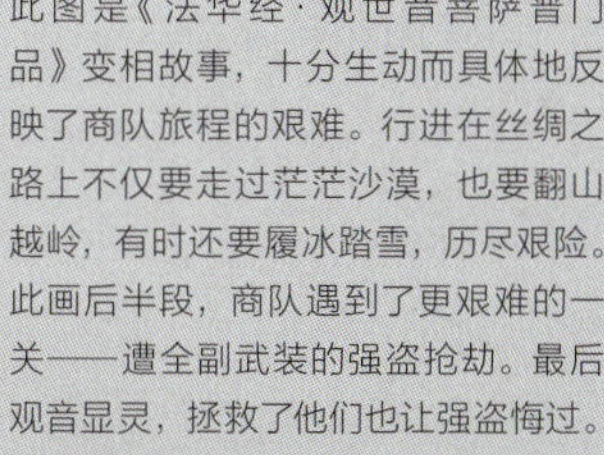

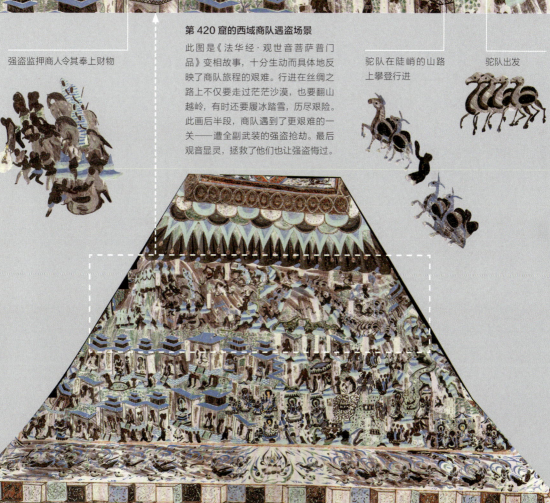

3 古代敦煌的学堂教些什么？

敦煌壁画中还有反映古代教育的画面，当然藏经洞文献中也有这方面的史料。壁画所反映的古代教育情况，让我们看到敦煌的教育既有与中国传统文化一致的地方，也有自身的地方特色。

来自敦煌的学郎诗

在敦煌藏经洞文献里，有一些“学郎诗”，就是学生们写的打油诗，有的用今天的话来讲，就是充满正能量，有的则像是发牢骚。比如其中一首《学郎诗（劝学诗）》说：“青青河边草，游如［鱼］水漓漓。男如不学问，如若一头驴。”其中“一头驴”这样表述劝诫的方式，真是朴素而有趣。还有诗云：“读诵须勤苦，成就如似虎，不词［辞］杖捶体，愿赐荣躯路。高门出贵子，存［好］木出良在［才］。丈夫不学闻［问］，观［官］从何处来？”诗歌体现了中国传统文化中“学而优则仕”的儒家教育观，以此劝学生勤学苦读。

千年前的“体罚”场景

古代的老师在面对一些不认真学习的学生时会怎么处理呢？五代时期的第 468 窟北壁描绘了

敦煌古代学堂的场景，其中有老师体罚学生的画面。画面的正中，有一个学生撅着屁股，后面的老师拿着一把戒尺，正在打学生的屁股。旁边的亭子里，一位长者正坐着在看，他的身份或类似于督学。旁边教室里还有三个学生，有的在读书，有的则在看体罚的场景，面露惊恐之色，这就是中国传统教育中“不打不成才”的教育观在敦煌壁画中的反映。

敦煌学生的“课本”

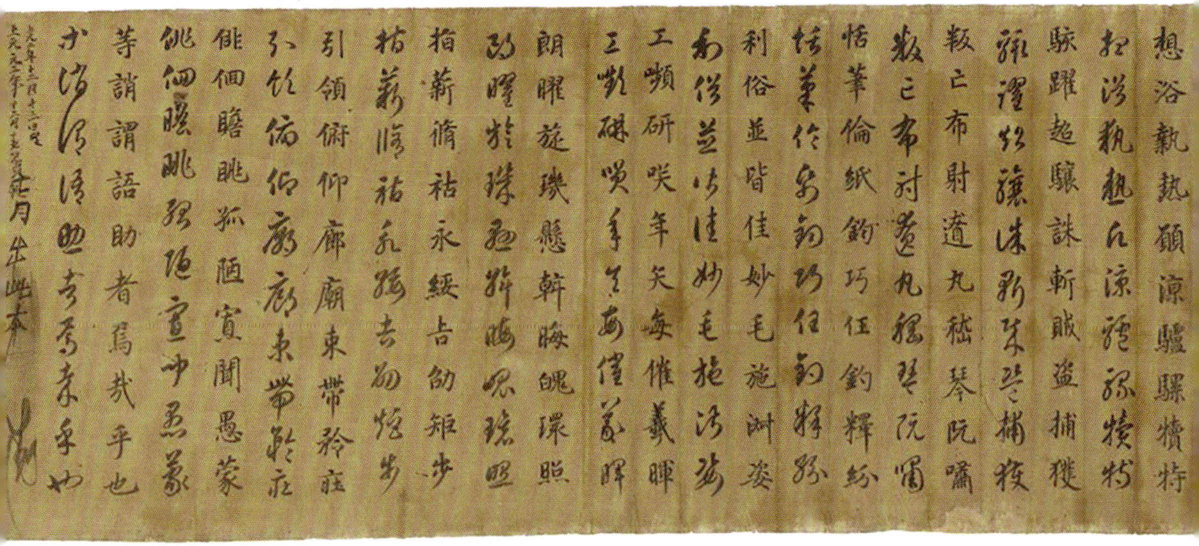

1 2

1 莫高窟第 468 窟北壁的体罚场景

2 敦煌文献智永《真草千字文》临本（P.3561）

古时在敦煌上学，都要学些什么呢？敦煌藏经洞的文献给我们提供了答案。从发现的材料看，敦煌教育的内容有传统的“四书五经”，同时还会教授一些生活科技类的知识，比如藏经洞里就发现了医书、占卜用的阴阳书。按照其内容，还可分成人教育和童蒙教育。

藏经洞发现了不少儿童识字的文献，比如《千字文》《太公家教》等书，是教孩子们初步认字、读字的流行诗句，其中的五言诗等通俗

寺院里的教育——寺学

总体来看，敦煌的古代教育跟中原地区不同，它的官学和社学相对少，主要是寺学，即由寺院来承担教育工作，而非官府或朝廷。寺院一方面教授佛教经典，另一方面还承担了一部分世俗教育的功能。敦煌历史上许多重要人物，比如晚唐时期归义军首领张议潮，小时候都曾经在寺院里学习过。张议潮的家境并不贫寒，因此我们推测，当时在敦煌接受童蒙教育的重要途径之一就是寺学。

敦煌教育特别重视对传统文化尤其是孝道的传授。在藏经洞中发现了许多《父母恩重经》，在敦煌壁画中也有许多表现父母养育之恩的作品。敦煌文献里还有很多教育孩子爱乡爱家、忠君爱国的内容，可见当时是非常重视培养家国观念和乡土情怀的。此外，社会伦理、兄弟亲情、夫妻和睦、尊老爱幼、尊亲孝悌等，也都是敦煌教育的内容。

藏经洞出土《报父母恩重经变绢画》局部，画中父母在田间劳作，旁边有一婴儿车

4 胡汉融合式的婚丧嫁娶

“青庐”下的婚礼

敦煌在中古时期，是多元文化的荟萃之地，这也很明显地体现在敦煌社会生活的重要方面——婚丧嫁娶——之中。从藏经洞发现的文献和敦煌壁画来看，敦煌的婚姻文化和丧葬文化有明显且浓厚的胡汉融合特征。

在中国传统婚姻文化中，男方迎娶女方要经过所谓的“纳六礼”，这“六礼”即纳采、问名、纳吉、纳征、请期、亲迎。这不仅在我们传世的文献里有记载，敦煌文献也有明确记录。比如敦煌官方的婚礼仪式范本《张敖书仪》（P.3284、P.2646）中就强调了“纳六礼”。

同时我们也能看到，受丝路文化和外来风俗影响，敦煌的婚礼也有了自身的特色。比如，在敦煌壁画的“婚礼图”中，婚礼不在屋内举行，而是在屋外搭一个青色帐篷，即所谓的以“青帐”“青庐”为婚，有的地方也称其为“百子帐”，是“子嗣兴旺”心愿的一种象征。

而且“婚者，昏也”，结婚的“婚”是女字旁加黄昏的“昏”，古时的婚礼都是在黄昏举行的，敦煌壁画也描绘了这样的场景。第 85 窟窟顶西披的迎亲画面中，走在迎亲队伍最前面的新郎官手中举着火把，为什么举火把呢？因为是黄昏时间，天已经有点黑了。到新娘家后也很有意思，在许多拜堂的场景中，新娘盛装站着，而新郎却在跪拜，是所谓的“男拜女不拜”。中国传统文化强调男尊女卑，在中原我们是看不到这样的场景的，而在敦煌壁画中却出现了。这种“男拜女不拜”情况，大量出现在唐以来《弥勒下生经变》中表现的“女子五百岁出嫁”的场景中，尤其集中在武则天以后的洞窟中。所以，有一种观点

认为：武则天当了皇帝后，女性的地位提高了，所以结婚的时候可以“男拜女不拜”。这是一种附会之说，其实这是受到了北方少数民族或丝路上其他民族更重视男女平等或在女方家成亲的习俗的影响。

在敦煌历史上，很早就有胡汉通婚的情况，在藏经洞发现的文献《仓慈传》（P.3636）中就记载了三国时期敦煌太守仓慈的事迹，他明确主张胡汉通婚。这份唐代文献被法国探险家伯希和拿走，现藏法国国家图书馆，其中写得非常清楚，“胡女嫁汉，汉女嫁胡，两家为亲，更不相夺”。敦煌有的壁画还表现了异族通婚的场景，如新郎着汉装，新娘着吐蕃装，正是胡汉通婚的铁证了。

一日限定版“敦煌县令”

在盛唐时期第33窟的婚礼图中，能看到搭起来的青帐、青庐，宾朋好友在帐篷里围着几案就座的宴席场面，青庐外的地毯上，一对新人正在向宾客行礼，新娘头顶花冠，盛装而立，新郎官跪地匍匐，正在跪谢。身后还有捧着礼物的侍从，很有意思的是，在外面还画了一对鸳鸯，与婚礼的场景呼应，表达了美好的祝福。

中华文化传统的伦理观和浓厚的乡土情怀也在壁画中有所呈现，比如迎亲。我们今天的迎亲习俗，是新郎到新娘家的门口时，伴娘们要堵住门，新郎要从门缝里塞红包对方才给开门，类似一种考验。而古人的这种考验更有雅趣，要新郎进行对答。敦煌藏经洞文献发现了好几卷所谓的《下女夫词》，女夫就是新郎，即新郎快到新娘家的时候，半路被新娘的家人阻拦，开始对答，通过考核才能进一步前行。女方家人会问：“何方所营？谁人伴唤？次第申陈，不须潦乱。”意思是：你是干什么的，谁让你来的，一件一件说清楚，不能应付。而新郎的迎亲队伍会回答说：“敦煌县摄，公子伴涉，三史明闲，九经为业。”意思是：我是敦煌县令，与达官贵人公子们在一起，我饱

1 2
3

1 莫高窟第116窟的婚礼图，画面右上角的帐篷即为“青庐”

2 莫高窟第445窟的女子五百岁出嫁图

3 榆林窟第25窟北壁的婚嫁图，新郎着汉装，新娘着吐蕃装

读诗书，以儒家九经为志业。实际上这个新郎并不是敦煌县令，为什么他可以如此自称呢？因为在古代的风俗中，婚礼场合是允许类似的“僭越”和“假设”的，可以说自己是县令，甚至说太守都可以，即所谓的“摄盛”。在一问一答中，既有机智，又有美好祝愿，还表现出浓厚的乡土情怀。

除了现实中的婚礼场景，敦煌壁画还会表现佛国世界的婚礼，比如《弥勒下生经变》中五百岁女子的出嫁场景，作为“乌托邦”的弥勒净土，在这片土地上，人们能活到四千岁，所以女子会在五百岁时才出嫁。

一封《放妻书》里的离婚实录

当然，有结婚就有离婚，所谓悲欢离合，也是很自然的事情。中国封建社会，男尊女卑，一般都是男方休妻，敦煌在大环境下也不能脱离这样的习俗，但是从藏经洞发现的文献看，男女平等的观念在敦煌人的离婚上也有一定表现。

藏经洞发现的几件唐代的《放妻书》(亦称《放良文》)，是丈夫写给妻子的，实际上就是休书。其中一件（P.3730）写道：“盖以伉俪情深，夫妇义重……三年有怨，则来作仇隙。今已不和，想是前世怨家。反目生嫌疑，作为后代增嫉。缘业不遂，因此集会六亲，夫妻具名书之……相隔之后，更选项重官双职之夫，弄影庭前，美逞琴瑟合韵之态……伏愿娘子千秋万岁。”意思是一对夫妻结婚三年，两个人过不下去了，然后把亲戚朋友们叫在一起，当着大家的面写下休书。但这段话并没有用休书的名义，而是以非常委婉的文字表达出分手之义。

西域葬俗的夸张表达

生老病死是人生常态。敦煌壁画和敦煌文献也有对敦煌葬俗的反映，特别是文献中有敦煌结社的记载，达官贵人不说，一般老百姓结社成为社人，一方面是为了开窟造像做佛教法会，另一方面是在现实生活中互助，有事互相帮衬，丧事时更是如此。这是中国的传统。

敦煌壁画中也有西域和外来葬俗的反映。开凿于吐蕃占领时期的第 158 窟里塑了一身非常精美的涅槃佛像，长 15.5 米。在涅槃佛脚部的北壁，绘有一幅《各国王子举哀图》，描绘释迦牟尼的信众对佛陀涅槃的哀悼，其中不仅有西域各国的王公子弟，也有中国的帝王，还有朝鲜半岛的王子。值得关注的是，画中有些深目高鼻、头戴毡帽的西域人，他们有的拿两把刀在刨胸，有的拿着利剑在剖腹，还有的在割鼻子、割耳朵，表现出悲伤到自残的状况。原本认为这可能是一种夸张的表现，但是经过学者们研究，发现这其实也是西域葬俗的一种表现。

第 158 窟涅槃佛脚部北壁的《各国王子举哀图》

“身体发肤受之父母”，中国人在至亲去世以后是不会自残的，而是“思其遗像”，画个遗像，披麻戴孝以表达哀思。但在一些国家，至亲去世以后，有“剺面”一说，即拿刀划面。前述《三国志》里提到的敦煌太守仓慈，他在敦煌任上去世，西域的人听到后都很悲伤，就在中央政府驻西域的官府那里哀悼，以刀划面，以明血诚。所以，很可能西域来的胡商或居民把他们的丧葬文化带到了敦煌，在敦煌壁画中出现这些习俗也就不足为奇了。

1 榆林窟第 25 窟北壁的“老人入墓”

2 第 220 窟北壁的四人对舞

《弥勒下生经》里有老人入墓的记载，就是老人觉得自己阳寿将尽的时候，会在家人陪伴下，走到提前营造好的坟茔中，等待最后那一刻的来临。榆林窟第 25 窟《弥勒下生经变》就有送老人入墓的场景：一个老人坐在圆圆的坟丘里，手拄拐杖，旁边的女眷正在伤心地告别，拿手帕拭泪，后面有侍从端着食物。中国北方农村经常有一些提前就把寿木打好的传统，可能也是这种习俗的变体吧。

5 乐舞与竞技：敦煌人的娱乐项目

西域舞乐在敦煌的流行

敦煌壁画中有大量表现乐舞场景的画面，藏经洞文献中也有反映古代舞谱、乐谱的资料。

在敦煌唐代洞窟的壁画上，一些舞姿与史料中记载的舞姿可以对应起来，有的人认为这些舞姿表现了胡旋舞、胡腾舞、柘枝舞、巾舞，以及一些地方民间舞蹈样式。比如第 220 窟北壁《药师经变》的下方，有两组在圆毯上跳舞的画面，中间的两位舞者正在两个小圆毯上起舞，舞襟翻飞，非常有动感，而靠外的另外两位舞者则好像在与之相互呼应。这里表现的舞蹈，有研究者根据相关文献将之定名为胡旋舞。

一般认为，胡旋舞出自中亚的康国（今乌兹别克斯坦撒马尔罕），并在中亚地区流行过。我们都知道安禄山和史思明的“安史之乱”，安

什么是昭武九姓？

隋唐时期中亚九个沙漠绿洲国的总称，其王均以昭武为姓。具体为：康国、史国、安国、曹国、石国、米国、何国、火寻国和戊地国。其中几国也成为后来中国一些姓氏的起源。

根据《隋书》，昭武九姓本是月氏人，旧居祁连山北昭武城（今甘肃临泽），因被匈奴所破，西逾葱岭，支庶各分王，以昭武为姓。居民以务农为主，兼营畜牧。

昭武九姓在东西方文化交流方面起到过重要作用。袄教、摩尼教，中亚音乐、舞蹈、历法之传入中原，中国丝绸、造纸技术之传到西方，昭武九姓无疑是重要的媒介。

1 2

1 第299窟龛眉上的胡腾舞

2 第23窟北壁的“起塔供养”

禄山是康国人，史思明是史国人，史国与康国都是中亚地区粟特人建立的国家，即所谓粟特“昭武九姓”的国度。

作为康国人，安禄山虽然大腹便便，但也会跳胡旋舞，后来唐代诗人元稹曾形容说，“旋得明王不觉迷，妖胡奄到长生殿”，胡旋舞把唐明皇旋得迷迷糊糊就把江山丢了。这也从另一面反映出西域的胡旋舞在唐代的流行程度，可谓是“上至宫廷，下至民间”，从长安流行到了敦煌。敦煌壁画中在圆毯上跳舞的形象，有正面的，有背面的，有的正好呈现了舞者双脚悬空跳起来的瞬间，形象地将胡旋舞那些急速旋转的瞬间定格了。

胡腾舞在北朝时期就出现在了敦煌壁画中，例如北周时期的第299窟，其龛眉中间别出心裁地画了一幅胡腾舞的场景。舞者头戴高帽，身披舞襟，双手上举，似在头顶上做拍手之状，两腿左腿略屈、右腿交于左腿膝部，好像正在腾跳。舞者下方还有两身伎乐，一身在弹箜篌，一身在弹琵琶。在北朝时期入华粟特人的石棺床，比如安伽墓、日本美秀（Miho）博物馆藏的北齐石棺床的乐舞场景中都可以看到类似画面。和胡旋舞一样，胡腾舞也曾在中亚地区广泛流行，但与胡旋舞的快、

迅疾相比，胡腾舞则更偏刚健和力量感，其动作的幅度也比较大。

另外一种很有代表性的舞蹈是柘枝舞。有学者认为它是一种软舞。从壁画中看，跳柘枝舞的人扭动、摆胯的幅度大而舒缓，主要是靠扭动身躯来表现舞姿。敦煌北周第294窟供养人队列前，就有一个身着红色圆领窄袖胡服、正在扭胯跳柘枝舞的胡人，他后边还有伎乐在吹笛、弹箜篌；在唐代第23窟北壁《法华经变》的画面里，有拜塔的场景，被称为“起塔供养”，画中 位胡人穿着长靴，双手上举，左腿收起，腰带飘扬，动作的幅度非常大，似也在跳舞。由此也能感受到画工对真实舞蹈动作的观察之仔细，有可能他本人就非常能歌善舞，所以才能将如此美妙的形象绘入画中。

中古时期的“大乐团”

在敦煌壁画的乐舞场景中，还有大量乐器和乐队的组合，有意思的是，其中很多乐器并不是中国传统的，而是来自其他周边国家和民族。

比如五代时期第 85 窟北壁《思益梵天问经变》的乐舞场景，中间一身舞者，手持长巾，翩翩起舞，舞者两侧各有八身伎乐，总共十六身伎乐，每位伎乐手里拿的乐器都不一样。经研究发现，这十六身伎乐拿的十六件乐器中，只有古筝、小阮、笙是中国传统乐器，当然，横笛在中国器乐中也有使用，但有说法认为，笛声比较犀利，有可能最早也是源自西域的。其余如曲颈的五弦琵琶、羯鼓、箜篌、竖笛、筚篥、拍板、钹、鸡娄鼓、海螺，都是来自西域或南海的乐器。

隋开皇初年，隋文帝非常重视音乐，因此为宫廷乐舞制定了七部音乐，即所谓的“七部乐”：“一曰国伎，二曰清商伎，三曰高丽伎，四曰天竺伎，五曰安国伎，六曰龟兹伎，七曰文康伎。”后隋炀帝又将“七部乐”扩展为“九部乐”。这其中就有高丽乐、疏勒乐、龟兹乐等外来音乐。当时的凉州幅域广阔，与长安相比更受外来文化影响，所以这些东西在敦煌壁画上会有较多的反映。

可惜的是，壁画上描绘的乐器，今天在中国本土有很多都看不到了。不过在日本奈良正仓院藏的唐代文物中，还能见到留存的几件。比如敦煌盛唐第 172 窟《观无量寿经变》里乐队弹拨的箜篌和阮咸，在正仓院可以看到几乎相应的实物。再比如第 112 窟“反弹琵琶”的主角四弦琵琶，也在正仓院可以看到。正仓院还藏有螺钿紫檀阮咸、竖箜篌、曲颈琵琶、五弦琵琶，这些在敦煌壁画中都有表现，这也反映出丝绸之路的文化影响力，是以长安为原点，同时向西和向东辐射，音乐文化向西跃过丝绸之路，向东又传到了日本。

1
2

1 第 85 窟北壁《思益梵天问经变》的乐舞场景

2 日本正仓院藏紫檀木画槽四弦琵琶

唐代的“九部乐”

清乐——指汉代正统音乐，即汉族的传统音乐

西凉乐—— 初称“秦汉伎”，隋时称“国伎”，唐时则称“西凉伎”。是汉乐和龟兹乐混合成的音乐，曾盛行于张掖、酒泉、敦煌、武威等地

龟兹乐——西域音乐

天竺乐——印度音乐

康国乐——“康国”的音乐，康国在今中亚乌兹别克斯坦一带。《旧唐书·音乐志》载周武帝天和三年娶突厥女子为后，“于是龟兹、安国、康国之乐大聚长安”

疏勒乐——“疏勒”的音乐，“疏勒”在今新疆喀什噶尔一带

安国乐——“安国”的音乐，“安国”在今乌兹别克斯坦的布哈拉一带

高丽乐——“高丽”的音乐，“高丽”即今朝鲜、韩国

礼毕曲—— 南朝乐府歌舞音乐

古人是如何健身养生的？

敦煌壁画中还有许多表现古人健身、娱乐的场景，用今天的话说，就是关于体育的画面。这些画面中，有人在相扑、角抵，还有翻跟头、耍武术的场景。这些画面原本是佛“神迹”的一种形象化表现，但恰巧从侧面折射出了古人的现实生活。比如敦煌北周时期的第 290 窟，其窟顶就有一幅摔跤图。画面中的两个人正在摔跤，虽然画面是静止的，但画工的笔触却充满张力。他用北周时期中原式的平涂着色技法，把两人肌肉紧绷、神情高度紧张的发力瞬间，非常生动地表现了出来。画中的两人都背对着我们，他们的脊中线深深凹了下去，通过深重的色块，呈现出脊背上聚集的肌肉。同样的，腿部肌肉紧绷的状态，也是通过隆重的笔触绘出的，由此生动勾勒出爆发的那一瞬间。这幅摔跤或角抵场景，也成为敦煌壁画中描绘古代体育的代表性画面。在摔跤二人组的旁边，还画了一个人物，描绘了释迦牟尼佛作为太子悉达多时的故事，只见太子用右掌托着一只白象，显示出无比强大的力量，这个力量甚至可以把一只白象扔出城外，画中的意趣跟举重有异曲同工之妙。

敦煌五代第 61 窟表现释迦牟尼今生事迹的佛传故事画中，也可以看到类似的画面，跟第 290 窟画面不同的是，这里摔跤的两个人，

一个在防守，一个在进攻，左边人的右腿后躬，在作防守之状，对面之人的左腿向前驱，正在作进攻之状。有人认为，这跟日本相扑运动的搏击场景很相似，很可能是相扑运动的早期记录。

同样在第 290 窟，还有一副表现古代射箭的图像，描绘了比武招亲的现场。释迦太子为了娶邻国的公主耶输陀罗为妻，在跟其他竞争者一起比试武力，其中就有射箭一项。在参与招亲的竞争者前面竖了七面铜鼓，其中穿一身白衣的就是释迦太子，另外两人则是其他国家的王子。比武开始，另外两个王子的箭都没能射穿七面鼓，他们一个只射穿了一面，一个射穿了两三面的样子，只有释迦太子一箭穿透了七面鼓。这里的画面虽然带有夸张想象，但画中的三个弓箭手，却表现得深情而专注，他们拉满的弓，充满力量感，旁边还有观战的人，有一位骑着马的，很可能是现场的裁判。这是一个充满了竞技紧张感的画面。

此外，西魏时期的第 249 窟窟顶北披的《狩猎图》里还表现了马上运动。有一个猎手骑在马上，马正迅疾奔跑、四蹄飞扬，这时猎手的右手后曲，好似持着一个长矛，左手则扶着长矛的前端，正作投掷之状。在第 249 窟窟顶的东披，还有一个深目高鼻的胡人，他穿着短裤、双手撑地，正在作倒立之状，敦煌的画师用西域式晕染法，把倒立时正在积攒力量、支撑身体的神态表现得活灵活现。

1 2 | 3

1 第 290 窟窟顶的摔跤、掷象图

2 第 290 窟窟顶的“比试射艺”

3 第 249 窟窟顶的《狩猎图》与倒立的力士

除了陆上运动，研究者还认为，莫高窟的壁画中还表现有游泳活动。《观世音菩萨普门品》曾讲到观音菩萨救苦救难，会去拯救落水的人或是遇到海难的胡商。敦煌壁画中，就有表现落水后游泳的状态，比如第420窟东披的画面中，观音菩萨站在岸边，河里有两个落水的人正在游泳，他们的动作与今天的蛙泳或自由泳非常相似。而在北魏第257窟窟顶上，绘有莲花藻井，莲池中也绘了几身裸体的天人，一身天人的双腿淹没在水中，身体是浮上来的，另一身则正要跳入水中。

1 第420窟窟顶东披的游泳画面

2 第159窟东壁门下的"维摩诘博弈"

3 敦煌文书《棋经》（S.5574），现藏大英博物馆

"观棋不语"的维摩诘

除了运动，敦煌壁画中还有不少呈现益智、休闲活动的画面，比如下棋对弈，也就是"六博"，主要出现在本生故事或《维摩诘经变》里。在敦煌北宋第454窟的《维摩诘经变》里，有一对弈场景，画中的维摩诘头戴帷篱，手持羽扇，正在观战，他身旁的两人在一个大大的棋盘上下棋，有人认为他们就是在下围棋。此外在藏经洞发现了世界上

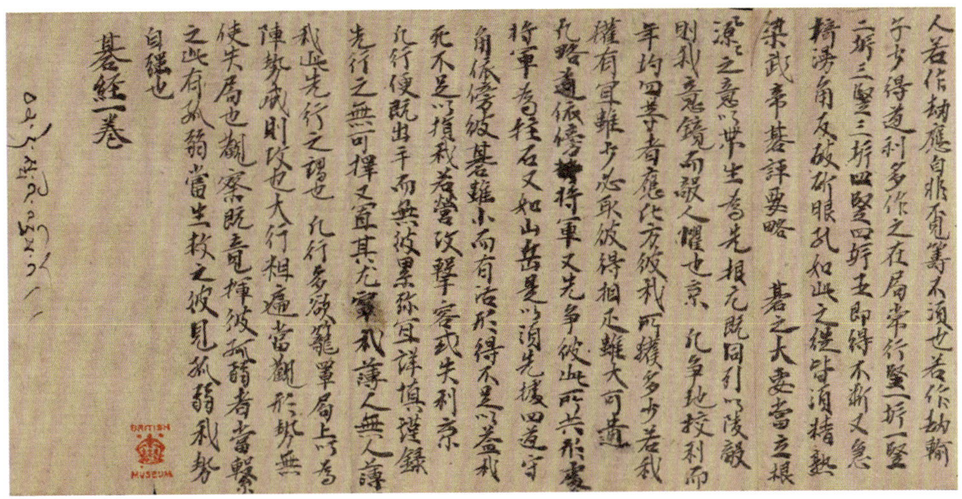

最早的《棋经》（S.5574）。看来益智类的体育项目，也深受敦煌人民的喜欢。

又比如中唐第 7 窟，也是在《维摩诘经变》里有个下双陆棋的场景，正中案子上摆着棋盘，维摩诘在旁边观战，其他两个人在很专注地下棋。维摩诘还有亲临赌场的情况，中唐第 159 窟绘有掷骰子的场景，五个人围案而坐，其中一身人物，正是头戴帽、身披大氅的维摩诘，另外四人在掷骰子，画面比较简单，但是案上的骰子和用来扣骰子的碗，以及正在掷骰子的人的神态、动作，都被细致地表现了出来。

从日常生活到婚丧嫁娶，经济贸易到体育竞技，可以说，敦煌将多元文化交流的精华，都凝结在了壁画创作中。这些或记录生活、或定格瞬间的画面，反映了古人日常的各个层面，如同万花筒一般，勾勒出丝绸之路上一个个鲜活的生命。

尾声

莫高精神与时代之光

——敦煌守护人的故事

顾春芳

北京大学艺术学院教授

走出莫高窟，便是宕泉河。

相比如今繁荣热闹的莫高窟，宕泉河似乎仍保留着一份岁月的宁静感。或许很多人都不知道，在三危山下、宕泉河边这个安静的角落里，安葬着包括常书鸿、段文杰两位先生在内的敦煌第一代坚守者，一共二十七人。

敦煌保护区是不允许有墓地的，这个墓地很隐蔽，在远处几乎看不见。这些敦煌研究院早期的同仁将一生奉献给了敦煌的保护与修复事业，故去以后也留在了敦煌，每日听着宕泉河汩汩的流水声，遥望着他们挚爱的莫高窟；他们来自五湖四海，最终心归敦煌……

不论是这些敦煌研究院早期的同仁，还是如今扎根在敦煌工作的人，都常常让我联想起出家人。他们把自己的生命完全交付给敦煌的流沙和千佛洞方圆百里匆匆消逝的光影，在一种貌似荒寒的人生景致中，等待着一个又一个莫高窟的春天。他们虽然不念经、不拜佛，但是要临摹壁画、修复洞窟、保护遗址、宣传讲解，这些日常生活在我看来无异于出家人的修行。

莫高窟是一种考验，只有那些最终经受住考验的人才能修得正果。这么多人来到敦煌，守护莫高窟，每天都要和佛经、佛像照面，他们的精神来自对敦煌石窟艺术的热爱和对这份事业的执着追求。这个追求的过程，也是不断超越、获得智慧的过程。

敦煌是了不起的，敦煌的了不起不仅在于它是佛教艺术的圣地、是我国古代艺术的巅峰呈现，还在于这里有一群打不走的莫高窟人，他们以自己的青春和生命，在当代铸就了莫高精神。

常书鸿

——筚路蓝缕的开拓者

常书鸿（1904—1994），满族，姓氏伊尔根觉罗。河北省头田佐人。1923 年毕业于浙江省立甲种工业学校染织科，1932 年毕业于法国里昂国立美术学校，1936 年毕业于法国巴黎高等美术专科学校。历任北平艺专教授，国立艺专校务委员、造型部主任、教授，教育部美术教育委员会委员，1944 年任国立敦煌艺术研究所所长。1949 年后历任敦煌文物研究所所长、名誉所长，敦煌研究院名誉院长、研究员，国家文物局顾问。著有《敦煌艺术的源流与内容》《敦煌艺术》《敦煌壁画艺术》等。

常书鸿先生是敦煌文物保护研究事业的开创者和奠基者，是敦煌研究院的前身——成立于 1944 年的国立敦煌艺术研究所的首任所长。常书鸿先生是个艺术家，是喝过洋墨水的，有思想有水平。他 1927 年留学法国，在油画艺术上有深厚的造诣，曾在里昂和巴黎的沙龙展中获奖。1935 年，还在法国留学的常书鸿先生，偶然在旧书摊上看到了伯希和的《敦煌石窟图录》，图录为他开启了一个新的世界，而那个世界正是他千里之外的故乡——中国。敦煌的艺术让他感到“十分惊异，令人不敢相信”。他当时“倾倒于西洋文化，而且曾非常有自豪感地以蒙巴那斯的画家自居……现在面对祖国的如此悠久的文化历史，真是惭愧之极，不知如何忏悔才是”，他由此才知道，在西方立体化的油画之外，竟还有这样的一种独特的绘画传统，散发着摄人心魄的力量。

常先生由此萌生了对莫高窟的向往，这也在某种程度上促使他提前结束了在法国的学习，早早回到了祖国。1936 年回国后，常先生先是担任了北平艺专的教授，“卢沟桥事变”后随校南迁至重庆。20 世纪 40 年代初期，常先生参加了国立敦煌艺术研究所的筹备活动，经徐悲鸿、梁思成、于右任等人的推荐，他被任命为敦煌艺术研究所首任所长，随后他便举家迁居到了敦煌。

从此，常书鸿先生开始了他终生无悔的敦煌事业。

掌管敦煌艺术研究所之初，常先生不断给远方的友人和学生写信，希望他们推荐愿意来敦煌工作的年轻人。很快董希文、张琳英、乌密风、周绍淼、潘絜兹、李浴等一批年轻的艺术家就陆续来到了敦煌，他们当中很多人是常先生的学生。常先生还从重庆招聘了一批学者，如史岩、苏莹辉等。可惜的是，1945 年抗战胜利之后，这些人大多离开了敦煌。1946 年后，常先生又招募到了范文藻、段文杰、凌春德、霍熙亮、孙儒僩、欧阳琳、史苇湘等人，这些人先后来到莫高窟，成为第一代莫高窟人。这一代人在风沙肆虐、荒凉寂寞的大西北戈壁沙漠中，面对破败不堪的石窟，以及土屋土桌、无电、无自来水、无交通工具、经费拮据、物资匮乏、信息闭塞、孩子不能上学等种种困难，毫不畏惧，以对敦煌文化艺术的无限热爱和倾情保护之心，扎根大漠，含辛茹苦，筚路蓝缕，初创了敦煌石窟保护、研究和弘扬的基业。

常书鸿先生克服人员和资金短缺的困难，在极其艰苦的工作条件下，白手起家，一边抓保护，一边抓艺术。他带领大家清除了数百年来堆积在三百多个洞窟内的积沙，拆除了洞窟中俄国人搭建的全部土炕土灶，对石窟做了力所能及的初步整修，还募款为部分重点洞窟装了窟门，修建了长一千多米的土围墙，有效地阻挡了人为破坏和偷盗，莫高窟得到了初步保护。在缺乏资料和起码研究条件的情况下，他组

123

1 1935 年在法国巴黎的常书鸿

2 常书鸿在临摹第369窟壁画

3 常书鸿爬梯子进窟检查

织和开展了壁画的临摹，短短几年，第一批数百件壁画的临摹品便完成了，这些敦煌壁画的摹本曾在南京、上海、重庆等地举办的敦煌艺术展览中展出。常书鸿先生他们还对莫高窟各窟做了更合理的重新编号，对洞窟内容和供养人题记进行全面调查记录，并撰写洞窟说明、设置陈列室、展示文物、制定进窟工作与参观的管理办法。

20 世纪 50 年代末，常书鸿先生兼任兰州艺术学院院长，60 年代初学院被解散之后，常先生就动员了贺世哲、施萍婷、李永宁等一批学文史的师生来莫高窟。20 世纪五六十年代，是敦煌彩塑和壁画临摹的黄金时期。段文杰、史苇湘、李其琼、霍熙亮、李承仙、欧阳琳、关友惠、刘玉权等前辈画家专心绘事，辛勤工作，临摹了大批敦煌石窟中经典的代表性壁画。雕塑专家孙纪元、何鄂也临摹了一些经典的敦煌雕塑作品。敦煌研究院现藏的敦煌艺术临摹品大多产生于这一时期。常先生的努力，为后来敦煌文物研究所各项工作的开展开辟了道路。

敦煌保护事业逐渐步入正轨，然而常书鸿先生的家庭生活却并未能一帆风顺。常先生的妻子陈芝秀，起初曾带着一对儿女前往敦煌与丈夫团聚。最开始，敦煌绚烂的艺术也曾非常吸引陈芝秀，然而令人无奈的是，敦煌的生活实在是太艰苦了，对现实的不满造成了家庭矛盾，最终在 1945 年夏，陈芝秀留下了尚未成人的一双儿女，离开了敦煌。

妻子的不辞而别，让常书鸿先生备感痛苦，但因为对敦煌艺术的热爱和执着，他带着两个孩子，仍继续坚持在莫高窟工作。他曾在自传中写下这样一段感人肺腑的话：

> 在不寐的长夜里，忽而，我脑中又呈现出一幅幅风姿多彩的壁画，那栩栩如生的塑像，继而，我又想到第254窟中著名的北魏壁画《萨埵那太子舍身饲虎图》，它那粗犷的画风与深刻的寓意，又一次强烈地冲击着我。我想，萨埵那太子可以舍身饲虎，我为什么不能舍弃一切侍奉艺术、侍奉这座伟大的民族艺术宝库呢？在这兵荒马乱的动荡年代里，它是多么脆弱多么需要保护，需要终生为它效力的人啊！我如果为了个人的一些挫折与磨难就放弃责任而退却的话，这个劫后余生的艺术宝库，很可能随时再遭劫难！

莫高窟北魏第254窟的这铺壁画《萨埵那太子舍身饲虎图》，讲述的是释迦牟尼佛的前世萨埵那太子在与两位兄长去山林游玩的途中，为了拯救一只因饥饿而濒死的母虎和它的虎崽们，慈悲而决绝地舍出自己肉身的故事。可以说，这个故事就是莫高窟人的精神写照。

常书鸿先生于1994年6月在北京去世，享年九十岁。直到生命最后一刻，他心里惦念的，仍然是敦煌，留下遗嘱说："以后死也要死到敦煌！如果死在北京，骨灰还是要送回敦煌的！"他的骨灰最终葬在了莫高窟的宕泉河畔。

段文杰

——“莫高精神”的铸就者

段文杰（1917—2011），四川绵阳人。1945 年国立艺术专科学校毕业；1946 年到国立敦煌艺术研究所工作，任考古组代组长；1950 年后，历任敦煌文物研究所美术组组长、副所长；1982 年任所长、研究馆员；1984 年，敦煌文物研究所升格为敦煌研究院，任院长；1998 年后任名誉院长，兼任中国敦煌吐鲁番学会副会长等。长期从事敦煌艺术的临摹、研究和弘扬工作，领导敦煌文物研究所、敦煌研究院的各项事业发展。临摹敦煌壁画近 400 幅，约 140 平方米。

敦煌研究院的每一个人都知道“坚守大漠、勇于担当、甘于奉献、开拓进取”的“莫高精神”，段文杰先生就是践行“莫高精神”的杰出典范。

段文杰先生青年时代于重庆国立艺专求学五年，得到过吕凤子、陈之佛、傅抱石、李可染、黎雄才、潘天寿、林风眠等名家的真传和指导。1944 年，张大千先生在重庆举办的“张大千临摹敦煌壁画展览”，当时只有 25 岁的段文杰在看过展览后深深地被吸引了，决心毕业后就去敦煌一睹敦煌艺术的风采。

1945 年 7 月，段文杰与同学一起踏上了去敦煌的旅程，刚到兰州，就遇到了常书鸿先生，当时的国立敦煌艺术研究所正面临着被撤销的风险，常先生要去教育部落实这件事情，便嘱咐段文杰，可以先留在兰州等候消息，等他回来后再一起去敦煌。段文杰于是找了一份临时工作，在兰州等待了一年，常书鸿先生真的回来了。段先生在自传中回忆到，当时大家挤上一辆卡车便开始向敦煌进发，经过几天的颠簸，他终于到达盼望已久的敦煌莫高窟。

让他意料不到的是，一到敦煌，他便沉醉在壁画艺术的海洋，从此再没有离开这里的念头，将一生全部奉献给了敦煌。

1947 年和 1948 年，段文杰刚到敦煌不久，就与其他同事一起对莫高窟整体进行了一次编号和内容调查。迄今为止，他们当时所做的洞窟编号被认为是最完整和最科学的。段先生长期生活在“天府之国”般的四川，来到荒漠戈壁，其生活反差之大可想而知。当时的敦煌生活和工作条件都极其艰苦。戈壁沙漠，风沙弥漫，冬天的气温在零下 20 摄氏度左右，却没有任何取暖设备。他们当时住在破庙里，无水无电，物质贫乏。因为太冷，早上出被窝时眉毛胡子上都会结霜。

20 世纪 50 年代，段先生成了重点批斗的对象，被降了六级工资，妻子也丢了工作。白天他进洞临摹，晚上则要参加重体力劳动。然而，

1 2

1 1956 年段文杰（后排左二）与研究所职工在榆林窟合影

2 1952 年段文杰在莫高窟第 285 窟临摹壁画

他就是在这段时期完成了对第217窟的《西方净土变》的临摹。在极不公正的境遇之下，段先生遭受着精神和生活的双重压力，但他凭着坚忍的性格和无私的胸怀，始终没有倒下，仍坚持自己热爱的临摹工作。他说自己只要进了洞，就全然忘记了烦恼，内心一片平静。在他的回忆录里，段先生轻描淡写地描述着那段苦难的日子，反而留下大量的篇幅抄录着自己当年在农村记的笔记，密密麻麻记录的都是对敦煌的回忆和对莫高窟意义的追索。他详细记载了自己种种内心变化，竟无一字提及“恨”，也无一字述说“苦”。

段先生这一代莫高窟人总是让我们想起孔子盛赞颜回的那段话：“一箪食，一瓢饮，在陋巷。人不堪其忧，回也不改其乐。贤哉，回也！”一个人能够做到宠辱不惊、安之若素、得之淡然、失之泰然，非有至高的精神境界而不能。画画的时候就画画，喂猪的时候就喂猪，该思考美学就思考美学，该埋头种地就埋头种地，该做学问就做学问，能够在厄运到来时，处变不惊，一念不生，这真是一种“真者不虚，如者不变”的境界。段先生说：“一画入眼中，万事离心头。”这句诗是对他安贫乐道的人格境界很好的写照。

20世纪80年代初，段文杰先生接替常老，继任敦煌文物研究所的第二任所长。1984年，敦煌文物研究所扩建为敦煌研究院，段先生

任敦煌研究院院长的段文杰先生

为第一任院长。他带领研究院同仁利用改革开放的大好时机，增设研究部门，通过大学分配、招聘、调动等各种方式，持续地大力引进各方面的专业人才。如保护方面的李最雄、李实、王旭东、汪万福、苏伯民等，文科研究方面的马德、罗华庆、赵声良、李正宇、汪泛舟、梁尉英、张元林、杨富学、张先堂、杨秀清等，这些专业人员后来都逐渐成长为各自专业领域很有成就的专家，为敦煌研究院的发展做出了各自的贡献。

为了改变“敦煌在中国，敦煌学在外国”的状况，段先生率先垂范，埋头苦干，除繁忙的行政工作外，还夜以继日撰写研究文章。先后写出了《早期的莫高窟艺术》《唐代前期的莫高窟艺术》《唐代后期的莫高窟艺术》《晚期的莫高窟艺术》一组论文，后来又对隋代、初唐时期的敦煌艺术进行了一番研究，发表了《融合中西成一家：莫高窟隋代壁画研究》《创新以代雄：敦煌石窟初唐壁画概观》《榆林窟的壁画艺术》等论文。段先生个人的学术研究概括出了一部相对完整的敦煌石窟艺术发展史。他对各时期敦煌石窟艺术风格特色的总结，对敦煌艺术的基础理论建设意义重大。在他的带领下，经老中青三代研究人员的共同努力，敦煌研究院从过去以临摹为主，拓展到石窟考古、石窟艺术、石窟图像、敦煌文献、历史地理、民族宗教等多领域的研究，形成了对敦煌石窟珍贵价值和丰富内涵深度解读的研究体系，产生了一批在国际上有影响力的研究成果。

从对敦煌艺术的临摹，到推动敦煌学研究的前进，为促进敦煌石窟保护、研究和弘扬各项事业的发展，段文杰先生可谓是“莫高精神”的铸就者。2011年，段文杰先生逝世了，享年94岁。樊锦诗先生曾回忆，段先生晚年退休后住到了兰州，“但时常‘闹着’要回敦煌，病榻上说梦话也都是敦煌”。

樊锦诗

——“此生命定”的守护人

樊锦诗（1938— ），女，浙江省杭州市人。1963 年毕业于北京大学历史系考古专业，同年 9 月到敦煌文物研究所工作，1998 年任敦煌研究院院长，2014 年任敦煌研究院名誉院长。2009 年获中宣部、中组部等评选的“100 位新中国成立以来感动中国人物”和“时代领跑者——新中国成立以来最具影响的劳动模范”称号。2018 年获中共中央、国务院授予的“改革先锋”称号。2019 年，获国家主席习近平签署主席令授予的“文物保护杰出贡献者”国家荣誉称号及中宣部授予的“最美奋斗者”称号。被人们称作“敦煌女儿”。

莫高窟人的命运都非常相似，只要你选择了莫高窟，就不得不承受骨肉分离之苦。从常书鸿先生、段文杰先生到樊锦诗都有相似的境遇。段文杰先生和妻儿也是长期两地分居，一家人在分别十一年之后，段先生才终于得到了文化部的调令，把妻儿从四川接到了敦煌。2011 年 4 月 30 日，段文杰先生的灵骨入葬，他们夫妇合葬在了三危山下，依然守望着他们为之奋斗终生、魂牵梦绕的莫高窟。

樊锦诗本人和丈夫彭金章两地分居十九年，在这十九年中，孩子们的教育问题始终得不到很好的解决。她一直说自己“不是一个好妻

1 年轻时的樊锦诗
2 1965 年丈夫彭金章来敦煌看望樊锦诗

子，不是一个好妈妈”。王旭东决定来敦煌工作时，向院里提出的唯一条件就是把他妻子也调到敦煌，组织上批准了。但是到敦煌的第二年，他妻子因为对紫外线过敏，不得不带着儿子到兰州生活，在一所卫生学校从事教学工作，从此两地分居。

家庭与工作，身心两处不能会合，好像是莫高窟人的宿命。

1962 年 8 月，还在北京大学上学的樊锦诗，跟着老师宿白先生和三个同学一起去敦煌做毕业实习。没想到 1963 年，当她从大学毕业后，被分配去了敦煌文物研究所（今敦煌研究院）。第一次去敦煌时，她就出现过严重的水土不服，面对要长期在如此艰苦的环境下生活，她不是没有过绝望和痛苦。20 世纪 60 年代的莫高窟和今天的莫高窟不可同日而语，那时的敦煌人都是住土房、睡土炕、吃杂粮。研究所绝大多数人员都住在土坯平房里，很多房子是曾经的马厩改造的。当时整个研究所只有一部手摇电话，和外界联络非常困难。晚上只能用蜡烛或手电照明，周围根本没有商店，有了钱也没有地方可以买到东西。

从莫高窟去一趟敦煌县城，有 25 公里的路程，因为离城太远，职工的孩子没有学上。樊锦诗回忆，那时候不仅住土房、喝咸水，还要在洞窟里临摹壁画、保护修复、调查内容、研究文献。敦煌的冬天极冷，气温一般在零下 20 摄氏度左右，宕泉河的河水冻结成厚厚的冰层，老一辈的人都得凿开冰层，取冰烧水。敦煌研究院的工作人员饮水、洗衣，用的都是宕泉河里的苦咸水。深色的衣服晾干后，上面泛着一道道的白碱留下的痕迹。平时吃饭，基本上没有什么菜，吃得最多的菜是“老三片”——土豆片、萝卜片和白菜片。

敦煌的医疗条件长期比较落后，有病不能得到及时治疗，如果发生紧急情况，连救护车也叫不到。敦煌研究院的前任书记刘鍱，是一位好干部，为人正直真诚，非常尊重知识分子。他去世的时候才六十岁，非常突然。刘鍱有心脏病，敦煌的冬天非常寒冷，有一天晚上他突然给樊锦诗打电话说他感觉很难受，樊锦诗就马上打电话叫救护车。当时救护车到莫高窟正常的话也要一个多小时，何况是深夜，路不好走。最后刘鍱书记没有救回来，每每谈到这件事，樊先生总是特别难过。

有一年夏天，樊锦诗从考古工地回来，身体感到很不舒服，就去医务室找医生看看。医生说要打青霉素，皮试之后的半小时，她并没有出现过敏反应，医生就放心地给她注射了青霉素。注射之后又观察了半小时也没有事，就让她回宿舍了。可就在回宿舍的路上，樊锦诗开始感到浑身发冷，这是严重的青霉素过敏症状，为此她差一点就醒不过来了。

让樊锦诗最痛苦和迷茫的，就是父亲的突然去世。父亲一走，两个弟弟又都没有工作，全家人的生活没有了着落。从此以后樊锦诗要代替父亲养活全家人。于是她就每月给上海家里寄钱，一拿到工资就给家里寄去60元，自己留15元生活费。一直到1998年，她的母亲去世，她始终没有放下这个家。为什么？她说：“因为我不在母亲跟前，我照顾不了家里，我只能以这样的方式尽一点义务，以这样的方式尽一点孝心。”

常书鸿先生当年为了敦煌，从巴黎来到大西北，付出了家庭离散的惨痛代价。段文杰先生同样有着无法承受的伤痛。如今，同样的命运也落在了她的身上，这也许就是莫高窟人的宿命？樊锦诗说：“这样伤痛的人生，不只我樊锦诗一人经历过。”凡是历史上为一大事而来的人，无人可以幸免。如果是在繁华的都市，也许还可以找个地方去躲起来，可是她已经在一个荒无人烟的地方，还有哪里可以退，还有哪里可以躲呢？每当这时，樊锦诗都会想起第259窟的那尊禅定佛，他的笑容就是一种启示。

那段时间她反复追问自己，余下的人生究竟要用来做什么？留在敦煌，还是离开敦煌？随着对敦煌石窟价值认识的逐步深入，她对这里产生了割舍不断的感情。之所以最终没有离开，其中固然有命运的安排，但更重要的是，樊锦诗自己从情感上越来越离不开敦煌。她说："此生命定，我就是个莫高窟的守护人。"

莫高窟许多洞窟都有着沿墙角一字排开的禅修窟，这是数千年来历代僧侣在此禅修的明证。如今人去窟空，目击空空的禅窟，眼前会浮现当年那些枯瘦如柴的禅僧，在阴暗寒冷的洞里默坐冥想的情景。在莫高窟，那一尊尊苦修佛并不是虚假的幻想，而是一种日常的真实。然而，在敦煌研究院工作又何尝不是一种修行呢？

樊锦诗刚到敦煌工作时，想得很简单，就是做好自己石窟考古业务的本职工作。没有想到后来组织上将她调到了管理岗位，紧接着担任副所长、副院长、常务副院长。1998年，继常书鸿、段文杰之后，她成为敦煌研究院第三任院长。那一年她60岁，在本该退休的年龄，她接过了敦煌研究院院长沉甸甸的担子。由于日常事务占据了大量时间，她根本没有精力进行自己的考古研究。莫高窟的石窟考古报告迟迟没有做出来，这使她一直很内疚，觉得对不起母校师长的期望。樊

1 2

1 2004年樊锦诗在莫高窟第85窟壁画修复现场

2 2015年樊锦诗在莫高窟做调查（孙志军摄）

锦诗在敦煌工作了四十多年之后，2011 年，《敦煌石窟全集》考古报告的第一卷终于完成并正式出版，这总算让她内心的愧疚获得了宽慰。

在担任敦煌研究院院长期间，樊锦诗每天如临深渊、如履薄冰，每时每刻都想着一件事：怎样真实、完整地保存并延续敦煌莫高窟的全部价值和历史信息，将莫高窟建成发扬光大敦煌艺术的世界级遗产博物馆。尽管年逾花甲，但为了这个目标，樊锦诗仍然拼尽了自己的全力：她带领敦煌研究院的同仁们，积极开展广泛的国际交流合作；推动保护工作，从过去的抢救性保护到科学保护，再进入现在的预防性保护；她倡导采用数字的方式，永久保存、永续利用敦煌石窟的珍贵价值和历史信息；她使研究院成为国内外敦煌学研究的最大实体；她创新了文物保护和旅游开放平衡发展的新模式，让敦煌文化艺术走近民众、走向世界，也让世界走近敦煌。敦煌莫高窟，从破败不堪的遗迹，到世界遗产的典范，这种变化也是一个民族和国家发生翻天覆地变化的缩影。

樊锦诗得过小儿麻痹症，虽然没有落下终身残疾，但自此以后她的腿脚便不是特别灵活。然而她就是用这双孱弱的脚，走向了遥远的大西北，一走就是半个多世纪，成为了莫高窟最坚强有力的守护人。守护莫高窟是值得奉献一生的高尚的事业，是必然要奉献一生的艰苦的事业，也是需要一代又一代人为之奉献的永恒的事业。

2019 年 8 月 19 日，习近平总书记赴甘肃考察调研，首站来到敦煌莫高窟。为他讲解的就是被誉为“敦煌女儿”的樊锦诗。2019 年 9 月，樊锦诗被授予“文物保护杰出贡献者”国家荣誉称号，10 月她又荣获“吕志和奖—世界文明奖”，上一届获奖者是袁隆平；紧接着又荣获法兰西学院颁发的“法兰西学院汪德迈中国学奖”，这是第二位获得此奖的中国学者。在这么多荣誉面前，樊锦诗却始终非常单纯简朴、低调谦和。说她简单，是因为她这一辈子只做了一件事，那就是：保护敦煌。她说：“我为敦煌尽力了！不觉寂寞，不觉遗憾，因为它值得。”

几代莫高窟人以他们的青春和生命诠释的，正是“坚守大漠、勇

面朝莫高窟的墓地，安葬着常书鸿、段文杰两位院长以及敦煌研究院早期的同仁（张扬的小强摄）

于担当、甘于奉献、开拓进取”的“莫高精神”。在敦煌研究院的一面墙上，写着这样一句话：“历史是脆弱的，因为她被写在了纸上，画在了墙上；历史又是坚强的，因为总有一批人愿意守护历史的真实，希望她永不磨灭。”这句话说的就是七十多年来那些打不走的莫高窟人。

庄子赞叹曾子这个人：“养志者忘形，养形者忘利，致道者忘心矣！”以艰苦求卓绝，这就是曾子！以艰苦求卓绝，这也是莫高窟人！寓保护于研究之中，寓热爱于责任之中，成为了莫高窟人的自觉，也形成了身居大漠、志存高远的传统。

“莫高精神”是令人肃然起敬的时代之光。为了保护莫高窟这座人类绝无仅有的文化遗产，多少莫高窟人甘愿献出了自己的一生。坚守和奉献源于对这份事业的热爱，对宝贵文化遗产的责任，这种热爱和责任会让人生出大勇猛、大无畏的精神来。

唯愿“莫高精神”永存。

后　记

2021年底的选题会上，我和同事在一起讨论“中读好声音”的年度名单——作为一个以声音为主要内容的平台，我们想用这个仪式来致敬这一年中最为打动我们的那些声音，一起“提高知识分贝，感受人文律动”。恰好在这一天，中读刚上线的音频精品课《了不起的敦煌》里，我看到了一条针对敦煌研究院名誉院长樊锦诗先生的留言：“这些教授、学者们的研究水平毋庸置疑，但他们的播讲水平实在差强人意，地方口音和生疏的普通话，听得人十分疲惫。可否请专业的播音员或朗读者来演播？”这个留言一下子把我拉回到了2018年，当时我们策划了音频课《了不起的文明现场》，邀请十位考古队长来亲声还原考古现场，其中也包括樊先生。那一年，樊先生80岁，正在上海休养，但她还是认真严谨地准备了一万多字的文稿。虽然念稿的效果确实不够生动，可我们也不忍心要求她再三返工，于是就给音频配上了逐字稿，来平衡大家的听读感受。为了让樊先生的故事通过鲜活的对话走进大家的心里，我们又策划了一组视频访谈“敦煌守护人”，而当APP用户能直面她的一颦一笑时，听感的疲惫消失了，留下的是“动容、向往”“不禁泪目”“内心升腾起满满的感动”……

认识敦煌，应从认识敦煌守护人开始。樊先生质朴的口音中有不可忽视的力量。若抛开感性情绪，仅考虑“好声音”应有的标准，将樊先生作为特别提名加入到我们的榜单里，是否合适呢？一位播音主持专业出身、曾做过央视主持人的同事给了我一个很肯定的答复：“完全可以！”

帮助我们对樊锦诗、赵声良、苏伯民三代“敦煌守护人”进行访谈的北大艺术学院教授顾春芳，也是当年的“中读好声音”，“暖意”是最能代表顾老师声音特质的关键词。2021 年上半年，顾老师受邀参与中读口述写作训练营,以她执笔樊锦诗传记的创作为案例,提出写作者与传主要进行“心意相通”的交流，由此写就的作品才能成为一部真正的“心灵史”。那我们作为课程制作人，又能否与主讲人“以心印心”，将他们为人为学的品质传递给大家呢？顾老师的讲授给了我启示：我们不仅要把敦煌放在千年历史脉络中进行讲述，也要将它放在历代敦煌守护人的传承故事中进行讲述；传承不仅是保护、修复、研究，也是教学、普及、传播。

还记得在敦煌时，樊先生原本极力推荐我们去采访研究院的年轻人，但当我们提起莫高窟的第一代守护人、艺术家常书鸿先生时，她则感慨年轻人中已没有与常先生直接共事过的了，便郑重对着摄像机回忆了整整四个小时，聊到半夜 12 点，连补光灯都一盏接一盏耗尽电力暗了下去，可先生却还意犹未尽，她眼睛亮晶晶的，仿佛盛着星光，那“星光”里装满了对莫高窟无休止的心意。

其实，每位参与课程的老师都深深地感染着我们。原敦煌研究院的乐舞专家郑汝中老师，临近录制时突然因病住院。幸而乐舞主题也是顾春芳老师的研究方向，她毫不犹豫地充当了我们的“救火员”。为表达郑老先生对我们的鼓励，编辑尤帆专门整理刊布了一篇他的自述稿，以为致敬。课程上线一年后，郑老师去世的消息传来，大家默默去回看那篇自述稿，去感受他如何“走寂寞之路，做喜爱之事”。

感谢所有“走寂寞之路，做喜爱之事”的敦煌守护人！

之后，三联店本部的编辑对《了不起的敦煌》进行了出版开发，在音频课程的主线外，三联编辑费了很多功夫为正文补充资料、选配精美图片，美编蔡煜更是通过辅文辅图系统的设计，把各讲内容重新组织起来，实际上促成了整个内容的再生产。希望大家能喜欢这本《了不起的敦煌》。

俞力莎
三联中读内容总监

图书在版编目（CIP）数据

了不起的敦煌 / 巫鸿等著. —北京 : 生活 · 读书 ·
新知三联书店, 2024.6 (2025.3 重印)
(三联生活周刊 · 中读文丛)
ISBN 978-7-108-07810-0

Ⅰ. ①了… Ⅱ. ①巫… Ⅲ. ①敦煌学－通俗读物
Ⅳ. ① K870.6-49

中国国家版本馆 CIP 数据核字 (2024) 第 057038 号

责任编辑 钟 韵
装帧设计 蔡 煜
责任校对 常高峰
责任印制 卢 岳
出版发行 生活·讀書·新知 三联书店
(北京市东城区美术馆东街 22 号 100010)
网 址 www.sdxjpc.com
经 销 新华书店
印 刷 天津裕同印刷有限公司
版 次 2024 年 6 月北京第 1 版
2025 年 3 月北京第 3 次印刷
开 本 720 毫米 × 1020 毫米 1/16 印张 24
字 数 180 千字 图 433 幅
印 数 24,001－29,000 册
定 价 98.00 元
(印装查询：01064002715；邮购查询：01084010542)